Torsten Barthel
Gerhard Ropeter
Holger Weidemann

Verwaltungsrecht

- Lernbuch -

2. Auflage

G^{a}P-Verlag

Bibliografische Information Der Deutschen Bibliothek
Die Deutsche Bibliothek verzeichnet diese Publikation in der Deutschen Nationalbibliografie; detaillierte bibliografische Daten sind im Internet über
http://dnb.ddb.de abrufbar.

2. Auflage 2004

Verwaltungsrecht
Lernbuch
Studienreihe Wissen & Können, Band 2
Herausgeber: Prof. Dr. Gerhard Ropeter

Bestellungen und Informationen:
G^{a}P-Vertrieb Birkholz
Hühnerberg 18
29229 Celle

Telefon: 05086 - 95 56 36
Telefax: 05086 - 95 56 38

E-Mail: birkholz@gap-verlag.de
Internet: www.gap-verlag.de

ISBN 3-9807484-6-4

Vorwort zur 2. Auflage

Nach der erfreulichen Resonanz durch Lehrende und Lernende legen wir hiermit die Neuauflage des **Lernbuchs Verwaltungsrecht** vor. Sämtliche Kapitel wurden gründlich überarbeitet; das Kapitel Nr. 14 „Anordnung der sofortigen Vollziehung" ist neu hinzugekommen.
Dabei haben wir das bewährte pädagogische Konzept mit seiner Kombination von Fachinformationen und Impulsen zur selbstständigen Konstruktion neuen Wissens durch die Lernenden beibehalten.

Das Buch stellt die allgemeinen Grundlagen des Verwaltungsrechts dar, ohne dabei streng „wissenschaftlich" sein zu wollen – daher gibt es auch keinen Fußnotenapparat. Ebenso weist es keine hierarchische Gliederung auf, sondern eine themengebundene, abwechslungsreiche Folge von Informationen (Wissen), Übungen und Lernkontrollen (Können).

Die einzelnen Kapitel folgen der herkömmlichen Systematik des Allgemeinen Verwaltungsrechts, sie sind in Lernschritte und Kapitelelemente aufgegliedert, die zumeist unabhängig voneinander bearbeitet werden können. So gibt es **Basistexte** zur Information, **Fälle** mit Aufgaben zur Bearbeitung von Kernproblemen des Verwaltungsrechts. **Übersichten** und **Definitionen** stellen Informationen anschaulich auf einen Blick dar. **Übungen** geben Gelegenheit, erworbenes Wissen anzuwenden und zu überprüfen.

Bei der Auswahl der Lerninhalte war einerseits ihre Bedeutung für die praktische Berufstätigkeit, andererseits ihre thematische Relevanz für Prüfungen wegweisend. Ein besonderes Augenmerk haben wir auf öffentlich-rechtliches Handeln in der Kommunalverwaltung gelegt.

Ziel des Buches ist es, die Leser zu befähigen, sich die allgemeinen Grundlagen des Verwaltungsrechts möglichst selbsttätig zu erschließen, Normen zu analysieren und auf Sachverhalte anzuwenden. Damit verbunden ist die weitergehende Intention, selbstgesteuertes Lernen zu fördern. Das Lernbuch unterstützt und fördert die aktive Mitarbeit der Lernenden in der Lehrveranstaltung und will diese zugleich bereichern.

Für Dozenten ist es ein elegantes didaktisches Instrument zur lernwirksamen Gestaltung ihrer verwaltungsrechtlichen Lehrveranstaltungen. Durch die zahlreichen Basistexte, Fälle und Übungen haben sie die Möglichkeit, teilnehmerorientierte Lehr-Lern-Arrangements zu gestalten.

Das Buch richtet sich in erster Linie an Lernende in Verwaltungsschulen, Studieninstituten (Verwaltungsfachangestellte, Angestellte I und II, Assistentenanwärter), Berufsakademien, Berufsschulen und ähnlichen Einrichtungen. Durch zahlreiche weiterführende Informationen eignet es sich auch zur Verwendung an (Verwaltungs-) Fachhochschulen.

Wir wünschen allen Lesern viel Spaß und Erfolg beim Lernen mit diesem Buch.

Herausgeber und Redaktion

Hannover, im Juli 2004

Inhaltsübersicht

Inhaltsübersicht

Inhaltsübersicht

Inhaltsübersicht

Verzeichnis der Fälle

Verzeichnis der Fälle

Verzeichnis der Übersichten

Verzeichnis der Prüfungsschritte

Verzeichnis der Praxismuster

Abkürzungsverzeichnis

a. A. .... andere(r) Ansicht
Abs. .... Absatz
ADA .... Allgemeine Dienstanweisung
AG .... Aktiengesellschaft
AO .... Anordnung
AsylVfG .... Asylverfahrensgesetz
Art. .... Artikel
Aufl. .... Auflage
AuslG .... Ausländergesetz
Az. .... Aktenzeichen
BAFöG .... Bundesausbildungsförderungsgesetz
BAnz .... Bundesanzeiger
BauGB .... Baugesetzbuch
BauO LSA .... Bauordnung des Landes Sachsen-Anhalt
BBG .... Bundesbeamtengesetz
BeamtVG .... Beamtenversorgungsgesetz
BBesG .... Bundesbesoldungsgesetz
BfA .... Bundesversicherungsanstalt für Angestellte
BFernStrG .... Bundesfernstraßengesetz
BGB .... Bürgerliches Gesetzbuch
BGBl. I .... Bundesgesetzblatt Teil I
BImSchG .... Bundes-Immissionsschutzgesetz
BJagdG .... Bundesjagdgesetz
BG LSA .... Beamtengesetz des Landes Sachsen-Anhalt
BRRG .... Beamtenrechtsrahmengesetz
BSHG .... Bundessozialhilfegesetz
BVerfG .... Bundesverfassungsgericht
BVerfGE .... Entscheidungssammlung des Bundesverfassungsgerichts
BVerfGG .... Bundesverfassungsgerichtsgesetz
BvF .... Registerzeichen des BVerfG für Normenkontrolle auf
.... Antrag von Verfassungsorganen (Art. 93 Abs. 1 Nr. 2 GG)
bzw. .... beziehungsweise
c. i. c. .... culpa in contrahendo
dB(A) .... Dezibel (A)/ gehörgerecht bewerteter Schalldruckpegel
d. h. .... das heißt
d. J. .... des Jahres
EG .... Europäische Gemeinschaft
EGBGB .... Einführungsgesetz zum BGB
EG-VO .... Verordnung der Europäischen Gemeinschaften
EU .... Europäische Union
f. .... folgende
FeV .... Verordnung über die Zulassung von Personen zum
.... Straßenverkehr (Fahrerlaubnis-Verordnung)
ff. .... fortfolgende
GastG .... Gaststättengesetz

GefahrenabwehrVO .... Gefahrenabwehrverordnung
GemHVO .... Gemeindehaushaltsordnung
GewO .... Gewerbeordnung
GG .... Grundgesetz
ggfls. .... gegebenenfalls
GmbH .... Gesellschaft mit beschränkter Haftung
GO LSA .... Gemeindeordnung des Landes Sachsen-Anhalt
grds. .... grundsätzlich
GVBl. .... Gesetz- und Verordnungsblatt
GVG .... Gerichtsverfassungsgesetz
Halbs. .... Halbsatz
HandwO .... Handwerksordnung
i. d. R. .... in der Regel
i. e. S. .... im engeren Sinne
i. V. m. .... in Verbindung mit
Kfz .... Kraftfahrzeug
LandesStrG .... Landesstraßengesetz
lt. SV .... laut Sachverhalt
LVA .... Landesversicherungsanstalt
m.a.W. .... mit anderen Worten
MI .... Minister des Innern
MRRG .... Melderechtsrahmengesetz
NBauO .... Niedersächsische Bauordnung
NBG .... Niedersächsisches Beamtengesetz
Nds. .... Niedersächsisch(es)
Nds. GVBl. .... Niedersächsisches Gesetz- und Verordnungsblatt
Nds. GemHVO .... Niedersächsische Gemeindehaushaltsverordnung
Nds. SperrzeitVO .... Niedersächsische Sperrzeitverordnung
NFeiertagsG .... Niedersächsisches Feiertagsgesetz
NGO .... Niedersächsische Gemeindeordnung
Nds. SOG .... Niedersächsisches Gesetz über die öffentliche
.... Sicherheit und Ordnung
Nr(n). .... Nummer(n)
NStrG .... Niedersächsisches Straßengesetz
NVwVfG .... Niedersächsisches Verwaltungsverfahrensgesetz
NVwVG .... Niedersächsisches Verwaltungsvollstreckungsgesetz
NVwZG .... Niedersächsisches Verwaltungszustellungsgesetz
OBG Bbg .... Ordnungsbehördengesetz des Landes Brandenburg
OwiG .... Ordnungswidrigkeitengesetz
PaßG .... Passgesetz
PBefG .... Personenbeförderungsgesetz
PolG NW .... Polizeigesetz Nordrhein-Westfalen
PVV .... positive Vertragsverletzung
PZU .... Postzustellungsurkunde
RBB .... Rechtsbehelfsbelehrung

Abkürzungsverzeichnis

RegelsatzVO .... Regelsatzverordnung zum BSHG
RG .... Rechtsgrundlage(n)
S. .... Satz (bei Normzitaten) oder Seite
s. .... siehe
Sächs BO .... Bauordnung des Freistaates Sachsen
SchulG .... Schulgesetz
SGB I .... Sozialgesetzbuch, 1. Buch – Allgemeiner Teil
SGB X .... Sozialgesetzbuch, 10. Buch – Verwaltungsverfahren
sog. . ... sogenannte
StAG .... Staatsangehörigkeitsgesetz
StGB .... Strafgesetzbuch
StPO .... Strafprozessordnung
StVG .... Straßenverkehrsgesetz
StVO .... Straßenverkehrsordnung
StVZO .... Straßenverkehrszulassungsordnung
TÜV .... Technischer Überwachungsverein
u. a. .... unter anderem
u. U. .... unter Umständen
UWG .... Gesetz über den unlauteren Wettbewerb
VA .... Verwaltungsakt oder (in Nieders.) Verwaltungsausschuss
Verf. LSA .... Verfassung des Landes Sachsen-Anhalt
VersammlG .... Versammlungsgesetz
vgl. .... vergleiche
v. H. .... von Hundert
VO .... Verordnung
VwGO .... Verwaltungsgerichtsordnung
VwV .... Verwaltungsvorschrift(en)
VwVfG .... Verwaltungsverfahrensgesetz
VwVG................................ Verwaltungsvollstreckungsgesetz des Bundes
VwVG Bbg .... Verwaltungsvollstreckungsgesetz des Landes Brandenburg
VwV-StVO .... Allgemeine Verwaltungsvorschrift zur
.... Straßenverkehrsordnung
VwZG .... Verwaltungszustellungsgesetz des Bundes
VwZG-E .... Entwurf eines Verwaltungszustellungsgesetzes
WHG .... Wasserhaushaltsgesetz
WOGG .... Wohngeldgesetz
WPflG .... Wehrpflichtgesetz
WS .... Widerspruch
z. B. .... zum Beispiel
z. T. .... zum Teil
ZPO .... Zivilprozessordnung
z. w. V. .... zur weiteren Verwendung bzw. Veranlassung
z. Z. .... zur Zeit

Literaturhinweise

Dies Buch ist keine wissenschaftliche Abhandlung, sondern ist für anwendungsbezogenes Lernen entwickelt. Daher enthält es keinen Fußnotenapparat. Das Literaturverzeichnis beansprucht keine Vollständigkeit, sondern gibt Auskunft über die Bücher, die uns beeinflusst haben, und über Literatur, die zur Ergänzung und Vertiefung anregen kann.

Folgende Literatur wurde berücksichtigt:

Verfasser	Titel
Brühl, Raimund	Verwaltungsrecht für die Fallbearbeitung, 6. Aufl., Köln 2003
Driehaus, Joachim/ Pietzner, Rainer	Einführung in das Allgemeine Verwaltungsrecht, München 1996
Sadler, Gerhard	Verwaltungs-Vollstreckungsgesetz, Verwaltungszustellungsgesetz, 5. Aufl., Heidelberg 2002
Erichsen, Hans-Uwe (Hrsg.)	Allgemeines Verwaltungsrecht, 12. Aufl., Berlin 2003
Giemulla, Elmar/ Jaworsky,Nikolaus/ Müller-Uri, Rolf	Verwaltungsrecht, 6. Aufl., Köln 1998
Hendler, Reinhard	Allgemeines Verwaltungsrecht, 3. Aufl., Stuttgart 2001
Hufen, Friedhelm	Verwaltungsprozessrecht, 5. Aufl., München 2003
Ipsen, Jörn	Niedersächsisches Gefahrenabwehrrecht, 3. Aufl., Stuttgart 2004
Kopp, Ferdinand/ Ramsauer, Ulrich	Verwaltungsverfahrensgesetz, 8. Aufl., München 2003
Kopp, Ferdinand/ Schenke, Wolf-Rüdiger	Verwaltungsgerichtsordnung, 13. Aufl., München 2003
Linhart, Helmut	Der Bescheid, 2. Aufl., München 2002
Maurer, Hartmut	Allgemeines Verwaltungsrecht, 14. Aufl., München 2002
Peine, Franz-Joseph	Allgemeines Verwaltungsrecht, 6. Aufl., Heidelberg 2002
Pietzner, Rainer/ Ronellenfitsch, Michael	Das Assessorenexamen im Öffentlichen Recht, 11. Aufl., Düsseldorf 2004
Steiner, Udo (Hrsg.)	Besonderes Verwaltungsrecht, 7. Aufl., Heidelberg 2003
Stelken, Paul/ Bonk, Heinz-J./ Sachs, Michael	Verwaltungsverfahrensgesetz, 6. Aufl., München 2001
Suckow, Horst	Allgemeines Verwaltungsrecht, 13. Aufl., Köln 2000
Weidemann, Holger	Niedersächsisches Verwaltungsverfahrensgesetz, in: Praxis der Kommunalverwaltung, Landesausgabe Niedersachsen, Wiesbaden, Stand: April 2000
Weides, Peter	Verwaltungsverfahren und Widerspruchsverfahren, 3. Aufl., München 1993

01 Handlungsfelder der Verwaltung

Morgens um halb acht ... **BASISTEXT**

Hans-Peter Briegel betritt am Montagmorgen um halb Acht das Kreishaus in der Kreisstadt Nienburg/Weser, betätigt die Stempeluhr und sucht seinen Arbeitsplatz im Sozialamt auf. In der Eingangspost findet er eine handschriftliche Notiz seines Fachbereichsleiters Ingo Nölle. Sie enthält die Aufforderung, in der Sozialhilfeangelegenheit Manfred Mauersberger unverzüglich einen Widerspruchsbescheid vorzubereiten. Briegel ist verärgert, hatte er doch in der vergangenen Woche mündlich den Vorgang mit Nölle besprochen und für eine Abhilfeentscheidung votiert. Das Telefon klingelt, Inge Kunert meldet sich. Sie bemängelt wortgewaltig, dass die mit Schreiben vom 15. des Monats gewährte Bekleidungsbeihilfe für ihr Kind nicht ausreiche. Briegel sagt eine Überprüfung zu.

Zwei Zimmer weiter findet die Kreisoberinspektorin Katja Dahl ein Schreiben des Personalamtes vor. Dem Schreiben ist zu entnehmen, dass sie ab dem Ersten des kommenden Monats in das Ordnungsamt „versetzt" werden soll, da in der dortigen Ausländerstelle ein Dienstposten zur Zeit nicht besetzt ist.

Um 10.15 Uhr sucht der Mitarbeiter Ferdinand Klausen den Notar Heribert Fassbinder auf. Neben dem Notar ist auch der Landwirt Johann Preckel anwesend. Klausen legt eine Vollmacht seines Dienstherrn vor, und beide unterschreiben in Anwesenheit des Notars einen vorbereiteten Grundstückskaufvertrag. Der Landkreis erwirbt von Preckel ein ca. 25.000 m² großes Grundstück zum Preis von 90.000,- EUR. Das Gelände soll der künftigen Deponieerweiterung dienen.

Zur selben Zeit unterschreibt die Leiterin des Fachbereichs Finanzwesen die Genehmigung der Nachtragssatzung der Gemeinde Steyerberg. Anschließend widmet sie sich dem Vorgang „Kreisfinanzen". Sie klärt, ob die Nachtragshaushaltssatzung zwischenzeitlich in Kraft getreten ist.

Einen besonders arbeitsreichen Tag erwartet heute Claudia Schiller, Leiterin des Fachdienstes „Personalwirtschaft". Um 11.00 Uhr unterschreibt sie einen Arbeitsvertrag mit dem Bau-Ing. Klaus Höppner, der ab dem kommenden Monat in der Bauaufsicht des Landkreises arbeiten wird. Um 11.30 Uhr nimmt sie an einer Gesprächsrunde im Landratszimmer teil. Neben dem Landrat Hillgruber sind noch der Personalratsvorsitzende und der Kreisinspektor Franz von Hahn anwesend. Hillgruber händigt v. Hahn eine Beförderungsurkunde aus. Nach einem kurzen Gespräch verlassen v. Hahn und der Personalratsvorsitzende das Zimmer, Hillgruber und Schiller bereiten nun die am Nachmittag stattfindende Dienstversammlung vor.

Um 14.00 Uhr eröffnet Landrätin Gerlinde Hillgruber die Dienstversammlung und stellt in seiner Begrüßungsansprache den gegenwärtigen Stand des Verwaltungsreformprozesses dar. Als neue Bausteine der Verwaltungsmodernisierung werden anschließend die Führungsleitlinien und die neue Allgemeine Dienstanweisung (ADA) vorgestellt. Hillgruber betont den kundenorientierten Arbeitsansatz und fordert die Mitarbeiter auf, für die ADA einen neuen, dem Zeitgeist entsprechenden, Titel zu finden. Die Mitarbeiter erhalten jeweils ein Exemplar der neuen Regelungen. Anschließend weist Frau Schiller darauf hin, dass ab sofort die neue ADA und die neuen Führungsleitlinien umzusetzen seien.

Nach Abschluss der Dienstversammlung hetzt Bertold Wimmer in sein Arbeitszimmer im Bauamt. Seit ca. 20 Minuten wartet dort der Bauherr Eberskirchen. Da Eberskirchen für sein geplantes Bauvorhaben (Wohn- und Geschäftshaus) nicht die nach Maßgabe der Bauordnung notwendigen Stellplätze auf dem Baugrundstück nachweisen kann, haben beide, in Abstimmung mit der Gemeinde, einen neuen Lösungsansatz gefunden. Eberskirchen hat sich bereit erklärt, an die Gemeinde einen größeren Geldbetrag zu zahlen. Die Gemeinde wird diesen Betrag zur Errichtung von öffentlichen Parkräumen verwenden. Wimmer und Eberskirchen unterschreiben den vorbereiteten „Stellplatzablösevertrag".

Bevor der Hausmeister der Kreisverwaltung zum letzten Kontrollgang aufbricht, ruft er noch den örtlichen Malermeister Josef Fiedler an und schließt mit ihm einen Vertrag über die Renovierung des „Bürgerbüros" in der Hofgasse ab. Das Auftragvolumen beträgt 2.800,- EUR. Im Rahmen der dezentralen Ressourcenverantwortung ist er jetzt befugt, die notwendige Auftragsvergabe selber vorzunehmen. Da der Malermeister ein besonders günstiges Angebot unterbreitete, hält der den Abschluss eines entsprechenden Vertrages jetzt für sinnvoll.

Übung 1

Nennen Sie die im Text angesprochenen Maßnahmen der Behörde.

Nr.	Maßnahmen	Nr.	Maßnahmen
1	Renovierungsvertrag	7	
2		8	
3		9	
4		10	
5		11	
6		12	

Auf den beiden vorhergehenden Seiten haben Sie einen Einblick in die interne Verwaltungsarbeit gewonnen.

ÜBUNG 2

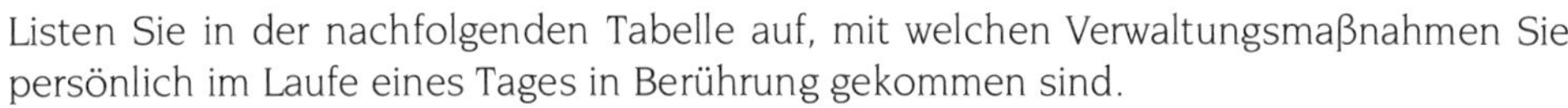

Listen Sie in der nachfolgenden Tabelle auf, mit welchen Verwaltungsmaßnahmen Sie persönlich im Laufe eines Tages in Berührung gekommen sind.

Tageszeit	Verwaltungsmaßnahme

02 Recht im demokratischen und sozialen Rechtsstaat

BASISTEXT **Begriff des Rechts**

Das Zusammenleben der Bürger miteinander und das Verhältnis des Staates zu seinen Bürgern können nicht funktionieren, wenn jeder willkürlich und rücksichtslos tut, was er will. Somit spielt das Recht als Ordnungsfaktor eine wesentliche Rolle im Leben der Menschen. Allerdings wird der Begriff des Rechts nicht einheitlich verwendet.

Recht im objektiven Sinne

Unter dem **Recht im objektiven Sinne** versteht man die Rechtsordnung des Staates, also die **Gesamtheit der geltenden Rechtsvorschriften**, die das Verhältnis der Menschen untereinander und zwischen ihnen und den übergeordneten staatlichen Hoheitsträgern verbindlich regeln.

Dem Recht im objektiven Sinne kommen verschiedenen Funktionen zu.

ÜBERSICHT 1 **Funktionen des Rechts**

Beschreibung der Funktion	Beispiel Nr.
1. Demokratische Funktion Recht beruht auf dem Volkswillen (parlamentarische Repräsentation) und wird abstrakt-generell in Rechtsquellen festgelegt. Dieser umfasst auch den Schutz der Gemeinschaft vor Straftätern (sog. Generalprävention).	
2. Gerechtigkeitsfunktion Recht begründet Verpflichtungen des Bürgers gegenüber dem Staat, z. B. zur Sicherung der Umweltressourcen oder Steuerpflichten. Es ist am Gedanken der Gerechtigkeit ausgerichtet, z. B. soll jeder nach seiner Leistungsfähigkeit, d. h. nach der Höhe seines Einkommens, besteuert werden.	

3. Soziale Ausgleichsfunktion Recht regelt die Beziehungen der Menschen untereinander und sorgt für Ausgleich, z. B. Schadensersatz.	
4. Funktion des Grundrechtsschutzes Recht begründet Berechtigungen, nämlich materiellrechtliche Ansprüche auf Leistungen (Prinzip der Gerechtigkeit: unterstützt wird, wer sich in einer Notlage nicht selbst helfen kann) oder auch Verfahrensrechte des Bürgers gegenüber der Behörde (Verwaltungsverfahren als Grundrechtsschutz).	

ÜBUNG 3

Ordnen Sie folgende Beispiele in die vorstehende Tabelle ein.

Nr.	Beispiel
1	Inge Lau beantragt, ihr als Beteiligter nach § 29 Abs. 1 S. 1 VwVfG die Einsichtnahme in die bei der Stadt Burg geführten Bauakten zu gestatten, soweit sie ihr Grundstück betreffen.
2	Der Bundestag beschließt, nachdem es von der Öffentlichkeit gefordert wurde, ein Strafrechtsreformgesetz, das sexuellen Missbrauch von Kindern mit höherer Strafe bedroht.
3	Der Unternehmer Walter Schmidt muss nach dem Einkommensteuergesetz entsprechend der progressiven Steuertabelle prozentual erheblich mehr Steuern an den Staat abführen als der Arbeiter Albert Weiß.
4	Gemäß § 823 Abs. 1 BGB hat Birgit Tietze als Verursacherin eines Fahrradunfalls an den Geschädigten Gerd Sack 175,- EUR Schadensersatz zu leisten.
5	Nach den Bestimmungen des Abfallrechts darf die Grüner-Chemie AG ihren Abfall nicht „wild" ablagern, obwohl dies erheblich kostengünstiger wäre.
6	Ute Huber und ihre Familie erhalten von der Stadt Celle – Sozialamt – Hilfe zum Lebensunterhalt nach dem BSHG.
7	Eine Gruppe randalierender Skinheads wird von der Polizei vor dem Bahnhof in Köthen festgenommen.

Basistext Abgrenzung des Rechts von anderen Lebensordnungen

Neben der Rechtsordnung gibt es andere Lebensordnungen; nicht nur Rechtsvorschriften sagen uns, was wir tun müssen oder nicht tun dürfen, sondern auch die Normen der Sitte und der Religion. Zwischen der Rechtsordnung und den anderen Lebensordnungen bestehen aber Zusammenhänge. Oftmals ist Recht aus Sitte und Religion entstanden; in vielen Rechtsnormen werden aus einem Verstoß gegen sittliche Normen rechtliche Folgerungen gezogen, z. B. ist das Verbot zu stehlen sowohl rechtlich (§ 242 StGB) als auch religiös z. B. durch das 7. Gebot (2. Mose 20, 15 und 5. Mose 5, 17) und sittlich („Es gehört sich nicht zu stehlen.") verankert.

Übung 4

Nennen Sie Beispiele für die **Lebensordnungen** im täglichen Leben:

Lebensordnung	Beispiele
Recht: Die abstrakt-generelle, verbindliche staatliche Festlegung des äußeren Verhaltens mit staatlichen Sanktionsmöglichkeiten	
Sitte: Das moralische Mindestmaß, das von der Mehrheit der Menschen als erforderlich für ein geordnetes Zusammenleben angesehen wird, jedoch an sich keiner staatlichen Sanktion unterliegt.	
Religion: Die Normen der Religion als Forderungen der Glaubensgemeinschaft appellieren an die innere Haltung und das äußere Verhalten, ohne jedoch staatlicher Sanktion zu unterliegen.	

Subjektives öffentliches Recht

Bislang war hier immer die „Rechtsordnung" gemeint, wenn von „Recht" die Rede war. Dieser Begriff wird manchmal auch in einem anderen Sinne, nämlich dem der „Berechtigung" des Einzelnen, verstanden. Man unterscheidet also zwischen objektivem und subjektivem öffentlichem Recht. Eine Berechtigung steht dem Einzelnen immer nur dann zu, wenn die Rechtsordnung sie ihm einräumt.
Bildlich gesprochen: Man stelle sich einen Wasserhahn vor. Aus ihm fließt Wasser, aber der Wasserhahn selbst ist kein Wasser. Der Wasserhahn ist das Recht im objektiven Sinn, das Wasser ist das Recht im subjektiven Sinn.

Merke:

Ein **subjektives öffentliches Recht** ist von zwei Voraussetzungen abhängig:

- Es muss eine **Rechtsnorm** vorliegen, die die Verwaltung zu einem bestimmten Verhalten verpflichtet (Rechtspflicht).
- Diese Rechtsnorm soll - zumindest auch - dem **Schutz der Interessen des einzelnen Bürgers** dienen (Individualinteresse).

Die praktische Bedeutung der subjektiven öffentlichen Rechte liegt in ihrer **gerichtlichen Durchsetzbarkeit**. Während das objektive Recht die Verwaltung zu einem bestimmten (rechtmäßigen) Handeln verpflichtet, ist ein bestehendes subjektives Recht Voraussetzung dafür, dieses Verhalten auch im Einzelfall einfordern zu können. Der Bürger kann dann, aber auch nur dann, die Gerichte anrufen, wenn er die Verletzung subjektiver Rechte geltend machen kann. Dies wird deutlich aus Art. 19 Abs. 4 GG; §§ 42 Abs. 2, 113 VwGO konkretisieren die Klagevoraussetzungen für den Bereich des Verwaltungsrechts.

ÜBUNG 5

Definieren Sie die Begriffe objektives Recht und subjektives Recht.

Recht	
Objektives Recht:	**Subjektives Recht:**

ÜBUNG 6

Geben Sie an, welche subjektiven Rechte sich aus den nachstehenden Rechtsnormen ergeben.

Rechtsnorm	Subjektives Recht
§ 46 Abs. 1 Nr. 8 StVO	-
§ 28 Abs. 1 VwVfG	-
§ 29 VwVfG	-
§ 3 Abs. 1 S. 1 BBesG	-

Gewaltenteilung und Funktionstrennung der Staatsorgane

Die Staatsgewalt als ein Element des Staatsbegriffes ist einheitlich und unteilbar. Damit kein Missbrauch dieser Staatsmacht erfolgt, teilt das Grundgesetz die Machtbefugnisse auf voneinander unabhängige Organe auf und begründet besondere Zuständigkeiten für die staatliche Tätigkeit auf den Gebieten der Gesetzgebung, Verwaltung und Rechtsprechung.

ÜBUNG 7

Geben Sie an, aus welcher Gesetzesformulierung des Grundgesetzes sich das Verfassungsprinzip der Gewaltenteilung ergibt.

Lösung:

ÜBUNG 8

Beschreiben Sie den Zweck dieses Prinzips in Bezug auf die Verwaltung.

Lösung:

ÜBUNG 9

1. Beschreiben Sie die jeweilige Funktion der Staatsgewalt.
2. Nennen Sie die vorgesehenen Staatsorgane, die die Funktion wahrnehmen.

Gewalt	Funktion	Organe	Beispiel Nr.
Gesetzgebung	.		
Verwaltung			
Rechtsprechung			

3. Ordnen Sie die Nummern der Fallbeispiele der vorstehenden Übersicht zu.

Nr.	Beispiel
1	Der Landtag des Freistaates Sachsen erlässt die Landes-Bauordnung (Sächs BO).
2	Aufgrund der Sächs BO gibt der Landrat des Landkreises Meißen dem Landwirt Willi Nüsse auf, seine Scheune bis zum 15.10. abzureißen, weil sie Einsturz gefährdet sei.
3	Nüsse legt hiergegen Widerspruch ein, der von der zuständigen Stelle als unbegründet zurückgewiesen wird.
4	Nüsse klagt vor dem Verwaltungsgericht Dresden gegen den Landrat und beantragt die Aufhebung der Abrissverfügung. Nachdem ein Gutachter die Einsturzgefahr ausgeschlossen hat, gibt das Gericht der Klage statt.

Durchbrechungen des Gewaltenteilungsgrundsatzes

Beispiel	Art der Durchbrechung
1. Das BVerfG hat die unterschiedlichen Bestimmungen des BGB über den Kündigungsschutz für Arbeiter und Angestellte für nichtig erklärt.	Entscheidungen des BVerfG im Rahmen des sog. Verwerfungsmonopols besitzen Gesetzeskraft (§ 31 BVerfGG) und sind somit für jedermann bindend: „Gesetzgebungsbefugnis" des Organs Rechtsprechung.
2. Die Stadt Aschersleben erlässt eine Gefahrenabwehrverordnung, um die öffentliche Sicherheit z. B. in den städtischen Parks zu gewährleisten.	Nach Art. 80 Abs. 1 GG (vgl. Landesverfassung, z. B. Art. 79 Abs.1 Verf LSA) kann das Parlament die Verwaltung ermächtigen, Rechtsverordnungen zu erlassen; „Gesetzgebungsbefugnis" des Organs „vollziehende Gewalt".
3. Der Landkreis Bernburg erlässt einen Bußgeldbescheid wegen einer Verkehrsordnungswidrigkeit gegenüber Else Schröter.	Es handelt sich um eine Ahndung im Sinne eines Strafausspruchs, den als Organ das Strafgericht treffen müsste. Für die Ahndung geringfügiger Gesetzesübertretungen sind indes die Verwaltungsbehörden nach dem OWiG zuständig: „Rechtsprechungsbefugnis" der vollziehenden Gewalt.

Beispiel:

Das Bundesverfassungsgericht hat die Nichtigkeit des Staatshaftungsgesetzes festgestellt.

Auszug aus BVerfGE 61, 149 (150 f.):

„... Urteil des Zweiten Senats vom 19. Oktober 1982
auf die mündliche Verhandlung vom 22. Juni 1982
– 2 BvF 1/81 –
in dem Verfahren über den Antrag zu prüfen, ob das Staatshaftungsgesetz vom 26. Juni 1981 (BGBl. I S. 553) mit dem Grundgesetz vereinbar ist ...

... Entscheidungsformel:
Das Staatshaftungsgesetz vom 26. Juni 1981 (Bundesgesetzbl. I S. 553) ist mit Artikel 70 des Grundgesetzes unvereinbar und daher nichtig.

Gründe:
A.
Das Normenkontrollverfahren betrifft im wesentlichen die Frage, ob dem Bund die Gesetzgebungsbefugnis für das Staatshaftungsgesetz vom 26. Juni 1981 zustand .. "

Funktionen der öffentlichen Verwaltung

Die **öffentliche Verwaltung** ist diejenige Staatstätigkeit, die **nicht Gesetzgebung** und **nicht Rechtsprechung** ist.

BASISTEXT

Diese Negativ-Definition besagt nur, was öffentliche Verwaltung nicht ist. Sie besitzt inhaltlich wenig Aussagekraft. Deshalb soll die Tätigkeit der Verwaltung inhaltlich positiv beschrieben werden:
Zunächst ist in einer Gemeinschaft jedes einzelne Mitglied dafür verantwortlich, Spannungen, Problemsituationen und widerstreitende Interessen zu lösen. Gelingt der Interessenausgleich nicht, so muss ein mit entsprechender Kompetenz ausgestatteter Dritter den Interessenausgleich durchführen. Diese Person ist der Staat, der durch die **Verwaltungsbehörden** im Rahmen des objektiven öffentlichen Rechts handelt. Diese werden dann selbstbewertend und entscheidend tätig. Wichtige Aufgabe der Verwaltung ist es also, soziale Konflikte zu lösen und widerstreitende Interessen zum Ausgleich zu bringen; dies gilt selbstverständlich auch im Verhältnis des Staates zum Bürger. Die öffentliche Verwaltung handelt also im öffentlichen Interesse, um ein friedliches Zusammenleben zu gewährleisten und dem **objektiven Recht** so zur Geltung zu verhelfen, aber auch, um einen **sozialen Ausgleich** und Integration zu schaffen.
Dies geschieht zum einen durch Gewährung persönlicher Hilfen (z. B. BAFöG; Grundsicherung), zum anderen durch Bereitstellung öffentlicher, oft subventionierter, Einrichtungen, die jedermann unabhängig von seinen materiellen Möglichkeiten zugänglich sind. Beim Vollzug der Gesetze kommt der Verwaltung auch die Aufgabe des Schutzes der natürlichen Lebensgrundlagen der Menschen und Tiere zu.
Ihrem Wesen nach stellen sich die Grundfunktionen der Verwaltung somit als ein Spiegelbild der bereits oben skizzierten Funktionen des Rechts dar.

ÜBUNG 10

Ordnen Sie die Beispiele der nachfolgenden Übersicht zu:

„Einstellung"
Die Gemeinde Hohenmölsen stellt die Bewerberin Ursula Fuhrmann als Verwaltungsfachangestellte für eine Tätigkeit im Einwohnermeldeamt ein.

„Obdachlosigkeit"
Jan Petersen hat erhebliche Mietschulden und droht, obdachlos zu werden.

„Verfall"
Der Hauseigentümer Axel Nunn lässt sein Haus verfallen, weil er es „luxus-sanieren" möchte. Ein Balkon droht wegen Baufälligkeit auf die Straße zu stürzen.

„Hundesteuer"
Hundehalter Axel Bellmann sieht nicht ein, Hundesteuer zu zahlen.

„Autobahnbau"
Die Bürgerinitiative „Pro Natur" wendet sich gegen den Bau der Ostseeautobahn A 20, der von der norddeutschen Wirtschaft begrüßt wird.

„Fahrerlaubnis"
Die Autofahrerin Juliane Wertmann fährt seit zwei Jahren ohne Fahrerlaubnis einen Wartburg.

ÜBERSICHT 2 Funktionen der öffentlichen Verwaltung

Stichwort	Beispiele
	Das durch Art. 14 Abs.1 S. 1 GG gewährleistete Eigentumsrecht findet hier seine Grenzen in der Anwendung der Bestimmungen über die Sicherheit von Bauwerken und die Befugnisse der Behörde zur Wahrung der öffentlichen Sicherheit.
	Die Öffentlichkeit kann nicht hinnehmen, dass Personen andere einer erheblichen Gefährdung im Straßenverkehr aussetzen, wenn sich nicht alle am Autofahren Interessierten dem Kontrollinstrument der Fahrerlaubniserteilung unterwerfen.
	Ein Bürger gefährdet die Funktionsfähigkeit der öffentlichen Haushaltswirtschaft; zudem wird das Prinzip der Steuergerechtigkeit verletzt.
	Die Behörde ist zum sozialen Ausgleich durch Gewährung von Sozialhilfe aufgerufen, wenn ein Bürger sich nicht selbst helfen kann (Sozialstaatsprinzip).
	Durch spezielle Verwaltungsverfahren (Planfeststellungsverfahren) sorgt die zuständige Verwaltungsbehörde dafür, dass widerstreitende Interessen so weit wie möglich aufgelöst werden und Kompromisse gefunden werden.
	Die Verwaltung deckt ihren Bedarf an persönlichen und sächlichen Mitteln, um ihren Aufgaben gerecht werden zu können.

Verwaltung als Dienstleistungsunternehmen **BASISTEXT**

Während man früher eine strikte Einteilung der Arten der öffentlichen Verwaltung in z. B. Leistungs-, Ordnungs-, Abgaben-, Bedarfs- und Planungsverwaltung vornahm, hat sich das Bild der modernen Verwaltung gewandelt. Heute im Zeitalter neuer Steuerungs-, Management- und Budgetierungsformen begreift man die öffentliche Verwaltung als ein Dienstleistungsunternehmen, das dem Bürger eine Vielzahl verschiedener (Dienstleistungs-)Produkte anbietet. Dabei steht die Verwaltung oftmals in unmittelbarer Konkurrenz zu privaten Leistungsanbietern.

Als Beispiel für die Vielgestaltigkeit des Verwaltungshandelns in einer konkreten Entscheidungssituation dient folgende Situation:

Albrecht Vahrenholt hat aufgrund hoher Mietschulden eine Räumungsaufforderung für seine in Güsten gelegene Mietwohnung erhalten. Seiner 6-köpfigen Familie droht Obdachlosigkeit. Vahrenholt schildert seine Situation der Sachbearbeiterin Uhle des zuständigen Sozialamtes. Nun müssen viele Fachbereiche der Verwaltung eng zusammenarbeiten, um Vahrenholt einen Ausweg aus der drohenden Wohnungslosigkeit zu ermöglichen:

Das Sozialamt prüft, ob

- ein Darlehen für die Begleichung der Mietschulden die Räumung der Wohnung abwenden kann

- die Familie Anspruch auf Sozialhilfe und Wohngeld hat.

Das Ordnungsamt prüft, ob

- im städtischen Obdachlosenheim eine Unterbringung möglich ist,

- eine auf das Ordnungsrecht gestützte befristete Wiedereinweisung der Familie in die bisherige Wohnung erfolgen kann.

Das Wohnungsamt prüft, ob

- Belegungsrechte an einer geeigneten freien Wohnung bestehen.

Die Stadtkasse wickelt Zahlungen ab.

Die Pressestelle veröffentlicht eine Mitteilung über obdachlose Bürger in Güsten.

ÜBUNG 11

Ergänzen Sie die folgende Tabelle um weitere Verwaltungsprodukte und geben Sie jeweils an, ob die Verwaltung dabei in Konkurrenz zu anderen Leistungserbringern steht.

Verwaltungsprodukte

Lebens-situation	Verwaltungsprodukt	Konkurrenz	
		Ja	nein
Geburt	• Geburtshilfe im städtischen Krankenhaus • Eintragung beim Standesamt		
Kindheit	• Betreuung im gemeindlichen Kindergarten • „Ferienpass" – Aktionen des Jugendamtes		
Jugend	• Vorhalten einer Zivildienststelle • Heimerziehung für sozial benachteiligte Jugendliche		
Berufs-leben	• Sozialversicherungsbeiträge werden einbehalten • Angebot eines Englisch-Kurses der Kreisvolkshochschule		
Ver-sorgung	• Fahrten mit Bussen der Nahverkehrsbetriebe • Stromlieferung durch die Stadtwerke		
Alter	• Pflege im städtischen Altenheim • Sozialhilfeleistung für Rentner		
Tod	• Nutzungsrechte an einer Grabstelle des Stadtfriedhofs • Zahlung einer Hinterbliebenenrente		

Rechtsquellenlehre

BASISTEXT

Das öffentliche Recht und das Verwaltungsrecht als Teilgebiet des öffentlichen Rechts besteht aus einer Mehrzahl verschiedenartiger Rechtsquellen.

Rechtsquellen

sind diejenigen **abstrakt-generellen staatlichen Regelungen**, die den Erkenntnisgrund für die Beurteilung eines konkreten Lebenssachverhalts darstellen. Dabei bedeutet „abstrakt-generell", dass die Rechtsquellen für eine unbestimmte Zahl von Fällen und für alle Bürger (Normadressaten) gelten.

Die fünf wichtigsten Arten sind
- **Verfassungsrecht,**
- **Gesetze im formellen Sinne**
- **Rechtsverordnungen**
- **Satzungen**
- **Gewohnheitsrecht.**

ÜBUNG 12

Streichen Sie alle Begriffe, die keine Rechtsquellen darstellen.

BGB Satzung der BfA StVO GemHVO

Urteil des Amtsgerichts Lübeck StVG VwVfG

Landesverfassung EG-VO Nr. 4062/89 (Kartelle)

OBG Bbg/ SOG LSA/ Nds. SOG Landes StrG

Friedhofssatzung Stadt Gießen Wegerecht

GefahrhundeVO Brandenburg öff.-rechtl. Vertrag

GG VV zur GemHVO StGB Erlass des MI

ADA der Landeshauptstadt Hannover Satzung der LVA

VA GefahrenabwehrVO der Stadt Haldensleben

Auskunft Anordnung der sofortigen Vollziehung

ÜBUNG 13

Ordnen Sie die Rechtsquellen der nachfolgenden Übersicht zu.

ÜBERSICHT 3 Rechtsquellen und ihre Rangordnung

Rangordnung	Rechtsquelle	Beschreibung	Beispiele
1	EU-Recht	Durch den EG-Vertrag ist der EU in Übereinstimmung mit Art. 23 Abs. 1 S. 2 GG die Befugnis zu selbstständiger Rechtsetzung verliehen worden. Gemeinschaftsrecht in Form von EG-Verordnungen gehen dem Bundesrecht im Range vor und sind ohne weiteren Transformationsakt in Deutschland gültig.	
2	Bundesverfassungsrecht	Die Verfassung ist die rechtliche Grundordnung des Staates; sie regelt die staatliche Organisation und Kompetenzverteilung sowie die Grundrechte. Die deutsche Verfassung wurde durch eine verfassunggebende Versammlung ausgearbeitet und durch die Länder angenommen. Änderungen sind nach Maßgabe des Art. 79 GG durch den Bundestag möglich.	
3	Formelles Bundesgesetz	Bundesgesetze als sog. Parlamentsgesetze werden durch den Bundestag in dem dafür im GG vorgesehenen Gesetzgebungsverfahren erlassen bzw. geändert. Ihre Bedeutung liegt darin, dass sie von dem das Volk unmittelbar repräsentierenden Parlament in einem öffentlichen, der Opposition Einfluss gewährenden Verfahren erlassen werden.	
4	Bundes-Rechtsverordnung	Bundes-Rechtsverordnungen sind Rechtsetzungsinstrumente der staatlichen Exekutive (Regierung, Minister), die diese aber nur aufgrund ausdrücklicher gesetzlicher Ermächtigung Verordnungen erlassen darf (vgl. Art. 80 GG). Sie sichern die schnelle Anpassung des Rechts an die Verhältnisse, entlasten den Bundestag und enthalten zumeist detaillierte Regelungen.	

Rang-ord-nung	Rechts-quelle	Beschreibung	Beispiele
5	Satzung auf Bundes-ebene	Recht kann auch von den abgeleiteten Trägern staatlicher Gewalt, den Körperschaften, Anstalten und Stiftungen des öffentlichen Rechts, auf Grund ihrer Satzungsautonomie gesetzt werden. Durch Satzung können nur eigene Angelegenheiten (Selbstverwaltungsangelegenheiten) geregelt werden. Sie wird ähnlich wie ein Gesetz in einem formalisierten Verfahren durch Beschluss des Repräsentativorgans erlassen und gilt bundesweit.	
6	Landes-Verfas-sungsrecht	Die Landesverfassung ist die rechtliche Grundordnung des Bundeslandes; sie regelt die staatliche Organisation und Kompetenzverteilung sowie (oft) die Grundrechte. Sie wurde vom Landtag erlassen und ist ähnlich wie die Bundesverfassung Änderungen zugänglich.	
7	Formelles Landes-gesetz	Landesgesetze (Parlamentsgesetze) werden durch den Landtag nach dem dafür in der Verfassung vorgesehenen Gesetzgebungsverfahren erlassen bzw. geändert; ansonsten siehe „Formelles Bundesgesetz".	
8	RechtsVO auf Landes-ebene	Siehe „Bundes-Rechtsverordnung"; sie wird jedoch von den Behörden der unmittelbaren (z. B. Landesminister) und der mittelbaren Landesverwaltung, also auch die Kommunalbehörden, erlassen.	
9	Satzung auf Landes-ebene	Siehe „Satzung auf Bundesebene", jedoch auf ein Land oder Teile eines Landes beschränkt.	
10	Satzung/ Verordnung auf kom-munaler Ebene	Die kommunale Satzung regelt auf örtlicher Ebene die Selbstverwaltungsangelegenheiten (= eigener Wirkungskreis); die kommunale Verordnung regelt auf örtlicher Ebene Angelegenheiten des übertragenen Wirkungskreises.	

Kollisionsregeln

Die gesamte Rechtsordnung muss eine geschlossene, in sich widerspruchsfreie Einheit bilden. Normwidersprüche können indes entstehen, wenn themenidentische, aber inhaltlich widersprechende Regelungen verschiedener Normgeber bestehen. Diese werden nach folgenden Anwendungsregeln behandelt:

- Bundes- und Landesrecht gehen kommunalem Satzungsrecht vor
- Bundesrecht bricht Landesrecht (Art. 31 GG)
- Ranghöheres Recht hat Vorrang
  - Spezialgesetz vor allgemeiner Norm
  - Jüngeres Recht vor dem älteren Recht

FALL 1 **Welche Norm hat Vorrang?**

Walter Koller betreibt die Schankwirtschaft „Zum Auerhahn". Die Stadt Bad Dürrenberg beabsichtigt, die Erlaubnis zu widerrufen, weil Koller Auflagen nicht erfüllt hat.

ÜBUNG 14

Prüfen Sie die Anwendbarkeit folgender Normen und begründen Sie Ihre Entscheidung:

Norm	anwendbar?	Begründung
§ 49 Abs. 2 Nr. 2 VwVfG		
§ 15 Abs. 3 Nr. 2 GastG		

Sonderfälle:

1. Gewohnheitsrecht

Gemäß Art. 2 EGBGB ist Gesetz jede Rechtsnorm. Mithin gehören dazu auch ungeschriebene Rechtsnormen.

Gewohnheitsrecht

sind **ungeschriebene Rechtssätze**, die durch **langdauernde Übung** entstanden sind und von der **Rechtsüberzeugung aller Beteiligten** getragen werden.

Gewohnheitsrecht entsteht ...

1. ... durch regelmäßige, allgemeine und langdauernde Übung mit ...	2. ... der Überzeugung aller Beteiligten, dass die Übung rechtens ist.
Objektives Merkmal	Subjektives Merkmal

Beispiele:

Wegerecht, Grundsatz von Treu und Glauben, allgemeiner öffentlich-rechtlicher Erstattungsanspruch (z. B. bei doppelter Zahlung einer Verwaltungsgebühr).

Da sich Gewohnheitsrecht auf allen Hierarchieebenen – mit Ausnahme der Ebene der Rechtsverordnung – ergeben kann, ist eine generelle Einordnung in die Rangordnung der Rechtsquellen nicht möglich.

Gewohnheitsrecht wird gelegentlich vom Gesetzgeber in geschriebenes Recht übernommen. So wurden in der Neufassung des BGB-Schuldrechts die positive Vertragsverletzung (PVV) sowie culpa in contrahendo (c. i. c.) gesetzlich normiert (vgl. §§ 280 Abs. 1, 311 a Abs. 2, 242 Abs. 2 BGB).

2. Urteile des BVerfG

Während die Rechtsprechung die Anwendung des Rechts auf den konkreten Einzelfall betrifft kann ein Urteil schon aufgrund der fehlenden Allgemeinverbindlichkeit der Entscheidung keine Rechtsquelle sein, wenngleich Gerichtsentscheidungen insbesondere der Obergerichte eine sog. präjudizierende Wirkung, d. h. eine Vorbildwirkung für gleichgelagerte Fälle, besitzen. Nur ausnahmsweise haben Gerichtsentscheidungen Gesetzeskraft, nämlich solche des BVerfG z. B. in Normenkontrollverfahren
(§ 31 Abs. 2 BVerfGG); siehe hierzu das Beispiel Kap. 02/ S. 12.

Formelles und materielles Gesetz

Der oben verwendete Begriff der Rechtsquelle ist weitgehend identisch mit dem Begriff „Gesetz im materiellen Sinne". Der Begriff des formellen Gesetzes wurde bereits oben dargestellt.

Übung 15

1. Erklären Sie die Begriffe formelles und materielles Gesetz.
2. Ordnen Sie folgende Normen zu:

a) BSHG	b) BGB
c) Landes-Haushaltsgesetz, soweit der Haushaltsplan festgestellt wird	
d) RegelsatzVO	e) Verwaltungsgebührensatzung

Formelles Gesetz	Materielles Gesetz
Beispiele:	Beispiele:

BASISTEXT **Verwaltungsvorschriften**

Verwaltungsvorschriften sind allgemeine Regelungen der Regierungs- oder Verwaltungsbehörden, die an nachgeordnete Behörden oder Bedienstete gerichtet sind und sich auf die Organisation oder das Verfahren der Behörden oder das Verhalten der Mitarbeiter bezieht. Sie dienen auch der einheitlichen Rechtsanwendung, indem sie unbestimmte Rechtsbegriffe konkretisieren. Verwaltungsvorschriften sind keine Rechtsquellen, weil es ihnen an Außenwirkung mangelt. Sie regeln nur die Rechtsbeziehungen innerhalb eines Rechtssubjekts, z. B. des Landes Sachsen-Anhalt oder einer Kommune. Dass sie vielfach tatsächlich auch das Verhältnis der Bürger zum Staat betreffen und faktisch rechtliche Wirkung entfalten, ändert an dieser Einstufung nichts. Da Verwaltungsvorschriften grds. keine Außenwirkung besitzen, bedarf es zu ihrem Erlass keiner Ermächtigungsgrundlage; da sie regelmäßig auf der Leistungsbefugnis des Behördenleiters beruhen. Sie bedürfen auch nicht der Verkündung in einem Gesetzblatt.

Verwaltungsvorschriften

sind **abstrakt-generelle**, lediglich **verwaltungsintern verbindliche Regelungen** ohne (unmittelbare) Außenwirkung.

Verwaltungsvorschriften werden von der Exekutive erlassen. Sie tragen unterschiedliche Bezeichnungen wie etwa Erlass, Dienstanweisung, Richtlinie.

Beispiele:

- Allgemeine Dienstanweisung der Stadt Halle/ Saale (ADA)
- Beihilfevorschriften für Beamte
- Einkommensteuer-Richtlinien
- Ausführungsbestimmungen zum SOG LSA/ OBG Bbg/ Nds. SOG
- Allgemeine Verwaltungsvorschrift zur StVO.

Verwaltungsvorschriften sind also keine Rechtsquellen, denen Außenwirkung zukommt. Sie schaffen für den Bürger keine Rechte und Pflichten, sondern regeln mit verwaltungsinterner Wirkung die Organisation und das Handeln der Behörden; insbesondere treffen sie nähere Bestimmungen über den Aufbau und das Verwaltungsverfahren der Behörden, die einheitliche Auslegung und Anwendung unbestimmter Rechtsbegriffe und die Ermessensausübung.

Zum **Erlass von Verwaltungsvorschriften** ist keine gesetzliche Ermächtigung erforderlich, die Befugnis ergibt sich aus der Organisationshoheit der Hoheitsträger und der Weisungsbefugnis der übergeordneten Behörden. Sie bedürfen zu ihrer Wirksamkeit nicht der amtlichen Verkündung.
Wegen der fehlenden unmittelbaren Außenwirkung ist es verfehlt, in einem Bescheid eine Verwaltungsvorschrift als dessen Ermächtigungsgrundlage anzugeben. Allenfalls kann die Behörde zur Untermauerung einer bestimmten Rechtsauffassung hierauf im Rahmen der Begründung der Entscheidung verweisen.
Da die Gerichte bei ihren Entscheidungen nur an Rechtsnormen gebunden sind, können sie eine Rechtsnorm auch anders auslegen als es z. B. ein Ministerium in einer Verwaltungsvorschrift getan hat.
Allerdings kommt Verwaltungsvorschriften eine sog. mittelbare Außenwirkung zu, soweit die Behörde in einer Vielzahl von Fällen unter Anwendung einer – z. B. ermessensleitenden – Verwaltungsvorschrift in bestimmter Weise entschieden hat (siehe Kapitel 05, S. 8f f.). Nur ausnahmsweise werden Verwaltungsvorschriften durch den Gesetzgeber für verbindlich erklärt (z. B. § 48 S. 1 BImSchG).

Übung 16

Stellen Sie stichwortartig die Unterschiede zwischen Rechtsverordnung und Verwaltungsvorschrift anhand der genannten Kriterien dar.

Kriterium	Rechtsverordnung	Verwaltungsvorschrift
Adressat		
Rechtswirkung		
Ermächtigungsgrundlage		
Bindung der Gerichte		
Bekanntmachung		

FALL 2 Verkehrsunterricht

Der Berufskraftfahrer Walter Schley überschreitet nach polizeilicher Ermittlung am 17.12. die zulässige Höchstgeschwindigkeit innerorts um 38 km/h und gefährdet dadurch andere Autofahrer. Das daraufhin durch Bescheid der Stadt Erlangen festgesetzte Bußgeld zahlt Schley, der die Angelegenheit damit für erledigt hält. In den vergangenen vier Jahren ist Schley lediglich wegen Parkverstößen verwarnt worden. Am 10.01. ergeht zudem eine an Schley gerichtete Verfügung der selben Behörde, in welcher er aufgefordert wird, binnen eines Monats an einem vierstündigen behördlichen Verkehrsunterricht teilzunehmen.

Gestützt wird die Anordnung auf § 48 StVO. Da Schley Verkehrsvorschriften nicht beachtet habe, habe sich die Stadt Erlangen entschlossen, ihn aus erzieherischen Gründen zum Unterrichtsbesuch zu verpflichten. Der Kraftfahrer ist der Überzeugung, ein einmaliger Verstoß rechtfertige die Vorladung nicht. Im Übrigen seien Berufsfahrer ständig unter Zeitdruck, so dass sich derartige Geschwindigkeitsverstöße geradezu zwangsläufig ergäben.

§ 48 StVO:
Wer Verkehrsvorschriften nicht beachtet, ist auf Vorladung der Straßenverkehrsbehörde oder der von ihr beauftragten Beamten verpflichtet, an einem Unterricht über das Verhalten im Straßenverkehr teilzunehmen.

Allgemeine Verwaltungsvorschrift zur Straßenverkehrsordnung (VwV-StVO) vom 22.10.1998 (BAnz 1999, Nr. 246 b), zu § 48 StVO:
„... II. Zweck der Vorschrift ist es, die Sicherheit und Ordnung auf den Straßen durch Belehrung solcher, die im Verkehr Fehler begangen haben, zu heben. Eine Vorladung ist daher nur dann sinnvoll und überhaupt zulässig, wenn anzunehmen ist, dass der Betroffene aus diesem Grund einer Belehrung bedarf. Das trifft in der Regel nicht bloß bei Personen zu, welche die Verkehrsvorschriften nicht oder nur unzureichend kennen oder beherrschen, sondern auch bei solchen, welche die Bedeutung und Tragweite der Vorschriften nicht erfasst haben.
... Aber auch eine einmalige Verfehlung kann sehr wohl Anlass zu einer Vorladung sein, die vor allem dann, wenn ein grober Verstoß gegen eine grundlegende Vorschrift vorliegt ..."

Aufgabe: Prüfen Sie, ob Schley materiell zu Recht von der Stadt Erlangen zum Verkehrsunterricht vorgeladen wurde und begründen Sie Ihre Auffassung stichwortartig

Notieren Sie die Lösung auf einem besonderen Blatt.

03 Formen des Verwaltungshandelns

Handlungsformen **ÜBERSICHT 4**

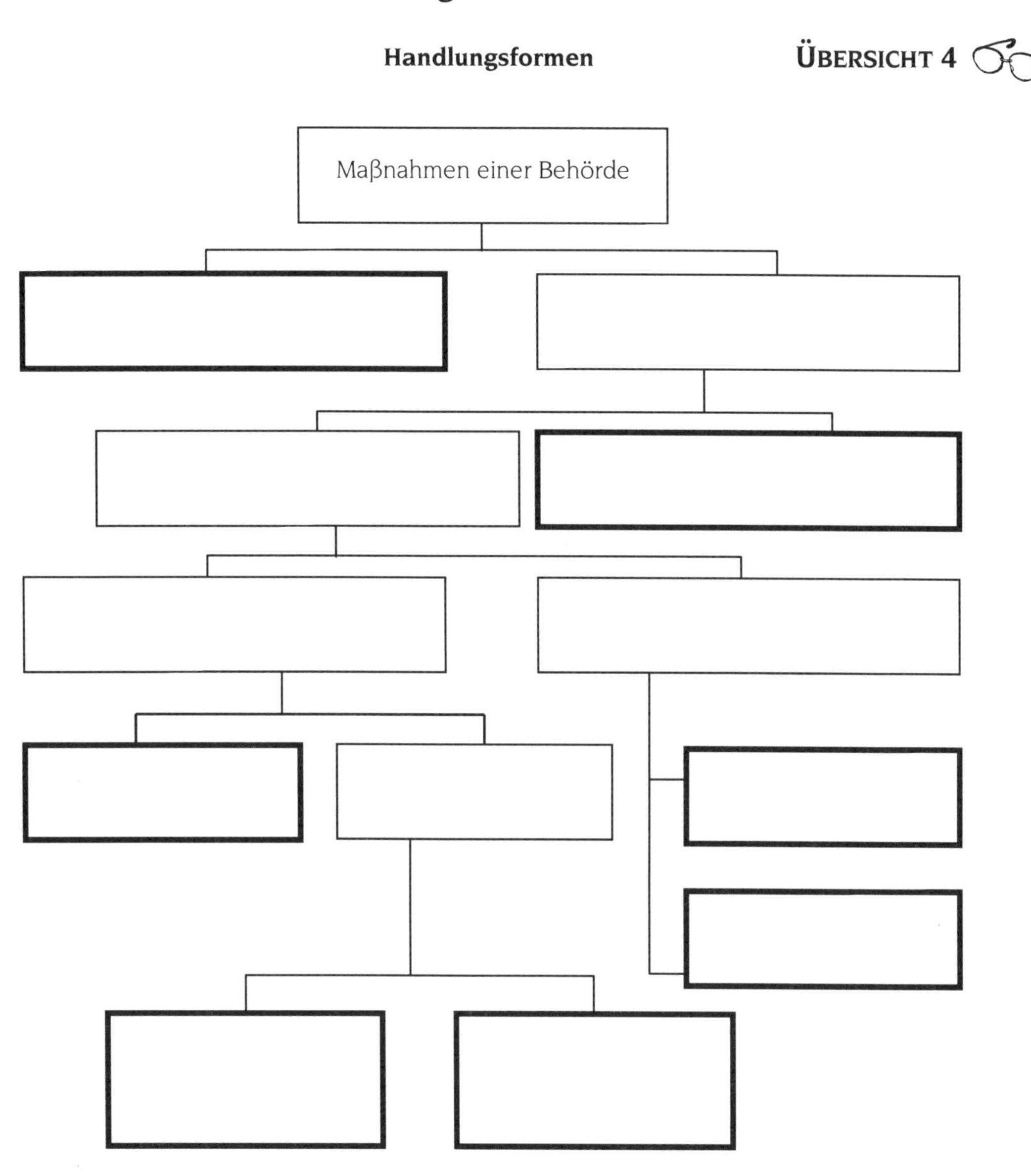

ÜBUNG 17

Ordnen Sie die nachfolgenden Begriffe der vorstehenden Übersicht zu.

öffentlich-rechtliches	Regelung	Außenverhältnis
privatrechtliches	schlichtes Verwaltungshandeln	konkret-individuell
abstrakt-generell	abstrakt-generell	konkret-individuell
einseitig	zweiseitig	Innenverhältnis

BASISTEXT **Abgrenzung: Öffentliches Recht und Privatrecht**

Da die öffentliche Verwaltung in unterschiedlichen Sektoren tätig wird, wenn sie einerseits einen privatrechtlichen Kaufvertrag (z. B. beim Erwerb von Aktendeckeln) abschließt und andererseits einseitige Regelung (z. B. Rücknahme einer Baugenehmigung) erlässt und diese Handlungen unterschiedliche Rechtsfolgen hervorrufen, ist es notwendig, Kriterien für die Abgrenzung des **Privatrechts** vom **öffentlichen Recht** zu finden.

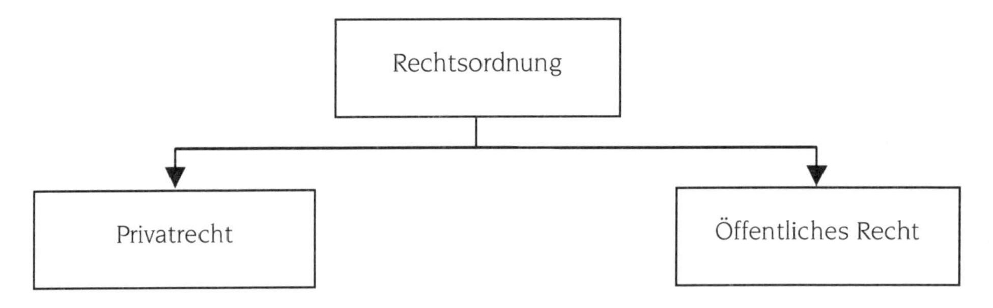

In der wissenschaftlichen Literatur wird eine Vielzahl von Abgrenzungstheorien diskutiert. Die nachfolgend vorgestellten Theorien sind aber allgemein anerkannt, um die beiden Teilrechtsordnungen voneinander abzugrenzen.

Die **Subordinationstheorie** (auch Subjektionstheorie genannt) stellt auf das Verhältnis der Beteiligten ab. Das Privatrecht wird durch das Prinzip der Gleichordnung gekennzeichnet. Die beteiligten Partner sind, wenn sie einen anderen rechtlich verpflichten wollen, grundsätzlich auf die einvernehmliche Vereinbarung angewiesen. Die typische Handlungsform ist hier der Vertrag. Das öffentliche Recht wird dagegen durch das Verhältnis der Über- und Unterordnung gekennzeichnet. Die öffentlichen Stellen sind hier berechtigt, einseitig verbindliche Regelungen zu treffen.
Sie sind „übergeordnet", während die Bürger „untergeordnet" sind. Die typische Handlungsform ist hier der Verwaltungsakt.

Die **Interessentheorie** stellt demgegenüber auf die Interessenrichtung der einzelnen Rechtssätze ab. Privatrecht liegt dann vor, wenn die maßgeblichen Rechtssätze dem Individualinteresse (Einzelinteresse) dienen. Zum öffentlichen Recht gehören die dem öffentlichen Interesse (Gemeinwohl) dienenden Rechtssätze.

Die **Sonderrechtstheorie** (modifizierte Subjektstheorie) stellt auf die Zuordnungssubjekte der einzelnen Rechtssätze ab. Zum öffentlichen Recht gehören danach diejenigen Rechtssätze, die einen Träger hoheitlicher Gewalt als Zuordnungsobjekt haben, d. h. diese Rechtssätze berechtigen oder verpflichten **ausschließlich einen Träger hoheitlicher Gewalt**. Privatrechtliche Normen sind dagegen die für jedermann geltenden Rechtssätze.

Merke:

Öffentliches Recht = Sonderrecht des Staates
Privatrecht = Jedermannsrecht

Die einzelnen Theorien haben unterschiedliche Leistungsstärken und können, für sich genommen, nicht alle Fälle problemlos lösen. So kennt z. B. auch der Privatrechtssektor ausgeprägte Über- und Unterordnungsverhältnisse (z. B. Sorgerecht der Eltern, Direktionsrecht des Arbeitgebers bei Arbeitsverhältnissen); dem öffentlich-rechtlichen Sektor sind zudem Gleichordnungsverhältnisse nicht fremd (z. B. Verwaltungsvertrag), §§ 54 ff. VwVfG). Zahlreichen privatrechtliche Vorschriften haben auch das öffentliche Interesse im Blick (z. B. elterliche Unterhaltspflichten, Gesetz gegen den unlauteren Wettbewerb).

Eine hohe Leistungsfähigkeit weist die Sonderrechtstheorie auf, da von ihr die überwiegenden Fälle der Leistungs- und Eingriffsverwaltung einerseits und der Gleichordnungsverhältnisse andererseits sachgerecht erfasst werden. Sie wird überwiegend angewandt.
Mitunter ist bei der Klärung der Frage, ob eine Verwaltungstätigkeit dem öffentlichen oder aber dem privaten Rechtssektor zuzuordnen ist, auf mehrere Theorien zurückzugreifen.

ÜBUNG 18

1. Benennen Sie die maßgeblichen Theorien, die zur Abgrenzung des öffentlichen Rechts vom Privatrecht herangezogen werden.

Theorien:
(1) modifizierte Subjektstheorie
(2) Interessentheorie
(3) Subordinationstheorie

2. Kennzeichnen Sie die in der Literatur heute vorherrschende Abgrenzungstheorie.

3. Ordnen Sie die Maßnahmen der Behörde (s.o. Kap. 01/ S. 2) den stark eingerahmten Kästen in der Übersicht „Handlungsformen" zu.

BASISTEXT **Verwaltungsprivatrecht**

Das **privatrechtliche Verwaltungshandeln** nimmt einen nicht unerheblichen Stellenwert ein und ist zudem von unterschiedlicher Qualität. So tritt der Staat als Kunde am Markt auf, wenn Bedarfsgüter für die Erfüllung von Verwaltungsaufgaben erworben werden. Andererseits erfüllt beispielsweise die Kommune öffentliche Aufgaben in privatrechtlicher Form, wenn Schwimmbäder, Stadthallen oder Kindergarten rein privatrechtlich betrieben werden. Die Ausgliederung und die anschließende Privatisierung von Verwaltungsaufgaben wirft die Frage auf, ob sich die öffentliche Hand durch die „Flucht ins Privatrecht" aller öffentlich-rechtlichen Bindungen (z. B. des Gleichheitsgrundsatzes) entledigen kann. Dies wird allgemein abgelehnt. Rechtsprechung und Verwaltungswissenschaft haben für diesen Sektor den Begriff des **Verwaltungsprivatrechts** entwickelt.

Die Verwaltung handelt auf dem Gebiet des Verwaltungsprivatrechtes, wenn sie **unmittelbar öffentliche Aufgaben in privatrechtlicher Form** erledigt. Folge ist, dass das privatrechtliche Handeln von öffentlichen Bindungen überlagert wird. So gelten hier die Grundrechte unmittelbar. Die Zuständigkeitsordnung ist zu beachten. Zudem muss das Handeln hier dem Grundsatz der Verhältnismäßigkeit entsprechen.

Bei Streitigkeiten verbleibt es aber beim ordentlichen Rechtsweg (§ 13 GVG).

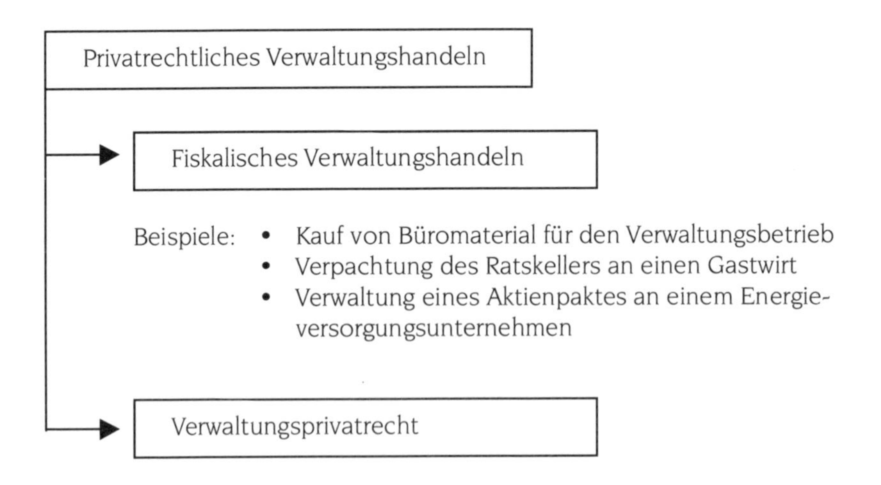

Eine Besonderheit stellen Verwaltungsrechtsverhältnisse dar, die sowohl privatrechtliche als auch öffentlich-rechtliche Elemente aufweisen. Lassen sich zwei getrennte Verfahrensabschnitte feststellen, so wird ein **zweistufiges Rechtsverhältnis** begründet. Diese zweistufigen Rechtsverhältnisse haben insbesondere in der Leistungsverwaltung (z. B. bei der Benutzung öffentlicher Einrichtungen und im Subventionswesen) ihre Bedeutung. Die erste Stufe ist öffentlich-rechtlich, die zweite Stufe ist privatrechtlich ausgestaltet. In der ersten Stufe geht es um das „**Ob**" der Leistung. Bei positiver Entscheidung auf der ersten Stufe schließt sich eine privatrechtliche Erfüllungs- und Abwicklungsstufe an, das „**Wie**" der Leistungsgewährung.

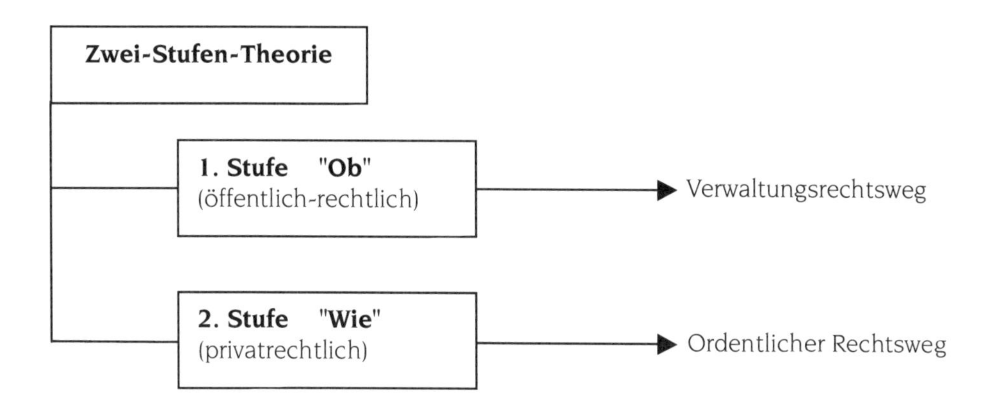

Beispiel:

Die Gemeinde Sögel betreibt ein Dorfgemeinschaftshaus als öffentliche Einrichtung. Hier können Vereine und sonstige Organisationen kulturelle und sportliche Veranstaltungen durchführen.

Der ortsansässige Sportverein möchte im Sept. d. J. seine Jubiläumsveranstaltung „75 Jahre TuS Sögel" durchführen. Die Gemeinde entspricht dem Antrage des Vereins und schließt einen Nutzungsvertrag ab. Über die grundlegende Zulassung des Vereins zum Dorfgemeinschaftshaus hat die Gemeinde öffentlich-rechtlich (sog. „Ob"; z. B. § 22 NGO, § 22 GO LSA) entschieden, während für die Abwicklungsstufe (Übernahme der Reinigungs- und Stromkosten u. a. m.) ein privatrechtlicher Nutzungsvertrag (sog. „Wie") vereinbart wurde.

Die Verwaltung entscheidet grundsätzlich selbst, ob sie ein Rechtsverhältnis zweistufig abwickeln will oder ob sie eine öffentliche Aufgabe in privatrechtlicher Form erledigen will. Es obliegt ihrer Entscheidungsfreiheit, die hier angesprochenen Aufgaben auch allein nach öffentlich-rechtlichen Grundsätzen abzuwickeln.

Verwaltungsakt

Der Verwaltungsakt (VA) zählt zu den zentralen Handlungsformen der Verwaltung. § 35 S. 1 VwVfG enthält eine Legaldefinition des VA-Begriffes.

ÜBUNG 19

Tragen Sie in das nachstehende Schaubild die VA-Merkmale ein.

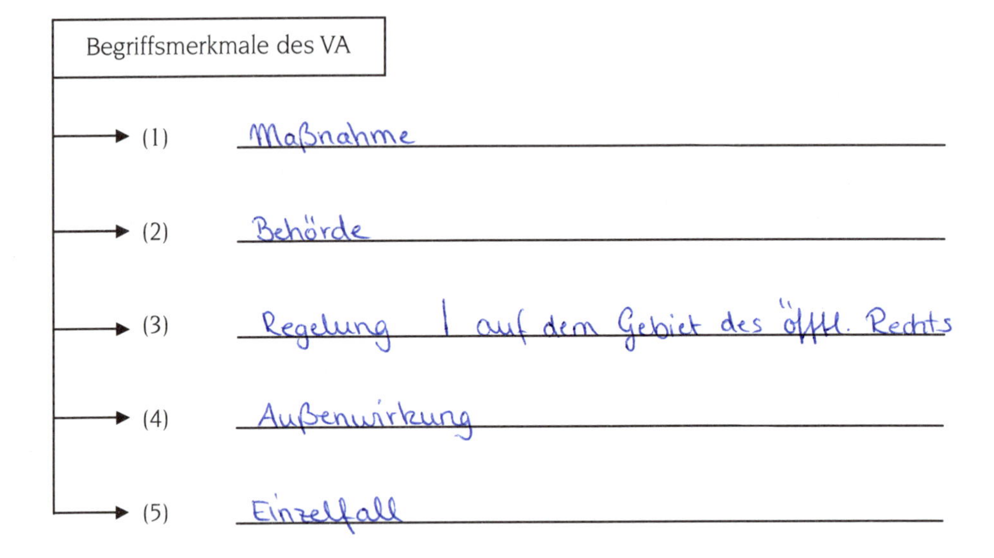

* Die Legaldefinition erwähnt zwar nicht ausdrücklich den Begriff „Einseitigkeit der Regelung", dieses Merkmal stellt aber die Abgrenzung zum öffentlich-rechtlichen Vertrag dar. Zudem beinhaltet die Formulierung „hoheitliche Maßnahme" Elemente der Einseitigkeit.

Ein Verwaltungsakt für Herrn Müller? **FALL 3**

Stadt Oldenburg (OLDB) Oldenburg, den 26.08.
Der Oberbürgermeister **Entwurf**

Stadt Oldenburg (Oldb.) Postfach 1212 29 005 Oldenburg

1. PZU
Herrn ab: 27.08.
Klaus Müller
Bremer Weg 337
29001 Oldenburg

Ihr Gaststättenbetrieb im Bremer Weg 97
hier: **Aufhebung einer Gaststättenerlaubnis**

Sehr geehrter Herr Müller!
Die Ihnen mit Bescheid vom 23.6.1997 erteilte Gaststättenerlaubnis zum Betrieb einer Schank- und Speisewirtschaft AZ.: 12/Bremer Weg/97 widerrufe ich mit sofortiger Wirkung.
Die Kosten dieses Verfahrens haben Sie zu tragen.

Begründung:
Am 23.06.1997 habe ich Ihnen für den Betrieb der oben genannten Gaststätte eine Gaststättenerlaubnis erteilt. Ich habe festgestellt, dass in Ihrer Gaststätte Glücksspiele veranstaltet werden. Rechtsgrundlage für diese Entscheidung ist § 15 Abs. 2 Gaststättengesetz vom 5. Mai 1970 in der z.Zt. geltenden Fassung. Hiernach bin ich verpflichtet, Ihnen die 1997 erteilte Gaststättenerlaubnis zu widerrufen.
Sie besitzen nicht mehr die erforderliche Zuverlässigkeit zum Betrieb eines Gaststättenbetriebes. Wiederholt habe ich festgestellt, dass in Ihrer Gaststätte verbotene Glücksspiele durchgeführt werden. Am 27.05, 20.06 und 19.07. hat mein Außendienstmitarbeiter ermittelt, dass im Clubzimmer Ihres Betriebes jeweils sechs Personen um hohe Geldsummen spielten. Sie haben keine Anstrengungen unternommen, um diesen illegalen Spielbetrieb zu unterbinden.
Durch Bereitstellung des Clubzimmers haben Sie vielmehr erst die organisatorischen Voraussetzungen für das unzulässige Glücksspiel geschaffen. Zudem ist gegen Sie ein Ermittlungsverfahren wegen Hehlerei eingeleitet worden. Unter Ihrer Beteiligung wurde, so die staatsanwaltschaftlichen Ermittlungen, Diebesgut veräußert. Ihr gesamtes Verhalten lässt nur den Schluss zu, dass Sie auch in Zukunft nicht bereit sind, den Gaststättenbetrieb im Einklang mit der Rechtsordnung zu betreiben. Sie sind damit unzuverlässig im Sinne des § 4 Abs. 1 Nr. 1 Gaststättengesetz.

Rechtsbehelfsbelehrung:
Gegen diesen Bescheid kann innerhalb eines Monats nach Zustellung Widerspruch eingelegt werden. Der Widerspruch ist bei der Stadt Oldenburg, Am Markt 1, 29005 Oldenburg, schriftlich oder zur Niederschrift einzulegen.

Mit freundlichen Grüßen
Im Auftrage
Ko 26/8.
- Kochenbecker –

2. Zustellung erfolgte am 30.8.
3. Wvl.: Sofort (Ortsbesichtigung durchführen)

Aufgabe: Untersuchen Sie, ob es sich bei diesem Schreiben um einen Verwaltungsakt handelt. Gehen Sie auf alle Begriffsmerkmale ein.

Notieren Sie die Lösung auf einem besonderen Blatt.

Maßnahme

ist jedes **zweckgerichtete Verwaltungshandeln**.

Dieses bedeutet zugleich, dass bloßes Schweigen einer Behörde in der Regel keine Maßnahme darstellt. Wenn beispielsweise ein Antragsteller die notwendigen Unterlagen einreicht und den Erlass einer Erlaubnis zum Betrieb einer Spielhalle begehrt, die Behörde die Entscheidung aber in angemessener Zeit nicht trifft, so ist der Antragsteller nicht berechtigt, den Spielhallenbetrieb aufzunehmen. Hierzu bedarf es vielmehr eines positiven Ausspruches der Behörde.

Nur ausnahmsweise, wenn eine ausdrückliche gesetzliche Regelung vorliegt, vermag behördliches Schweigen Rechtswirkungen hervorrufen (s. fingierte Bodenverkehrsgenehmigung, § 19 Abs. 3 S. 5 BauGB; fingierte kommunalaufsichtliche Genehmigung, § 133 Abs. 1 S. 2 NGO).

Behörde

ist jede Stelle, die **Aufgaben der öffentlichen Verwaltung** wahrnimmt (§ 1 Abs. 4 VwVfG).

Behörden sind also in den Staatsaufbau eingeordnete organisatorische Einheiten, die mit einer gewissen Selbstständigkeit ausgestattet und dazu berufen sind, öffentliche Verwaltungsaufgaben zu erfüllen. Hierbei wird unterschieden:

ÜBERSICHT 5 **Träger öffentlicher Verwaltung**

Juristische Personen des öffentlichen Rechts			Beliehene (Private)
↓	↓	↓	↓
Körperschaft	Anstalt	Stiftung	Übertragung hoheitlicher Befugnisse an private Rechtsträger durch Gesetz oder VA
↓	↓	↓	
Mitgliedschaftsverhältnis	Benutzerverhältnis	Stiftungskapitalerträge	
↓	↓	↓	↓
Beispiele:	Beispiele:	Beispiele:	Beispiele:

ÜBUNG 20

Fügen Sie in der vorstehenden Übersicht mindestens je ein Beispiel ein.

Keine Behörden sind dagegen die Organe der Gesetzgebung und der Rechtsprechung, soweit sie ihre Zentralfunktionen erfüllen.

ÜBUNG 21

Geben Sie an, ob es sich bei dem Schreiben der Stadt Oldenburg um eine Maßnahme einer Behörde handelt.

 Notieren Sie die Lösung auf einem besonderen Blatt.

Auf dem Gebiet des öffentlichen Rechts

Dieses Merkmal grenzt das Verwaltungshandeln von privatrechtlichen Aktivitäten der Behörde ab. Die Grenzziehung zwischen dem Privatrecht einerseits und dem öffentlichen Recht andererseits erfolgt unter Zuhilfenahme der Abgrenzungstheorien (s. S. 28).

ÜBUNG 22

Nennen Sie zwei Beispiele für privatrechtliches Verwaltungshandeln.

 Notieren Sie die Lösung auf einem besonderen Blatt.

Zu beachten ist aber, dass auch dann ein VA vorliegen kann, wenn die Behörde sich ihr vermeintlich zustehende öffentlich-rechtliche Befugnisse anmaßt. Das Fehlen einer hoheitlichen Rechtsgrundlage führt nicht dazu, der Maßnahme der Behörde die VA-Qualität abzusprechen, sondern nur zu der Rechtswidrigkeit dieses VA.

ÜBUNG 23

Geben Sie an, ob die Maßnahme der Stadt auf dem Gebiet des öffentlichen Rechts erfolgte.

 Notieren Sie die Lösung auf einem besonderen Blatt.

Regelung

liegt vor, wenn die Behörde **einseitig** mit Anspruch auf Verbindlichkeit **unmittelbar eine Rechtsfolge** herbeiführen will.

Regelungswirkung ist also dann gegeben, wenn durch die Verwaltungsmaßnahme die Rechtsstellung des Bürgers unmittelbar geändert oder aber verbindlich festgestellt wird. Zum besseren Verständnis ist es sinnvoll, typische Fallgruppen der Regelung (sog. Regelungsarten) zu bestimmen.

Übung 24

Ordnen Sie die nachfolgenden Beispiele den einzelnen Regelungsarten zu.

Beispiele:

Festsetzung von Grundsteuern; Widmung einer Gemeindestraße; Feststellung der deutschen Staatsangehörigkeit; Einbürgerung; Erteilung einer Gaststättenerlaubnis; Widerruf einer Sondernutzungserlaubnis; Ablehnung eines Bauantrags; Ernennung eines Beamten; Anordnung eines Fahrverbotes.

Regelungsinhalt	Beispiele
1. Gebot eines Verhaltens	
2. Verbot eines Verhaltens	
3. Rechtsgestaltung	
3.1 Rechtsgewährung (Einräumung eines Rechts/ einer Rechtsstellung)	
3.2 Rechtsversagung (Versagung eines Rechts/ einer Rechtsposition)	
3.3 Rechtsgestaltung i.e. Sinne (Änderung/Aufhebung einer bestehenden Rechtsstellung)	
4. Dingliche Regelung	
5. Feststellung (verbindliche Feststellung einer unklaren oder streitigen Rechtslage)	

Dieses Merkmal grenzt den VA von behördlichen Handlungen ohne Regelungscharakter (sog. schlichtes Verwaltungshandeln) oder von zwei-/oder mehrseitigen Regelungen auf dem Gebiet des öffentlichen Rechts (Verwaltungsvertrag, §§ 54 ff. VwVfG) ab.
Schlichtes Verwaltungshandeln zielt dagegen lediglich auf die Herbeiführung eines tatsächlichen Erfolges ab.

Beispiele:

Auskünfte; bloße Hinweise auf die Rechtslage; Auszahlung von Geld; Gutachten und Stellungnahmen; Handlungen, die einen VA vorbereiten
(Ausnahmsweise entfalten aber vorbereitende Handlungen Regelungscharakter, wenn sie selbstständig durchsetzbar sind).

ÜBUNG 25

Prüfen Sie, ob die behördlichen Aktivitäten Regelungscharakter aufweisen.

Beispiele	Antwort
1. Manfred Schlaake, Inhaber einer Fahrerlaubnis, führte, wie eine Polizeikontrolle am Montag ergab, erhebliche Mengen Heroin bei sich. Da Schlaake schwer heroinabhängig ist, bestehen Zweifel, ob er noch „fahrtauglich" ist. Mit Schreiben vom 12. Sept. fordert die Stadt Hildesheim Schlaake auf, ein Gutachten einer amtlich anerkannten medizinisch-psychologischen Untersuchungsstelle beizubringen.	
2. Der Landwirt Hermann Unger will in der Gemeinde Weyhe einen Schweinemaststall mit 4.500 Mastplätzen errichten. Das nach § 10 BImSchG durchzuführende Genehmigungsverfahren ist zwischenzeitlich eingeleitet worden. Da keine grundsätzlichen Bedenken gegen das Vorhaben bestehen, erlaubt die zuständige Behörde – gestützt auf § 8 BImSchG – die Errichtung des Rohbaus.	
3. In einem Telefongespräch teilt der Bau-Ing. Stramm dem Bauherrn Möller mit, dass er den Bauantrag abschließend bearbeitet habe. Die Genehmigung werde gerade geschrieben. Er könne daher in Kürze mit der Baugenehmigung rechnen.	
4. Mit Schreiben vom 15. Mai teilt die zuständige Behörde dem Investor - gestützt auf § 9 BImSchG - mit, dass gegen den vorgesehenen Standort für die Fabrik zur Herstellung von Holzfaserplatten und Holzspanplatten keine Bedenken bestehen.	

ÜBUNG 26

Bitte ordnen Sie die nachfolgenden Begriffe der Übersicht zu:
Vorbescheid/ vorbereitende Maßnahmen/ Teilgenehmigung.

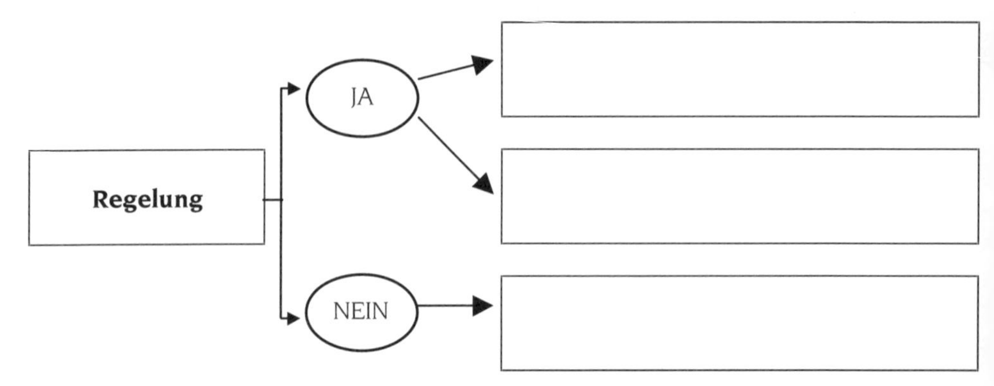

ÜBUNG 27

Geben Sie an, ob die Maßnahme der Stadt Oldenburg eine Regelung darstellt.

 Notieren Sie die Lösung auf einem besonderen Blatt.

Außenwirkung

der behördlichen Maßnahme ist dann gegeben, wenn Rechtsfolgen bei einer **außerhalb der Verwaltung** stehenden Person herbeigeführt werden.

Dieses Merkmal grenzt die behördeninterne Maßnahme von dem VA ab. Keine Probleme bereitet das Erkennen des Merkmals „Außenwirkung" bei Maßnahmen gegenüber Privatpersonen. Gewisse Schwierigkeiten bereitet mitunter die Abgrenzung folgender Fälle:

(1) Handlungen bei sog. Sonderrechtsverhältnissen
(u. U. Zeugniserteilung, Schulverweis, Umsetzung eines Beamten)
(2) Organisationsakte (z. B. Schließung einer Grundschule)
(3) Maßnahmen gegenüber anderen Verwaltungsträgern (z. B. Aufsichtsanordnungen)
(4) Mehrstufiger Verwaltungsakt (z. B. Einvernehmenserteilung der Gemeinde gem. § 36 BauGB für ein Außenbereichsvorhaben)

Erläuterungen zu (1):
Von erheblicher praktischer Bedeutung für das Beamtenverhältnis ist die Klärung der Frage, ob Anordnungen von Vorgesetzten Außenwirkung entfalten und damit VA-Qualität aufweisen.

Unterscheide:

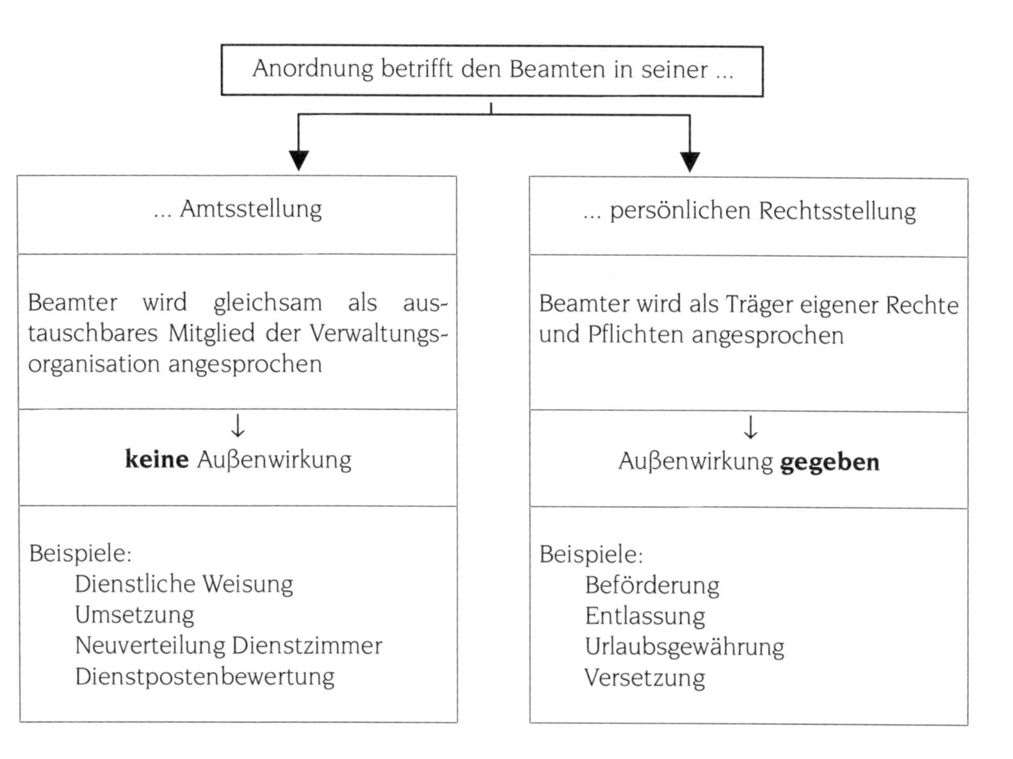

Hilfsüberlegung
Richtet sich die Anordnung des Vorgesetzten auch an den Abwesenheitsvertreter im Amt, weil der an sich zuständige Beamte infolge Urlaub oder Krankheit keinen Dienst versieht, so ist sie rein verwaltungsinterner Natur. Ist sie dagegen nur für den Beamten persönlich bestimmt, so liegt ein Verwaltungsakt vor.

Bei Schulverhältnissen von Schülern wird darauf abgestellt, ob die Anordnung dem internen Schulbetrieb dient oder aber ob sie einen Eingriff in die Rechtsstellung des Schülers als Träger eigener Rechte darstellt. Außenwirkung entfalten z. B. das Abschlusszeugnis, die Aufnahme in die Schule, der Schulverweis. Anders ist es dagegen bei der Aufforderung, Hausarbeiten zu fertigen, und bei Maßnahmen zur Sicherung des geordneten Unterrichtsablaufes.

Erläuterungen zu (2):
Organisationsakte betreffen die organisatorischen Verhältnisse der öffentlichen Verwaltung. Nur ausnahmsweise entfalten diese Maßnahmen Außenwirkung. Die Außenwirkung ist anzunehmen, wenn die Organisationsentscheidung auch in den Rechtskreis Dritter unmittelbar eingreift (so z. B.: in das Elternrecht nach Art. 6 Abs. 2 GG). So stellt die Schließung einer Grundschule einen VA dar. Andererseits fehlt der Anordnung, eine Schulklasse aufzulösen und die Schüler auf die Parallelklassen zu verteilen, die Außenwirkung.

Erläuterungen zu (3):
Adressat eines VA kann auch ein anderer Verwaltungsträger sein. Bei staatlichen Aufsichtsmaßnahmen ist zu klären, ob die Anordnung der übergeordneten Behörde Außenwirkung entfaltet. Im kommunalen Bereich haben **fach**aufsichtliche Weisungen keine Außenwirkung. Unmittelbare Außenwirkung kommt dagegen einer **kommunal**aufsichtlichen Anordnung (z. B. Beanstandung gemäß § 130 Abs. 1 S.1 NGO) zu, da hier der belastend betroffene Verwaltungsträger in seinen Rechten (Selbstverwaltungsrecht; s. Art. 28 Abs. 2 GG) eingeschränkt wird.

Erläuterungen zu (4):
Die Rechtsordnung sieht wiederholt vor, dass eine Behörde die abschließende Entscheidung nicht ohne Beteiligung anderer öffentlicher Stellen treffen darf. Dies ist häufig bei Erlaubnisverfahren der Fall. In der Regel ist diese Zustimmung/das Einvernehmen nur eine verwaltungsinterne Äußerung gegenüber der nach außen abschließend entscheidenden Behörden. Der zustimmungsbedürftige VA wird auch als „mehrstufiger VA" bezeichnet. Mitwirkungsbehörde und die Entscheidungsbehörde haben hier dieselben Gesichtspunkte zu prüfen.

Die Zustimmung der zu beteiligenden Behörde ist aber ausnahmsweise dann als Entscheidung mit Außenwirkung zu qualifizieren, wenn sie gegenüber dem Bürger eine eigene unmittelbare Rechtswirkung entfaltet. Dies ist dann anzunehmen, wenn der Mitwirkungsbehörde die eigenständige und ausschließliche Prüfung bestimmter Gesichtspunkte obliegt (z. B. Einverständniserklärung nach § 123 Abs. 2 S. 1 BRRG).

ÜBUNG 28

Geben Sie an, ob die Maßnahme der Stadt Oldenburg Außenwirkung entfaltet.

 Notieren Sie die Lösung auf einem besonderen Blatt.

Einzelfall

liegt vor, wenn die behördliche Regelung sich an eine **bestimmte Person** richtet und einen **konkreten Sachverhalt** zum Gegenstand hat.

Das Merkmal Einzelfall grenzt den Verwaltungsakt von administrativ gesetzten Rechtsnormen (Satzungen und Rechtsverordnungen) ab. Diese Unterscheidung hat erhebliche Bedeutung. So weichen das Verfahren zum Erlass, die Wirksamkeitsvoraussetzungen und die Rechtsschutzmöglichkeiten bei beiden Handlungsformen erheblich voneinander ab. Soweit die von der Behörde gewählte Handlungsform nicht eindeutig zuzuordnen ist, ist für die Abgrenzung sowohl auf den geregelten Fall als auch auf den Adressatenkreis abzustellen.

Übung 29

Erläutern Sie die Begriffe konkret/ abstrakt/ individuell/ generell.

Der **geregelte Fall** ist • **konkret**   • **abstrakt**
Der **Adressatenkreis** ist • **individuell**   • **generell**

Allgemeinverfügung

Auch wenn sich die Regelung des Verwaltungsaktes nicht an eine Person alleine richtet, kann ein VA vorliegen. Das Verwaltungsverfahrengesetz bestimmt, dass auch die Allgemeinverfügung als VA angesehen wird. § 35 S. 2 VwVfG unterscheidet drei Arten der Allgemeinverfügung.

ÜBUNG 30

1. Bestimmen Sie die drei Arten der Allgemeinverfügung.
2. Ordnen Sie die nachfolgenden Beispiele zu.
   Verbot einer Versammlung/ Widmung einer Straße/ Anordnung eines Vorfahrtzeichens

Arten der Allgemeinverfügung	Beispiele
→	
→	
→	

ÜBUNG 31

Geben Sie an, ob die Maßnahme der Stadt Oldenburg einen Einzelfall regelt.

 Notieren Sie die Lösung auf einem besonderen Blatt.

Bedeutung der Abgrenzung der Handlungsformen

Die differenzierte Betrachtung der Handlungsformen der öffentlichen Verwaltung ist (u. a.) für folgende Punkte bedeutsam:

- Bestimmung des Rechtswegs
  So legt § 13 GVG fest, dass privatrechtliche Streitigkeiten grundsätzlich vor den ordentlichen Gerichten auszutragen sind. Öffentlich-rechtliche Streitigkeiten gehören dagegen nach § 40 Abs. 1 VwGO grundsätzlich vor die Verwaltungsgerichte.

- Handlungsform Verwaltungsakt
  Nur wenn die Verwaltung öffentlich-rechtlich handeln will, kann sie auf den Verwaltungsakt zurückgreifen (§ 35 VwVfG). Im privatrechtlichen Bereich ist diese Handlungsform ausgeschlossen.

- Anwendbarkeit des VwVfG
  Das Verwaltungsverfahrensgesetz findet nur für die öffentlich-rechtliche Verwaltungstätigkeit der Behörden Anwendung (§ 1 Abs. 1 und 4 VwVfG). § 9 VwVfG grenzt den Anwendungsbereich dieses Gesetzes dann noch weiter ein. Verwaltungsverfahren im Sinne dieses Gesetzes ist nur die nach außen wirkende Tätigkeit der Behörden, deren Ziel der Erlass eines Verwaltungsaktes oder eines Verwaltungsvertrages ist.

- Verwaltungsvollstreckung
  Die Verwaltung ist berechtigt, öffentlich-rechtliche Forderungen und Verpflichtungen im Wege der Verwaltungsvollstreckung durchzusetzen (§§ 1, 6 VwVG des Bundes oder entsprechende landesrechtliche Regelungen z. B. §§ 1 ff. NVwVG; §§ 64 ff. Nds. SOG). Dieser Weg ist der Verwaltung bei privatrechtlichen Ansprüchen grundsätzlich verwehrt. Hier müssen dagegen entsprechende Ansprüche nach ihrer Titulierung in einem in der ZPO vorgesehenen Verfahren realisiert werden.

- Grundrechtsbindung
  Art. 1 Abs. 3 GG bestimmt, dass die Grundrechte des Grundgesetzes die Gesetzgebung, die vollziehende Gewalt und die Rechtsprechung als unmittelbar geltendes Recht binden. Im Privatrecht entfalten die Grundrechte allenfalls mittelbare Wirkung. Sie betreffen grundsätzlich nicht die Rechtsbeziehungen zwischen Privatpersonen. Ursprünglich waren die Grundrechte als Abwehrrechte des Bürgers gegenüber dem Staat konzipiert worden. Eine besondere Rolle nimmt das Handeln der Verwaltung im Bereich des Verwaltungsprivatrechts ein.

ÜBUNG 32

Markieren Sie in dem vorstehenden Basistext die Schlüsselbegriffe.

BASISTEXT Arten der Verwaltungsakte

Verwaltungsakte lassen sich nach unterschiedlichen Kriterien katalogisieren. So können und brauchen nicht alle VA mit Zwangsmitteln durchgesetzt werden. Feststellende und lediglich gestaltende VA entziehen sich einer Vollstreckung durch die Behörde. Es macht beispielsweise wenig Sinn, den Inhaber einer Gaststättenerlaubnis zur Ausübung der Erlaubnis zu zwingen, wenn ihm die finanzielle Basis zur Ausübung des Gaststättenbetriebes fehlt. Der Grad der Gesetzesbindung weist der Verwaltung unterschiedliche Entscheidungsspielräume zu. Stichworte sind hier: Ermessensverwaltung und gebundene Verwaltung. Verwaltungsentscheidungen, die neben dem Adressaten auch Wirkungen für Dritte entfalten, erfordern u. a. eine frühzeitige Beteiligung dieses Dritten am Verwaltungsverfahren. So hat die Bauaufsichtsbehörde bei bestimmten Entscheidungen die Stellungnahme des Nachbarn anzufordern. Das bundesimmissionsschutzrechtliche Genehmigungsverfahren ist geradezu davon geprägt, betroffene Dritte zu beteiligen (s. nur § 10 BImSchG).

Die Regelungen über die Aufhebung eines VA stellen u. a. darauf ab, ob der aufzuhebende VA begünstigend oder belastend ist (vgl. Rücknahme, § 48 VwVfG; Widerruf, § 49 VwVfG). Will eine Behörde einem VA eine Nebenbestimmung beifügen, so hängt deren Zulässigkeit - soweit das VwVfG Ermächtigungsgrundlage ist - ebenfalls davon ab, ob die Hauptregelung begünstigend oder belastend ist.

Nur der Anfechtungswiderspruch, der sich gegen einen belastenden VA richtet, entfaltet aufschiebende Wirkung (§ 80 Abs. 1 VwGO). Der vorläufige Rechtsschutz richtet sich hier nach §§ 80 ff. VwGO. Wird ein begünstigender VA erstrebt, so richtet sich dagegen der vorläufige Rechtsschutz nach § 123 VwGO.

In der nachfolgenden Übersicht „Arten der Verwaltungsakte" sind die zentralen Typen des VA genannt. Häufig lässt sich eine Regelung mehreren Arten zuordnen.

ÜBUNG 33

Ordnen Sie die Beispiele der nachfolgenden Übersicht zu.

Beispiele:
① Widerruf einer Gaststättenerlaubnis (§ 15 Abs. 3 GastG)
② Feststellung der Staatsangehörigkeit
③ Einbürgerung
④ Gewerbeuntersagung (§ 35 Abs. 1 S. 1 GewO)
⑤ Widmung einer Straße (§ 2 BFernStrG, § 6 NStrG)
⑥ Spielhallenerlaubnis mit Nebenbestimmungen (§ 33 i Abs. 1 GewO)

Arten der Verwaltungsakte

ÜBERSICHT 6 

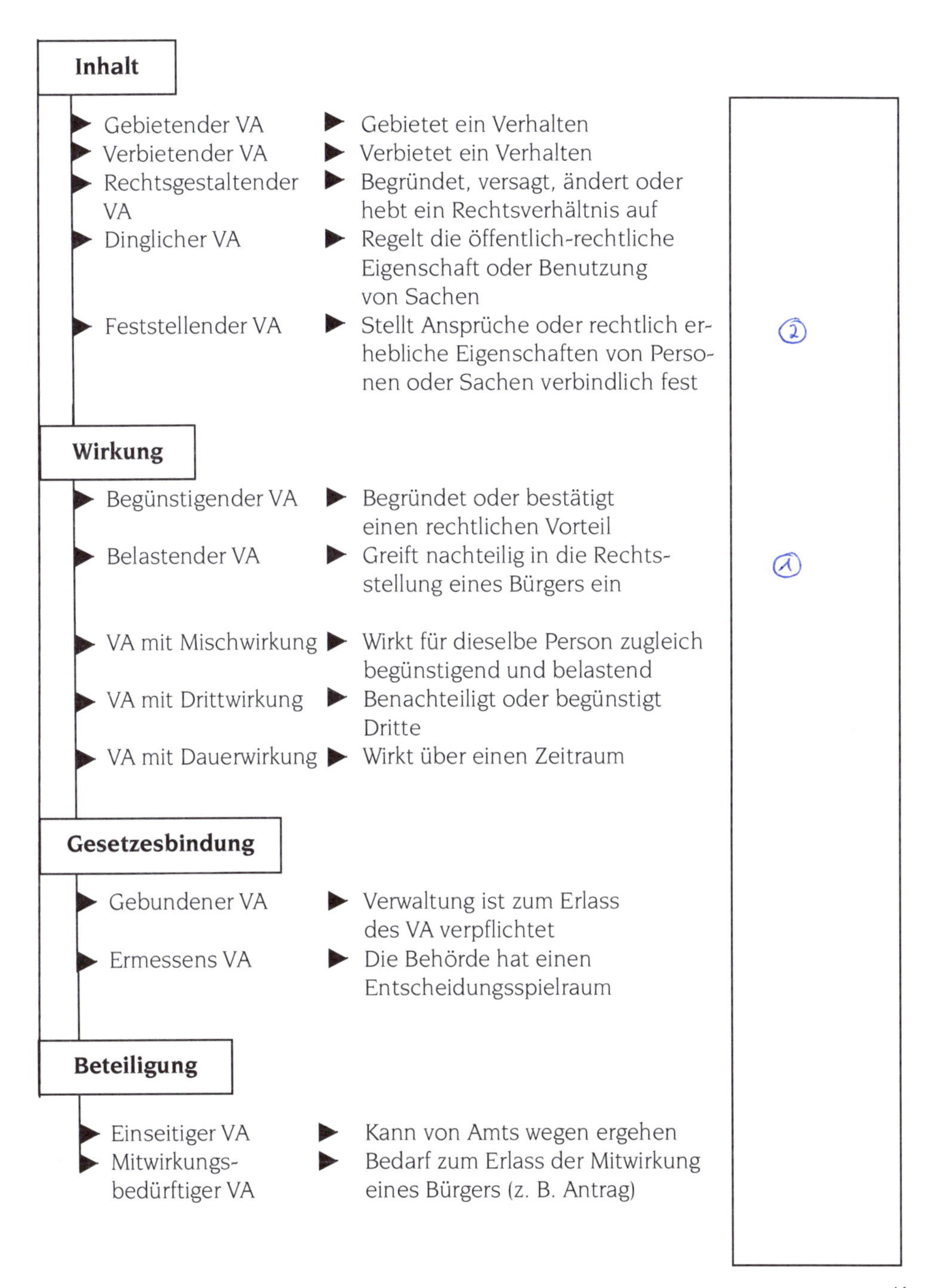

BASISTEXT Bekanntgabe des Verwaltungsaktes

Rechtlich existent wird der Verwaltungsakt erst, wenn er dem Adressaten bekannt gegeben worden ist (§§ 43 Abs. 1, 41 Abs. 1 VwVfG). Mit der Bekanntgabe wird das Verwaltungsverfahren abgeschlossen. Wirkt sich die Regelung eines Verwaltungsaktes auf mehrere Personen aus (Verwaltungsakt mit Drittwirkung), so ist er **allen Beteiligten**, die von ihm betroffen sind, **bekannt zu geben**. (§ 41 Abs. 1 VwVfG).

Der Verwaltungsakt ist eine **empfangsbedürftige Willenserklärung**. Sie setzt für deren Wirksamkeit den Willen der Behörde zur Eröffnung des VA voraus. Soweit nicht spezialgesetzlich vorgeschrieben, entscheidet die Verwaltung, auf welche Weise der VA erlassen werden soll (§ 37 Abs. 2 VwVfG).

Spezialgesetzlich vorgeschrieben ist die Bekanntgabe eines Verwaltungsaktes z. B. in folgenden Fällen:

- Widerspruchsbescheid (§ 73 Abs. 3 VwGO: Schriftlichkeit)
- Immissionsschutzrechtlicher Genehmigungsbescheid (§ 10 Abs. 7 BImSchG: Schriftlichkeit)
- Widmung einer Straße (§ 6 Abs. 2 NStrG: öffentliche Bekanntmachung)
- Androhung von Zwangsmitteln (§ 23 Abs. 6 VwVG Bbg)

ÜBUNG 34

Lesen Sie § 37 Abs. 2 VwVfG. Bestimmen Sie die grundlegenden Formen der Bekanntgabe eines Verwaltungsaktes.

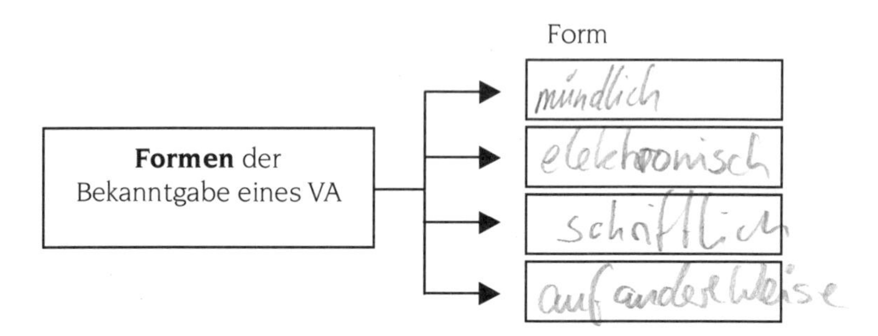

Die Bekanntgabe eines schriftlichen oder elektronischen VA beurteilt sich nach § 41 VwVfG. Eine Form der Bekanntgabe eines schriftlichen VA stellt die **Zustellung** dar. Diese ist durch das VwZG für Bundesbehörden und durch landesrechtliche Regelungen für Landesbehörden geregelt (§ 41 Abs. 5 VwVfG).

ÜBUNG 35

Ergänzen Sie die nachfolgende Übersicht „Bekanntgabearten".

1. Geben Sie die maßgeblichen Rechtsgrundlagen an.
2. Ordnen Sie folgende Beispiele der Übersicht zu.

Übersicht 7

Formen der Bekanntgabe des Verwaltungsaktes

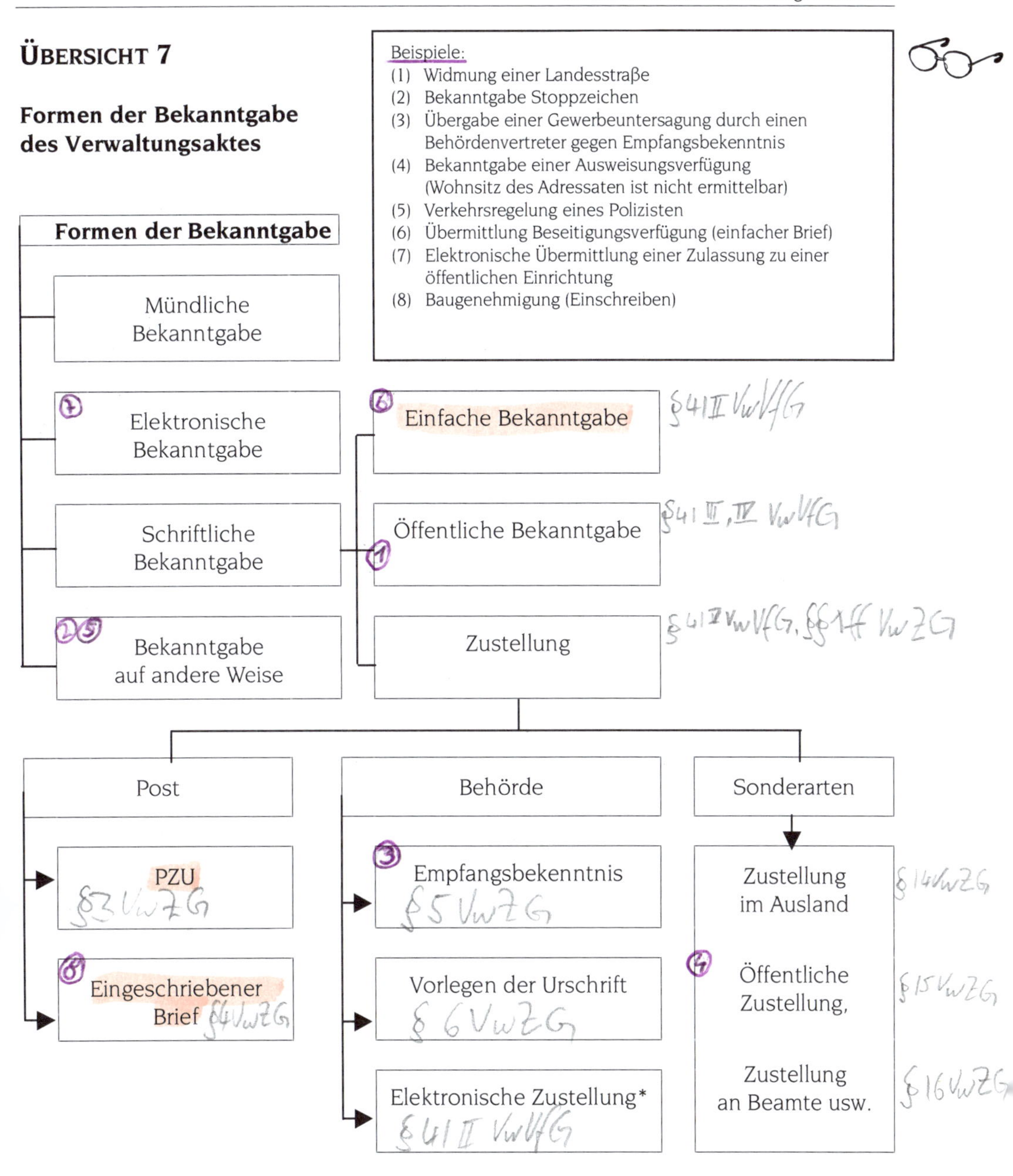

*Die Bekanntgabe eines elektronischen Verwaltungsaktes kann derzeit nur nach § 41 Abs. 2 VwVfG erfolgen. Es ist aber geplant, das – z. Zt. am schriftlichen Verwaltungsakt orientierte – VwZG zu ändern. Zukünftig sollen dort eine „elektronische Zustellungsurkunde" (§ 3 a VwZG-E) mit sog. elektronischem Zeitstempel sowie ein (per E-Mail zu versendendes) „elektronisches Empfangsbekenntnis"(§ 5a VwZG-E) vorgesehen werden.

Mit der Bekanntgabe des VA entfaltet dieser seine äußere Wirksamkeit (§ 43 Abs. 1 S. 1 VwVfG). Innere Wirksamkeit bedeutet, dass die durch den VA angeordnete Regelungswirkung verbindlich wird (§ 43 Abs. 1 S. 2 VwVfG). Häufig fallen die innere und äußere Wirksamkeit zusammen.

Übung 36

Bitte ergänzen Sie die Darstellung.

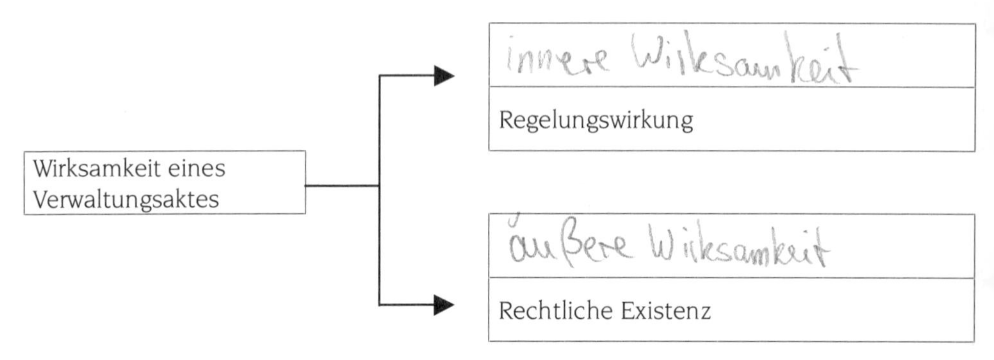

Fall 4 — Das Straßencafe

Der Bäckermeister Franz Unger beabsichtigt, im Sommer dieses Jahres vor seinem Ladengeschäft Tische und Stühle aufzustellen, um ein Straßencafe einzurichten. Die Behörde erteilt die erforderliche Erlaubnis. Der Bescheid weist folgende Regelung auf. „Sie dürfen in der Zeit vom 15. Mai bis 15. Oktober d. J. Tische und Stühle vor Ihrem Geschäft in der Hauptstraße (genaue Lage siehe anliegende Skizze) aufstellen."
Der Bescheid wird am 6.2. mit einfachem Brief zur Post gegeben.

Aufgabe
1. Geben Sie an, wann die Wirksamkeit des Verwaltungsaktes eintritt.
2. Zu welcher Beurteilung kommen Sie, wenn die Behörde das Schreiben per Einschreiben oder per Postzustellungsurkunde dem Antragsteller zu leitet?

(**innere** Wirksamkeit)

Zeitachse ab 15 Mai (bis 15 Oktober) → 09.02

(**äußere** Wirksamkeit)

Aufgabe 2: → Einschreiben
§ 41 V VwVfG i.V.m. § 4 VwZG → 06.02 Post → 09.02 äußere
→ PZU
§ 41 V VwVfG i.V.m. § 3 VwZG → 06.02 Post → tatsächliche Zustell...

ÜBUNG 37

1. Ergänzen Sie die nachfolgende Übersicht durch folgende Begriffe: Zustellungsmängel/ fehlerhafte Zustellung/ fehlende Zustellung.

2. Ordnen Sie die folgenden vier Beispiele zu.

Beispiel (1): Übermittlung eines Widerspruchsbescheides an den Widerspruchsführer statt an den Rechtsanwalt, obgleich dieser eine schriftliche Vollmacht vorgelegt hatte (lesen Sie § 73 Abs. 3 VwGO; § 8 f. VwZG);

Beispiel (2): Übergabe einer Baugenehmigung durch den Bauherrn an den Nachbarn;

Beispiel (3): Mündliche Bekanntgabe einer Baugenehmigung, obgleich die Landesbauordnung die Schriftform vorschreibt;

Beispiel (4): Übermittlung eines Widerspruchsbescheides per einfachen Briefes.

<table>
<tr><td colspan="2"></td></tr>
<tr><td></td><td></td></tr>
<tr><td>liegt vor, wenn der VA dem Betroffenen aufgrund eines Fehlers nicht bekannt gegeben oder zugestellt worden ist.

Beispiele:</td><td>liegt vor, wenn zwar der Sache nach eine Bekanntgabe gegeben ist, diese aber unter wesentlichen Verfahrens- und/ oder Formfehlern leidet.

Beispiele:</td></tr>
</table>

Heilung von Zustellungsmängeln

BASISTEXT

Soweit sich die formgerechte **Zustellung** eines Schriftstückes nicht nachweisen lässt, oder es aber unter Verletzung zwingender Zustellungsvorschriften zugegangen ist, so gilt es als in dem Zeitpunkt als zugestellt, in dem es der Empfangsberechtigte nachweislich erhalten hat (§ 9 VwZG).
Landesregelungen können hier Besonderheiten aufweisen. Umstritten ist, ob die Heilungsmöglichkeit des § 9 VwZG auch auf die **formlose Bekanntgabe** übertragen werden kann. Dafür spricht: Wenn das Gesetz sogar bei förmlicher Zustellung eine Fehlerkorrektur ermöglicht, dann muss dies erst recht für die formlose Bekanntgabe gelten.

Übung 38

Lesen Sie § 43 Abs. 2 VwVfG und ergänzen Sie bitte die nachstehende Übersicht.

Übersicht 8 **Beendigung der Wirksamkeit des Verwaltungsaktes**

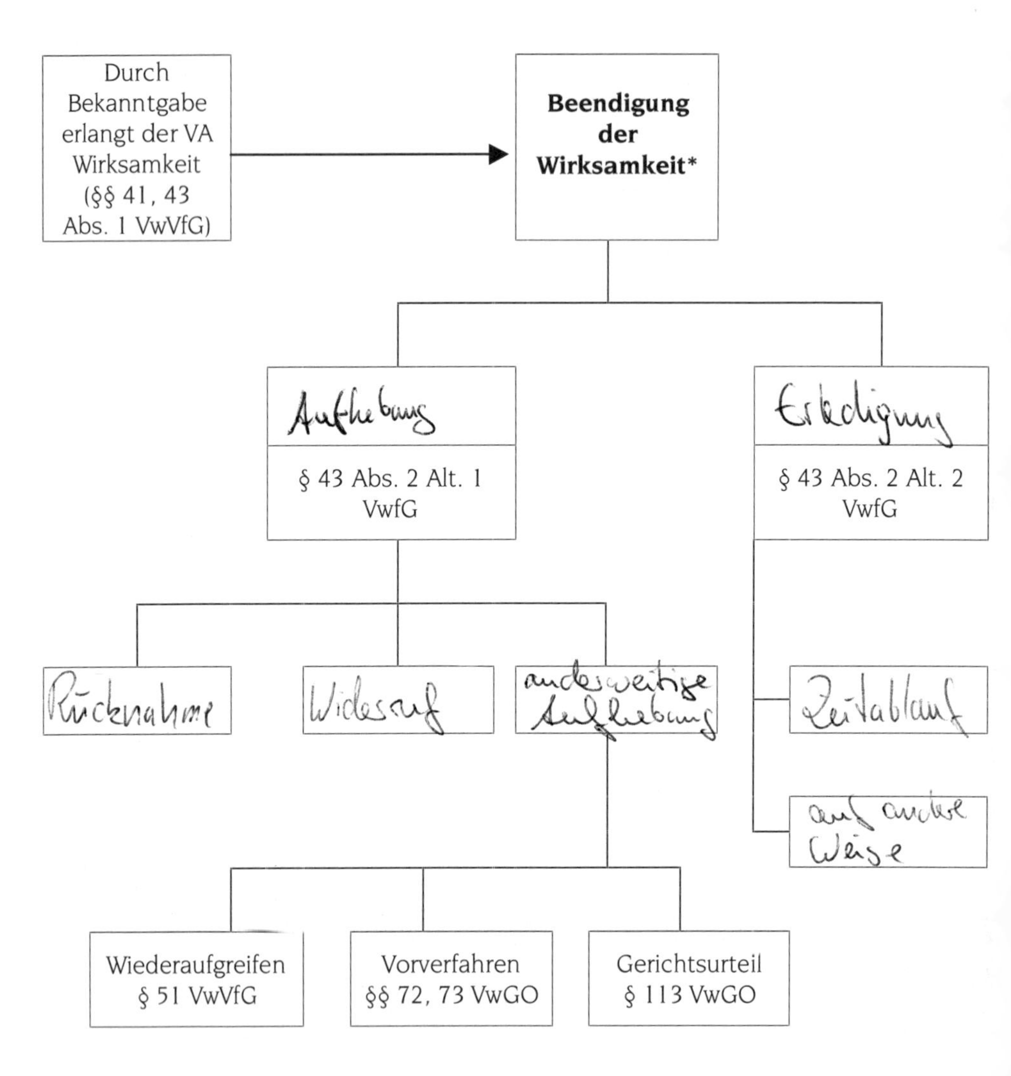

* Der Verwaltungsakt entfaltet bei schwebender Unwirksamkeit der Regelung (z. B. § 80 Abs. 1 S. 1 VwGO) und Nichtigkeit des Verwaltungsaktes (s. § 43 Abs. 3 VwVfG) **keine Wirksamkeit**.

ÜBUNG 39

Ordnen Sie die Ziffern der Beispiele der Übersicht „Wirksamkeit eines Verwaltungsaktes" zu.

Beispiele:

(1) Die Behörde erlässt für die Dauer des Weihnachtsmarktes (15.12. - 23.12.) die Erlaubnis, Verkaufsstände auf dem Fußweg in der Innenstadt von Syke aufzustellen.

(2) Die Widerspruchsbehörde hebt - aufgrund eines Nachbarwiderspruchs - die Hans Meyer erteilte Baugenehmigung zur Errichtung eines Rindermaststalles auf.

(3) Gestützt auf § 15 Abs. 1 GastG hebt die Behörde die dem Gastwirt Franz Klammer erteilte Gaststättenerlaubnis auf.

(4) Die Behörde hebt die rechtmäßig erteilte Sondernutzungserlaubnis des Axel Uhl auf, da eine veränderte Verkehrsführung in der Örtlichkeit zu Problemen führte.

(5) Aufgrund seines hohen Alters gibt der Rentner Georg Jäger seine Fahrerlaubnis zurück.

Öffentlich-rechtlicher Vertrag — BASISTEXT

Verwaltungshandeln ist nicht auf einseitige Regelungen beschränkt. Es gibt vielfältige Arbeitsfelder der öffentlichen Hand, wo unter Bedingungen der Gleichordnung die beteiligten Personen durch die Abgabe entsprechender Willenserklärungen Verträge abschließen. Die Verwaltung ist berechtigt, neben privatrechtlichen Verträgen auch Verwaltungsverträge zu vereinbaren. **Öffentlich-rechtlicher Vertrag** ist der Oberbegriff für Vertragsarten, die dem öffentlichen Recht zuzuordnen sind. **Verwaltungsvertrag** stellt **einen** Vertragstyp dar. Zur Klarstellung - und zur Abgrenzung gegenüber z. B. völkerrechtlichen und verfassungsrechtlichen Verträgen - wird hier nur von Verwaltungsverträgen gesprochen. Das Verwaltungsverfahrensgesetz hat den Verwaltungsvertrag als gleichberechtigte Handlungsform neben den Verwaltungsakt gestellt (vgl. auch § 9 VwVfG).

Verwaltungsvertrag

liegt vor, wenn durch eine **Vereinbarung** ein **Rechtsverhältnis auf dem Gebiet des öffentlichen Rechts** begründet, geändert oder aufgehoben wird (§ 54 S. 1 VwVfG).

Praxismuster 1

Verwaltungsvertrag

Vertrag
über die Ablösung des Erschließungsbeitrages
zwischen
der Stadt Meppen, vertreten durch den Bürgermeister
und
Frau Hermine Hindahl

als Eigentümerin des im Gebiet des Bebauungsplanes Moorebene Nr. 12 „Torfgraben" liegenden Grundstücks Meppen Flur 7, Flurstück 285 der Flur „Torfgraben" (Grundstücksfläche 720 qm, zulässige Geschossfläche 580 qm).

§ 1

Die Vertragsschließenden sind sich einig darüber, dass der auf das vorgenannte Grundstück entfallende Entschließungsbeitrag für die in § 2 genannte Erschließungsanlage nach Maßgabe der nachfolgenden Bestimmungen abgelöst wird.

§ 2

(1) Abgelöst wird der Erschließungsbeitrag für folgende Erschließungsanlagen, die im Bebauungsplan Moorebene Nr. 12 „Torfgraben" liegen: Verbindungsweg zwischen „Im Birkenhain" und „Schaafskoppel".
(2) Der ermittelte beitragsfähige Erschließungsaufwand für die in Abs. 1 genannte Erschließungsanlage beträgt 32.634,52 EUR.

§ 3

Als Ablösung wird der im Vertragsanhang* errechnete Betrag von 1.289,55 EUR festgesetzt, der sich unter Anwendung der §§ 6 und 9 Abs. 1 der Satzung über die Erhebung von Erschließungsbeiträgen in der Stadt Meppen in der geltenden Fassung (§ 129 BauGB) ergibt.

§ 4

Durch die Verrechnung des Ablösungsbetrages mit dem Vorausleistungsbetrag wird der Anteil am Grundstück endgültig für die aufgeführte Erschließungsanlage von der Erschließungsbeitragspflicht frei.

Meppen, den 27.5.

Der Bürgermeister
Neubauer

Eigentümerin
Hermine Hindahl

* hier nicht mit abgedruckt

Das VwVfG weist im 4. Teil Regelungen über den Verwaltungsvertrag auf. Da hier aber keine abschließenden Bestimmungen getroffen wurden, sind Normen des BGB ergänzend heranzuziehen.

ÜBUNG 40

1. Geben Sie an, welche Normen des VwVfG den Verwaltungsvertrag regeln.

Lösung:

2. Nennen Sie zehn Normen des BGB, die ergänzend herangezogen werden (können).

Lösung:

Da die öffentliche Hand privatrechtliche Verträge und Verwaltungsverträge abschließen kann, ist zu klären, wie beide Vertragsbereiche voneinander abzugrenzen sind. Bedeutung hat die richtige Zuordnung des Vertrages u. a. für die Bestimmung

- des anzuwendenden Vertragsrechts:
  So sieht beispielsweise das BGB im Regelfall für den Vertrag keine besondere Form vor. Das VwVfG fordert dagegen grundsätzlich die Schriftform (§ 57 VwVfG).

- des Rechtsweges:
  So ist bei öffentlich-rechtlichen Streitigkeiten grundsätzlich der Verwaltungsrechtsweg gegeben (§ 40 VwGO), während bei privatrechtlichen Auseinandersetzungen die Zivilgerichte anzurufen sind (§ 13 GVG).

- der Vollstreckungsmöglichkeiten:
  § 61 VwVfG sieht für die Vollstreckung eines Verwaltungsvertrages besondere Regelungen vor.

Die Rechtsnatur des Vertrages bestimmt sich nach dem Vertragsgegenstand. Der Gegenstand ist aus dem Inhalt heraus zu ermitteln. Entscheidend ist also, ob er sich auf einen öffentlich-rechtlich zu beurteilenden Sachverhalt bezieht. Weist das Vertragswerk privatrechtlich und öffentlich-rechtlich zu beurteilende Elemente auf, so gilt folgender Grundsatz:

Merke:

> Ist auch nur eine der aufeinander bezogenen Leistungspflichten öffentlich-rechtlicher Natur, so ist der gesamte Vertrag öffentlich-rechtlich zu beurteilen (Gesamtcharakter des Vertrages).

ÜBUNG 41

Ordnen Sie die Ziffern der folgenden Beispiele der Übersicht „Verträge der Verwaltung" zu.

Beispiele:

(1) Die Gemeinde Weyhe verkauft dem Schüler Torben Hiller eine Eintrittskarte für das von der Gemeinde betriebene Schwimmbad. Die Gemeinde ist Alleineigentümerin der Schwimmbad-AG.

(2) Vertrag zwischen der zuständigen Verwaltung und dem Bauherrn Ferdinand Schröder über die Ablösung der Stellplatzverpflichtung.

(3) Gebietsänderungsvertrag zwischen den Städten Syke und Bassum (s. auch § 18 Abs. 1 S. 2 NGO).

(4) Klaus Meyer will in der Stadt Goslar eine Gastwirtschaft betreiben. Auf seinen Antrag hin finden verschiedene Gespräche mit dem zuständigen Verwaltungsmitarbeiter statt. Auf Anregungen dieses Mitarbeiters hin ändert Meyer einige Punkte des vorliegenden Antrages. Am 15. September erhält Meyer nun die Erlaubnis der zuständigen Behörde.

(5) Erschließungsvertrag gemäß § 124 BauGB zwischen der Stadt Emden und dem Bauträger ÖKO-Bau-GmbH.

(6) Vereinbarung über den Kauf eines Grundstücks zwischen dem Landkreis Wesermarsch und dem Landwirt Bobrink. Das Grundstück dient dem geplanten Ausbau der Kreisstraße 43.

(7) Zwischen Franz Klausen und der Stadt Hameln besteht Uneinigkeit über die Höhe eines Erschließungsbeitrages. Klausen hat zulässigerweise Widerspruch gegen den Beitragsbescheid der Stadt eingelegt. In der Vergangenheit haben verschiedene Obergerichte die streitige Rechtsfrage unterschiedlich beurteilt. Die abschließende Entscheidung des Bundesverwaltungsgerichtes steht noch aus. In dieser Situation einigen sich Klausen und die Stadt auf eine bestimmte Beitragshöhe. Die Einigung wird schriftlich fixiert und von beiden unterschrieben. Mit dieser Vereinbarung hat sich dann auch das Rechtsbehelfsverfahren erübrigt.

System der Verträge der Verwaltung **ÜBERSICHT 9** 

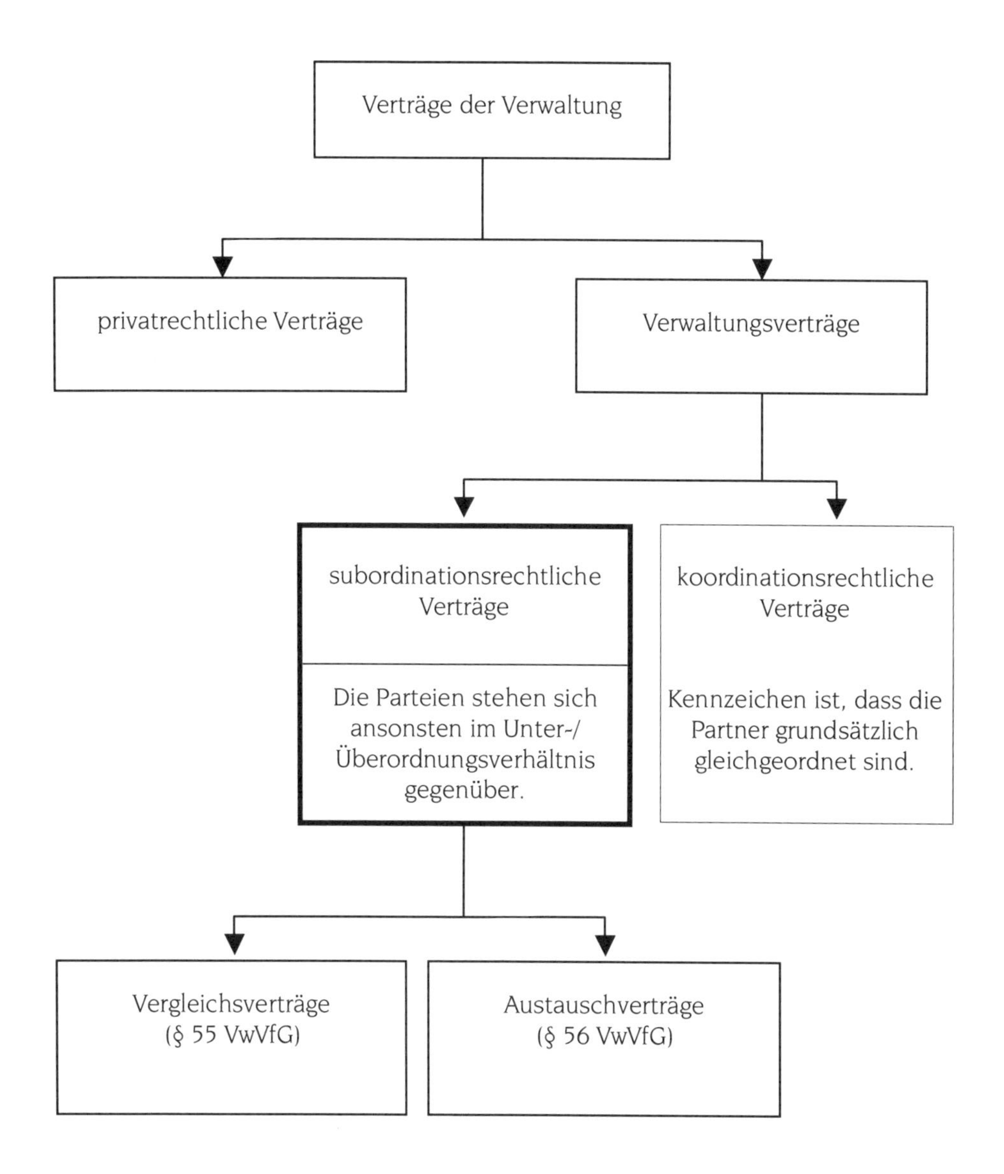

Abwicklung des Vertragsverhältnisses

Im **Regelfall** vollzieht sich die Entwicklung eines Vertragsverhältnisses in folgenden

Phasen:

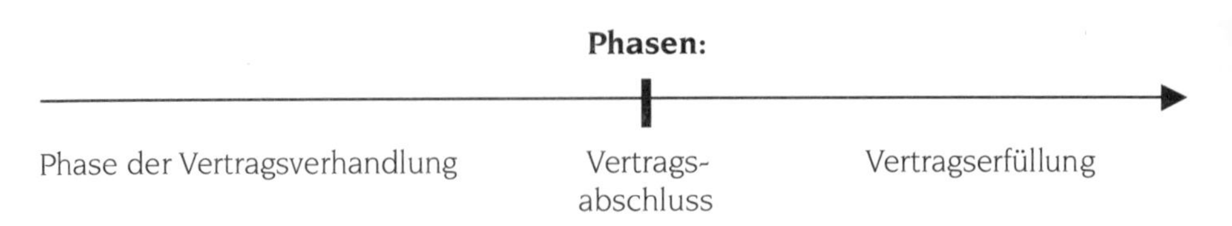

In bestimmten Fällen kann das Vertragsverhältnis aber „notleidend" werden. Diese Situation ist u. a. bei Leistungsstörungen gegeben.

ÜBUNG 42

Nennen Sie Fallgruppen vertraglicher Leistungsstörungen.

 Notieren Sie die Lösung auf einem besonderen Blatt.

Ändern sich nach Abschluss des Vertrages die tatsächlichen und/oder rechtlichen Verhältnisse, so besteht für die Vertragsparteien u. U. die Möglichkeit, den Vertrag anzupassen (§ 60 Abs. 1 S. 1 VwVfG) oder den Vertrag zu kündigen (§ 60 Abs. 1 und 2 VwVfG).

Weigert sich der Bürger, die vereinbarten Vertragspflichten zu erfüllen, so ist es der Verwaltung verwehrt, einseitig ihre Ansprüche durchzusetzen. Dies würde dem Gedanken eines gleichberechtigten Vertragsschlusses widersprechen. Die Verwaltung ist, ebenso wie der Bürger darauf angewiesen, das Verwaltungsgericht zu bemühen, um Vertragsansprüche durchzusetzen. Etwas schneller ist der Weg für die Verwaltung, wenn sich die andere vertragsschließende Partei mit der Unterwerfung unter die sofortige Vollstreckung einverstanden erklärt hat (vgl. § 61 VwVfG).

Hinweise zur Lösung von Fällen mit Verwaltungsverträgen

Liegt ein Vertragsverhältnis vor, so wird im Konfliktfall häufig eine Vertragspartei die Erfüllung der Vertragspflichten verlangen, während die andere Partei dies aus unterschiedlichen Gründen (z. B. Nichtigkeit des Vertrages) ablehnt. In der Verwaltungspraxis hat der **subordinationsrechtliche Vertrag** eindeutig das Übergewicht. Er wird wie folgt geprüft:

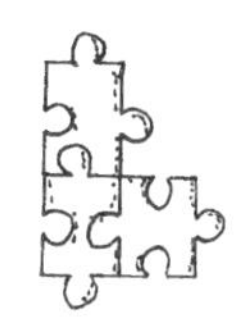

Der verwaltungsrechtliche Vertrag **PRÜFUNGSSCHRITTE 1**

1. Ist der Anspruch entstanden?

1.1 Liegt überhaupt ein Vertrag vor?

ÜBUNG 43

Nennen Sie Voraussetzungen und Rechtsgrundlagen, unter denen ein Vertrag entsteht.

Lösung: ________________________________

1.2 Liegt ein Verwaltungsvertrag vor?
Hier ist zu klären, ob der Vertrag dem öffentlichen Recht zuzuordnen ist (§ 54 VwVfG).

1.3 Ist der Verwaltungsvertrag rechtmäßig?
Nach § 54 S. 1 VwVfG sind Verwaltungsverträge rechtmäßig, soweit Rechts-Vorschriften dem nicht entgegenstehen. Auch beim Abschluss eines Verwaltungsvertrages ist die Verwaltung an den Grundsatz der Gesetzmäßigkeit gebunden. Hier greift aber nur der Vorrang des Gesetzes.

Bei der Rechtmäßigkeitsprüfung gilt es, drei Themenkomplexe voneinander zu trennen:

a) Durfte die Handlungsform „Vertrag" gewählt werden?
Nach § 54 S. 1 VwVfG darf ein Verwaltungsvertrag abgeschlossen werden, soweit dies nicht durch Rechtsvorschrift ausgeschlossen ist. Nur in wenigen Fällen gibt es ein ausdrücklich formuliertes gesetzliches Verbot (z. B. § 5 Abs. 2 BRRG; § 53 Abs. 2 SGB X bezogen auf bestimmte Sozialleistungsverhältnisse).
Ansonsten ist durch Normauslegung zu ermitteln, ob es der Verwaltung im konkreten Fall verboten ist, vertraglich zu handeln (z. B. Prüfungsentscheidungen; Einbürgerungen).

b) Ist der Vertrag formell rechtmäßig?
Hier sind Fragen der Zuständigkeit, des Verfahrens und der Form zu erörtern. Von besonderer Bedeutung sind hier das Schriftlichkeitsgebot (§ 57 VwVfG) und die Zustimmungserfordernisse Dritter/bzw. von Behörden (§ 58 VwVfG).

c) Ist der Vertrag inhaltlich rechtmäßig?
Hier ist zu untersuchen, ob die Behörde das im konkreten Fall anzuwendende materielle Recht zutreffend gehandhabt hat.

Bei **Rechtswidrigkeit** des vorliegenden Vertrages sind die **Fehlerfolgen zu untersuchen**.

1.4 Fehlerfolgen
1.4.1 Liegt ein Fall der schwebenden Unwirksamkeit vor?
(z. B. wegen fehlender Zustimmung; § 58 VwVfG)
1.4.2 Liegt ein Nichtigkeitsgrund vor?
1.4.2.1 spezieller Nichtigkeitsgrund? (§ 59 Abs. 2 VwVfG)
1.4.2.2 Nichtigkeitsgrund nach § 59 Abs. 1 VwVfG

1.5 **Zwischenergebnis**
Liegt ein rechtmäßiger Verwaltungsvertrag vor; bzw. er leidet an einem Fehler, der nicht zur Nichtigkeit führt, so treten grundsätzlich die vertraglichen Folgen ein. **Der strittige Vertragsanspruch ist entstanden.**

2. Ist der Anspruch untergegangen?
Dies ist möglich bei Erfüllung, Leistungsstörung oder Kündigung (s. §§ 62 S. 2, 60 Abs. 1 S. 1 und 2 VwVfG).

3. Ist die Durchsetzbarkeit gegeben?
Dies ist anzunehmen, wenn keine Einreden bestehen; bzw. Treu und Glauben der Realisierung nicht entgegenstehen.

04 Verwaltungsverfahren

Der gerissene Gebrauchtwagenhändler **FALL 5**

Franz Hahn betreibt seit ca. 10 Jahren in Wunstorf einen Gebrauchtwagenhandel. Die zuständige Behörde stellt nun fest, dass Hahn in den vergangenen Jahren wiederholt unfallbeschädigte Personenautos unzureichend reparierte und als unfallfrei verkaufte. In drei Fällen kam es zu schweren Verkehrsunfällen, deren Ursache im technischen Versagen der Bremsen der unzureichend reparierten Personenkraftwagen zu suchen war. Trotz einer Verurteilung zu einer Gefängnisstrafe auf Bewährung wegen Betruges verkaufte Hahn im vergangenen Monat erneut einen Personenwagen als unfallfrei, obgleich dieser Wagen in einen Unfall verwickelt gewesen war.
Die zuständige Stelle beabsichtigt nun, Hahn den Gebrauchtwagenhandel wegen mangelnder Zuverlässigkeit zu untersagen. Als Rechtsgrundlage soll § 35 Abs. 1 GewO herangezogen werden.

Aufgabe: Untersuchen Sie, ob ein Anhörungsverfahren durchzuführen ist.

Notieren Sie die Lösung auf einem besonderen Blatt.

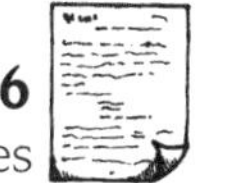

Der enttäuschte Bauherr **FALL 6**

Udo Krause beabsichtigt in Barsinghausen ein Wohnhaus zu errichten. Anlässlich eines Telefonates teilte ihm der zuständige Mitarbeiter des Bauordnungsamtes mit, dass dem Vorhaben keine grundsätzlichen Bedenken entgegenstehen. In wenigen Tagen werde er die abschließende Entscheidung erhalten. Völlig überraschend hält Krause nun aber einen Ablehnungsbescheid in Händen.
Er will diese Entscheidung nicht hinnehmen und beabsichtigt, ein Widerspruchsverfahren einzuleiten. Um die Erfolgsaussichten des Rechtsbehelfsverfahrens zuverlässig einschätzen zu können, möchte er zunächst die entsprechenden Verwaltungsakten einsehen.

Aufgabe: Klären Sie, ob die Behörde dem Antrag auf Akteneinsicht gem. § 29 VwVfG stattgeben muss.

Notieren Sie die Lösung auf einem besonderen Blatt.

BASISTEXT Typen des Verwaltungsverfahrens

> Verwaltungsverfahren im weiteren Sinne erfasst jede **Tätigkeit von Verwaltungsbehörden**, die auf den **Erlass** einer **Entscheidung**, den Abschluss eines **Vertrages** oder einer **sonstigen Maßnahme** gerichtet ist.

Diese Begriffsbestimmung umschließt eine Vielzahl unterschiedlicher Verwaltungsverfahren mit recht unterschiedlichen Verfahrensabläufen und Verfahrenszielen. So sind beispielsweise für den Erlass einer kommunalen Satzung andere Verfahrensabläufe zu beachten als für die Erarbeitung einer Dienstanweisung oder die Umsetzung eines Beamten. Der **Verfahrensbegriff des Verwaltungsverfahrensgesetzes** (§ 9 VwVfG) ist demgegenüber eingeschränkt und erfasst nur einen Ausschnitt des Verwaltungshandelns.

Dem Verwaltungsverfahren kommt eine Hilfsfunktion zu. Es dient der Verwirklichung des materiellen Rechts. Doch darf die Bedeutung nicht unterschätzt werden. In einem demokratischen Staat darf der Bürger nicht als „Objekt" staatlichen Handelns behandelt werden, sondern er ist Person mit eigenen Rechten; auch Verfahrensrechten. Einzelne Verfahrensrechte (z. B. das Anhörungsgebot) haben sogar unmittelbare Verfassungsrelevanz. Zudem ist zu berücksichtigen, dass es eine Wechselbeziehung zwischen der Entscheidung der Verwaltung und dem Entscheidungsprozess geben kann.

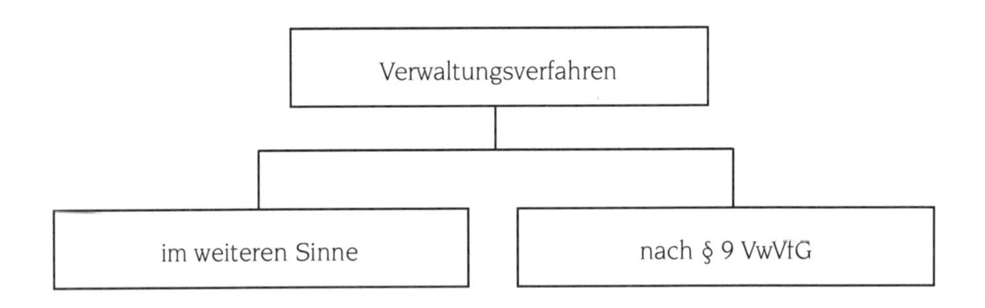

ÜBUNG 44

Lesen Sie § 9 VwVfG und ergänzen Sie sodann den nachfolgenden Text.

Der Verfahrensbegriff des Verwaltungsverfahrensgesetzes wird durch **zwei Merkmale** bestimmt:

1. Die ______________________ Wirkung des Verfahrens

2. Die Zielrichtung des Verfahrens ist entweder

   a) ______________________

   oder

   b) ______________________

Beispiele	Antwort
1. Erstellen einer Sitzungsvorlage für die nächste Ratssitzung der Gemeinde Weyhe	
2. Anordnung des Verkehrszeichens Nr. 206	
3. Verabschiedung einer Rechtsverordnung zur Eindämmung der Schweinepest durch den Saalkreis	
4. Ernennung des Ingo Meyer zum Kreisinspektoranwärter	
5. Ausschreibung eines Bauauftrages für ein Feuerwehrgerätehaus in Klötze	
6. Entscheidung über die Neuordnung der Öffnungszeiten der Behörde	
7. Anordnung einer bauaufsichtlichen Beseitigungsanordnung	

Übung 45

Prüfen Sie, ob die zuvor benannten Verwaltungsaktivitäten vom Verfahrensbegriff des § 9 VwVfG erfasst werden.

Verfahrensarten des Verwaltungsverfahrensgesetzes

Übung 46

Geben Sie die Verfahrensarten des Verwaltungsverfahrensgesetzes – einschließlich der hier maßgeblichen Rechtsgrundlagen (RG) – an.

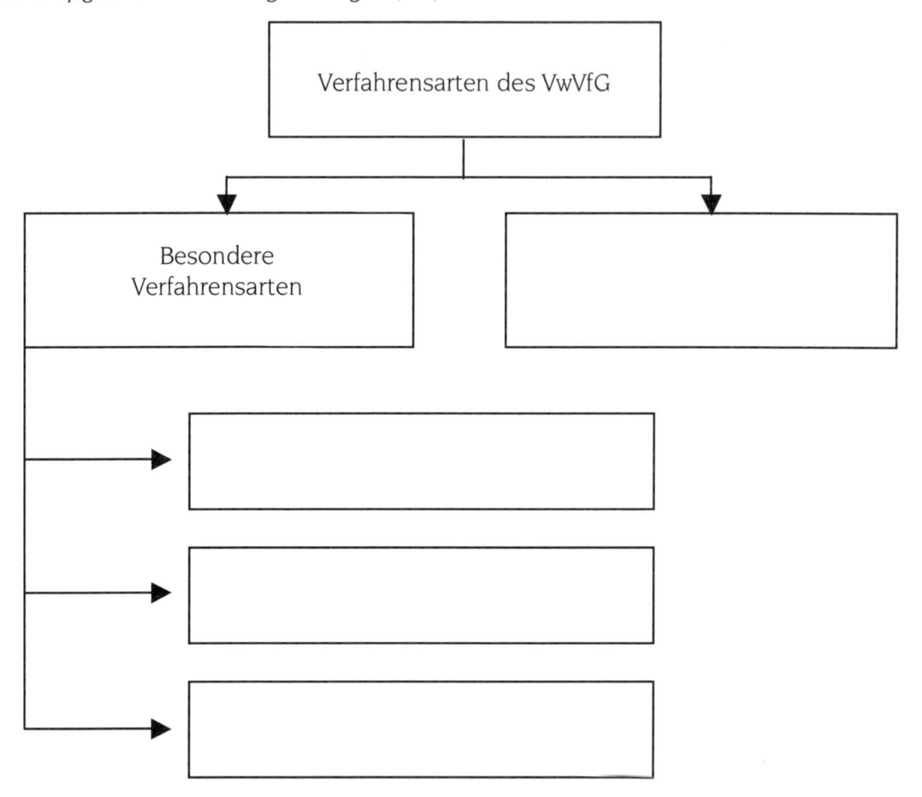

Die Bestimmungen über die „Beschleunigung" von Genehmigungsverfahren (§§ 71 a ff. VwVfG) begründen **kein eigenständiges Verwaltungsverfahren**.
Eine **Sonderrolle** nehmen **sog. Massenverfahren** ein. Es handelt sich um Verfahren, an denen viele Personen beteiligt sind. Bei dem Verfahren zur Genehmigung des Kernkraftwerks Wyhl hat es beispielsweise ca. 100.000 Einwendungen gegeben. Für diese Verfahren weist das VwVfG besondere Regelungen auf z. B. §§ 17–19, 67 Abs. 1, 69 Abs. 2, 73 Abs. 6, 74 VwVfG.

Beteiligte eines Verwaltungsverfahrens

Das Verwaltungsverfahren ist nicht für jedermann offen, sondern nur für „Beteiligte". Da den Beteiligten eines Verwaltungsverfahrens verschiedene Rechte und Pflichten erwachsen, ist zu klären, **wer** die Stellung eines Beteiligten hat. Es sind dabei folgende Begriffe zu unterscheiden:

Ergänzen Sie die nachfolgende Darstellung.

Beteiligungsfähigkeit § 11 VwVfG	Handlungsfähigkeit § 12 VwVfG
Fähigkeit, an einem Verwaltungsverfahren teilnehmen zu können. Die Beteiligtenfähigkeit entspricht der Parteifähigkeit im Verwaltungsprozessrecht (vgl. § 61 VwGO). Die Parteifähigkeit können haben: 1. 2. 3.	Fähigkeit, **selbst** Verfahrenshandlungen vornehmen zu können. Die Handlungsfähigkeit entspricht der Prozessfähigkeit im Verwaltungsprozess (vgl. § 62 VwGO).

Konkreter Verfahrensbeteiligter § 13 VwVfG		
Bestimmt § 11 VwVfG, wer überhaupt Beteiligter eines Verwaltungsverfahrens sein kann, so regelt § 13, wer im **konkreten Verwaltungsverfahren** Beteiligter ist. Die Beteiligung kann erfolgen		
1. kraft Gesetzes (§ 13 Abs. 1 Nr. 1–3 VwVfG)	**oder**	2. kraft Hinzuziehung (§ 13 Abs. 1 Nr. 4 VwVfG)

Verfahrensrechte der Beteiligten

ÜBUNG 48

Nennen Sie mögliche Rechte der an einem Verwaltungsverfahren Beteiligten und geben Sie die maßgebliche Rechtsgrundlage an

Beteiligtenrechte	Rechtsgrundlagen

BASISTEXT **Anhörungsgebot**

Das Verwaltungsverfahrensgesetz sieht im § 28 vor, dass die Verwaltung in bestimmten Fällen nur nach vorheriger Anhörung des Beteiligten einen Verwaltungsakt erlassen darf. Das Anhörungsgebot stellt ein wichtiges Verfahrensrecht dar. Für den Bürger bietet sich hier die Chance, eigene Vorstellungen und Betrachtungsweisen in das laufende Verfahren einzubringen.

Die Behörde hat die Möglichkeit, die Sachverhaltsgrundlage zu festigen und die beabsichtigte Maßnahme einer kritischen Prüfung zu unterziehen. Das Anhörungsverfahren dient dem Rechtsfrieden und hilft, Rechtsschutzverfahren zu vermeiden.

Soweit nicht eine spezielle Vorschrift das Anhörungsgebot regelt, beurteilt sich die Notwendigkeit eines Anhörungsverfahrens nach § 28 VwVfG. Hiernach ist die Verwaltung verpflichtet, bevor sie einen Verwaltungsakt erlässt, der in die Rechte eines Beteiligten eingreift, diesem Gelegenheit zu geben, sich zu den für die Entscheidung erheblichen Tatsachen zu äußern. Erforderlich ist, dass sich die bisherige Rechtsstellung des Beteiligten zu seinem Nachteil verändert. Das Bundesverwaltungsgericht spricht von der notwendigen „Umwandlung eines Status quo in einen Status quo minus". Nach § 28 Abs. 2 VwVfG kann von einer Anhörung abgesehen werden, wenn dies nach den Umständen des Einzelfalls geboten ist. In welchen Fällen das Anhörungsgebot eingeschränkt ist, wird durch gesetzliche Beispiele konkretisiert.

Bedeutsam ist insbesondere § 28 Abs. 2 Nr. 1 VwVfG. Die Regelung greift indes nur in Fällen, in denen wegen Gefahr im Verzuge die Anhörung die Durchführung notwendiger Maßnahmen in unvertretbarem Maße verzögern würde, selbst wenn eine sehr kurze Äußerungsfrist gesetzt wird. Grds. genügt auch eine fernmündliche Anhörung, sofern der Beteiligte mit dem Sachverhalt hinreichend vertraut ist; ggfls. kann dann eine angemessene Rückäußerungsfrist gesetzt werden.

Die Anhörung hat nach § 28 Abs. 3 VwVfG zu unterbleiben, wenn ihr ein zwingendes öffentliches Interesse entgegensteht.

ÜBUNG 49

Prüfen Sie, ob die nachfolgende Aussage – bei Anwendbarkeit des Verwaltungsverfahrensgesetzes – zutreffend ist:

> „Soweit nicht die Ausnahmen des § 28 Abs. 2 oder Abs. 3 VwVfG greifen, ist vor Erlass eines belastenden Verwaltungsakts der Beteiligte anzuhören."

Notieren Sie die Lösung auf einem besonderen Blatt.

ÜBUNG 50

Die zuständige Behörde beabsichtigt,

1. eine beantragte Subvention (Wirtschaftsförderung) abzulehnen und
2. eine vorhandene Subventionsentscheidung gestützt auf § 48 Abs. 1 S. 1 VwVfG aufzuheben.

Prüfen Sie, ob in beiden Fällen zunächst ein Anhörungsverfahren durchzuführen ist.

Notieren Sie die Lösung auf einem besonderen Blatt.

PRAXISMUSTER 2

Diepholz, im Okt.
AZ.: 25/7/Meyer

1. Vermerk

Anlässlich einer Ortsbesichtigung am vergangenen Freitag habe ich festgestellt, dass in Sulingen am Waldrand auf einer Wiese ein Wochenendhaus (Blockhütte) vorhanden ist.
Grundfläche: 6,50 x 3,75 m.
Firsthöhe 3,75 m
Anzahl der Räume 2 plus WC und Küche
(soweit dies von außen feststellbar war)

Bauherr:	Franz Meyer, 28001 Bremen, Sögestraße 337
Grundstückseigentümer:	Landwirt Helmut Böge, 28567 Sulingen, Im Brink 17

Grundstück: Flur 12 Flurstück 37/5 und 37/6 (Gemarkung Große Brake)

Die erforderliche Baugenehmigung (§ 68 NBauO) fehlt. Eine Genehmigung kann nachträglich nicht erteilt werden. Planungsrechtliche Gesichtspunkte stehen dem Vorhaben entgegen (§ 35 Abs. 2, Abs. 3 Nrn. 1, 7 BauGB). Der F-Plan sieht hier Flächen der Landwirtschaft vor.
Nutzungsuntersagung und Beseitigungsverfügung (§ 89 Abs. 1 NBauO) sind vorzubereiten.

2. Herrn Meyer zur weiteren Veranlassung.

Klausen
(Bau-Ing.)

ÜBUNG 51

Fertigen Sie das Anhörungsschreiben.

 Notieren Sie die Lösung auf einem besonderen Blatt.

Hinweis:
Der vorstehende Vermerk wurde von einem Mitarbeiter des Fachbereichs Bauwesen des Landkreises Diepholz gefertigt.

Begründungsgebot

Bei der Untersuchung der Frage, ob ein Verwaltungsakt dem Begründungserfordernis entspricht, sind **zwei Problemkreise** zu beleuchten:

Problemkreis 1

Besteht für diesen Verwaltungsakt eine gesetzliche Begründungspflicht?

1. Besteht die Begründungspflicht aufgrund spezialgesetzlicher Vorgaben? → **JA**

   ↓ **NEIN**

Beispiele:
§ 73 Abs. 3 VwGO
§ 10 Abs. 7 BImSchG

2. Besteht die Begründungspflicht nach den allgemeinen Regeln des Verwaltungsverfahrensgesetzes?

   Voraussetzung:
   - schriftlicher oder schriftlich bestätigter VA (§ 39 Abs. 1 S. 1 VwVfG)
   - keine Ausnahme (§§ 2 Abs. 3 Nr. 2, 39 Abs. 2 VwVfG)

Problemkreis 2

Genügt die dem Verwaltungsakt beigefügte Begründung den gesetzlichen Anforderungen?

1. Wurden - soweit vorhanden - spezialgesetzliche Vorgaben beachtet?
2. Wurden, soweit das Verwaltungsverfahrensgesetz Anwendung findet,

   → die wesentlichen **tatsächlichen** und
   → die **rechtlichen Gründe,** die die Verwaltung bewogen haben, den Bescheid zu erlassen,
   und
   → bei **Ermessensentscheidungen** die Gesichtspunkte, von denen sich die Verwaltung bei dieser Entscheidung hat leiten lassen,
   mitgeteilt?

Das Formerfordernis des § 39 Abs. 1 VwVfG ist bereits dann erfüllt, wenn die Behörde in dem schriftlichen Bescheid die tatsächlichen und rechtlichen Gründe angegeben hat, die sie zu dieser Entscheidung bewogen haben (§ 39 Abs. 1 S. 2 Halbs. 2 VwVfG).

Auf die inhaltliche Richtigkeit der Begründung kommt es daher hier nicht an. So entspricht eine Bescheidbegründung einer bauordnungsrechtlichen Beseitigungsverfügung, die auf § 11 Nds. SOG beruht, obgleich § 89 Abs. 1 NBauO die hier maßgebliche Ermächtigungsgrundlage ist, den Voraussetzungen des § 39 Abs. 1 VwVfG. Die Behörde hat ihre (subjektive) Sichtweise korrekt dargestellt.

ÜBUNG 52

Geben Sie an, ob eine Begründungspflicht besteht.

Beispiele	Antwort (mit Rechtsgrundlage)
1. Ludwig Schreiber stellte bei der zuständigen Behörde den Antrag, ihm eine Reisegewerbekarte zu erteilen. Der Antrag wurde abgelehnt (§ 57 GewO).	
2. Die zuständige Behörde ordnet ein Verkehrszeichen an (§ 41 Abs. 2 Zeichen 206 StVO).	
3. Der Landwirt Hermann Brunhorn beabsichtigt, eine Anlage zur Aufzucht von Junghennen zu erstellen. Geplant ist eine Anlage mit 27.000 „Mastplätzen". Die zuständige Stelle entspricht – nach ordnungsgemäß durchgeführtem Verfahren – dem Antrag.	
4. Franz Klammer wird mit Schreiben vom 15. Februar d. J. eine Gaststättenerlaubnis erteilt.	
5. Jahn Gerke fordert die Behörde auf, die am Vortage mündlich ausgesprochene Bausperre für sein Bauvorhaben „Errichtung Doppelhaus" schriftlich zu bestätigen.	

Gastwirt am Ende **FALL 7**

Mit Bescheid vom 12. Februar d. J. wurde Georg Himmelsthür die Erlaubnis zum Betrieb einer Schank- und Speisewirtschaft in Cuxhaven, Hafenstr. 145, erteilt. Himmelsthür wohnt auch in diesem Gebäude. Im Nachhinein stellte sich nun heraus, dass die Erlaubnis nicht hätte erteilt werden dürfen, da Himmelsthür als unzuverlässig im Sinne des Gaststättengesetzes anzusehen ist (§ 4 Abs. 1 Nr. 1 GastG). Er ist in den vergangenen beiden Jahren vom zuständigen Gericht wegen Hehlerei (§ 259 StGB) in insgesamt sechs Fällen verurteilt worden. Die letzte Verurteilung datiert vom Dezember des vergangenen Jahres. Die Straftaten standen im Zusammenhang mit einer von Himmelsthür in München betriebenen Gaststätte. Im Zuge des Genehmigungsverfahrens war es von der Stadt Cuxhaven versäumt worden, einen Strafregisterauszug anzufordern. Auf die Anhörung vom 14. April d. J. teilte Himmelsthür mit, dass er die beabsichtigte Aufhebung der Gaststättenerlaubnis für nicht gerechtfertigt halte, da er seinerzeit alle geforderten Unterlagen vorgelegt habe, die Schließung der Gaststätte ihn in den wirtschaftlichen Ruin treibe und ihm die mangelnde Sachverhaltsaufklärung der Behörde nicht angelastet werden könne. Die Stadt Cuxhaven beabsichtigt aber dennoch, die Erlaubnis aufzuheben.

Aufgabe: 1. Bestimmen Sie die Ermächtigungsgrundlage.

---

2. Geben Sie an, ob eine schriftliche Aufhebungsentscheidung zu begründen ist.

Notieren Sie die Lösung auf einem besonderen Blatt.

3. Fertigen Sie die (schriftliche) Bescheidbegründung.

Notieren Sie die Lösung auf einem besonderen Blatt.

Die bürgerfreundliche Verwaltung **BASISTEXT**

Das Verwaltungsverfahrensgesetz formuliert Mindestanforderungen, die erfüllt sein müssen, damit ein Verwaltungsakt rechtmäßig erlassen werden kann, Das heutige Verwaltungsverständnis geht darüber hinaus. Gefordert wird ein bürgerorientiertes Verhalten. Ein wichtiges Anliegen des Verwaltungshandelns ist es, den Bürger in Entscheidungsverfahren möglichst frühzeitig und konsensorientiert einzubinden. Es ist daher durchaus sachgerecht, über die gesetzlich vorgeschriebenen Verfahrensrechte hinaus die Interessen und Belange der betroffenen Bürger im Blick zu haben.

ÜBUNG 53

Nennen Sie die Gründe, warum es sinnvoll sein kann, trotz einer, nicht in Rechte eingreifende, beabsichtigten Ablehnungsentscheidung (z. B. einer Baugenehmigung) zuvor ein Anhörungsverfahren durchzuführen.

 Notieren Sie die Lösung auf einem besonderen Blatt.

Stationen des Verwaltungsverfahrens

Verwaltungsverfahren		
Beginn	Durchführung	Ende
1. Station	2. Station	3. Station

ÜBUNG 54

Nennen Sie die maßgeblichen Rechtsgrundlagen (RG).

I **Beginn**

- Verfahrenseinleitung liegt grundsätzlich im Ermessen der Behörde. RG: ____________
- Es gibt eine Verpflichtung zur Einleitung bei
  a) Vorliegen eines Antrages RG: ____________

  b) Eingriffsverpflichtung. RG: ____________

II **Durchführung**

Hier sind insbesondere bedeutsam:

- Die Grundsätze über die Sachverhaltsermittlung
  - Untersuchungsgrundsatz RG: ____________
  - Mitwirkungspflichten RG: ____________
  - Beweiserhebungsgrundsätze RG: ____________
  - Grundsätze über Amtshilfe RG: ____________
- Die Verfahrensrechte der Beteiligten RG: ____________

III **Ende**

- Erlass eines Verwaltungsaktes oder
- Abschluss eines Verwaltungsvertrages oder
- Verfahrenseinstellung

05 Rechtmäßiger Verwaltungsakt

Gesetzmäßigkeit der Verwaltung **BASISTEXT**

Bei der Ausübung ihrer Tätigkeit hat die Verwaltung - gleichgültig, auf welchem Gebiet sie im einzelnen tätig wird - eine Reihe von allgemeinen Grundsätzen des Verwaltungshandelns zu beachten. Diese lassen sich zum Teil auf allgemeine Rechtsgrundsätze zurückführen, die unserer gesamten Rechtsordnung zugrunde liegen (z. B. der Verhältnismäßigkeitsgrundsatz), können zum Teil auch direkt den Grundrechten oder anderen verfassungsrechtlichen Regelungen entnommen werden. Der in Art. 20 GG verankerte Grundsatz der Gesetzmäßigkeit der Verwaltung ist ein Kernstück der Rechtsstaatlichkeit; er unterscheidet den Rechtsstaat vom reinen Willkürstaat. Demgemäss ist die Verwaltung an Gesetz und Recht gebunden. Diese Bindung soll zugunsten des Bürgers gewährleisten, dass die Handlungen der Verwaltung messbar und in gewissem Umfange vorhersehbar und berechenbar sind. Das Prinzip der Gesetzmäßigkeit der Verwaltung hat zwei Bestandteile, nämlich den **Vorrang** und den **Vorbehalt** des Gesetzes.

ÜBUNG 55

Ordnen Sie der Übersicht die folgenden Aussagen zu:

- „Kein Handeln ohne Gesetz!"
- „Kein Handeln gegen das Gesetz!"
- Vorrang des Gesetzes
- Vorbehalt des Gesetzes

Gesetzmäßigkeit der Verwaltung

Vorrang des Gesetzes	Vorbehalt des Gesetzes
Kein Verwaltungshandeln darf zu Recht und Gesetz im Widerspruch stehen. Wo Spezialgesetze bestehen, müssen diese, ansonsten die allgemeinen Rechtsgrundsätze, beachtet werden.	Das Verwaltungshandeln ist nur dann rechtmäßig, wenn sich aus einer Rechtsnorm (Befugnisnorm) ergibt, dass konkret so gehandelt werden darf.
Kein Handeln gegen das Gesetz	Kein Handeln ohne Gesetz

BASISTEXT **Vorrang und Vorbehalt des Gesetzes**

Der Grundsatz vom **Vorrang des Gesetzes** gilt uneingeschränkt für **jede verwaltungsbehördliche Handlung**. Dies ergibt sich bereits aus der Verbindlichkeit der geltenden Gesetze und wird durch Art. 20 Abs. 3 GG bestätigt. Es darf also z. B. beim Erlass von (gebundenen oder im Ermessen stehenden) Verwaltungsakten, bei schlichtem Verwaltungshandeln und beim Erlass von Satzungen und Rechtsverordnungen nicht gegen (höherstehende) Rechtsvorschriften verstoßen werden.

Neben dem Vorrang des Gesetzes ergibt sich aus Art. 20 Abs. 3 GG der **Gesetzesvorbehalt**. Dessen Begründung wird darin gesehen, dass - dem demokratischen Prinzip entsprechend - das vom Volk gewählte und somit unmittelbar demokratisch legitimierte Parlament die wesentlichen Entscheidungen des Gemeinwesens trifft, insbesondere die allgemeinen, für die Bürger bedeutsamen Regelungen erlässt. Auch das Rechtsstaatsprinzip erfordert voraussehbare und berechenbare staatliche Regelungen. **Eingriffe** in Freiheit und Eigentum müssen durchweg auf eine gesetzliche Grundlage gestützt werden können. Die Eingriffsbefugnisse der Verwaltung müssen gesetzlich nach Inhalt, Gegenstand, Zweck und Ausmaß hinreichend bestimmt und begrenzt sein. Nicht alle Sachgebiete und Angelegenheiten werden jedoch vom Gesetzesvorbehalt erfasst. In der **Sozialleistungsverwaltung** ist der Gesetzesvorbehalt durch § 31 SGB I festgeschrieben, während eine Subventionsgewährung lediglich die haushaltsmäßige Bereitstellung der Mittel voraussetzt.

Wesentlichkeitstheorie

Würde man indes jede noch so unwichtige Verwaltungsmaßnahme dem Gesetzesvorbehalt unterwerfen, wären die Parlamente derart mit Arbeit überlastet, dass die wirklich wichtigen Vorhaben darunter leiden müssten. Man muss sich mithin fragen, ob nicht bestimmte Regelungen vom Gesetzesvorbehalt ausgenommen sind. Aus diesem Gedanken hat das Bundesverfassungsgericht die sog. Wesentlichkeitstheorie entwickelt, die eine Art „Gleitformel" darstellt: Je wesentlicher eine Angelegenheit für die Allgemeinheit und den Bürger ist, desto höhere Anforderungen werden an den Gesetzgeber gestellt. Als wesentlich werden dabei Fragen angesehen, die sich erheblich auf Grundrechtspositionen des Bürgers auswirken. In grundlegenden Bereichen bedürfen verwaltungsbehördliche Maßnahmen also immer einer parlamentsgesetzlichen Regelung.

Übung 56

Entscheiden Sie, ob der Vorbehalt des Gesetzes gilt.

Beispiel	Gesetzesvorbehalt gilt		Begründung
	Ja	Nein	
1. Die Stadt Celle gewährt dem bedürftigen Hans Mohr Hilfe zum Lebensunterhalt.	x		
2. Der Hundehalter Wild erhält einen Hundesteuerbescheid über 110,- EUR.	x		
3. Es wird ein Zuschuss an den örtlichen Sportverein TUS Sögel gezahlt.		x	
4. Das Land Niedersachsen legt für die Schulen verbindlich die Fünftagewoche fest.		x	
5. Die Stadt Leipzig kauft beim Händler Schwarz Heizöl für die Beheizung des Rathauses.		x	
6. Die Stadt Potsdam entzieht der Autofahrerin Anne Willig die Fahrerlaubnis, da ihr „Punktekonto" 20 Punkte erreicht hat.	x		
7. Der Bundesumweltminister ordnet die sofortige Einstellung der Nutzung der Kernenergie an.	x		

BASISTEXT **Rechtmäßigkeit des Verwaltungsaktes**

Rechtmäßigkeit des Verwaltungsaktes

Ein Verwaltungsakt ist rechtmäßig, wenn er mit dem geltenden Recht in Einklang steht.

Der Verwaltungsakt ist im Einzelnen als rechtmäßig zu bezeichnen, wenn

- die Rechtsfolge gerade durch Verwaltungsakt gesetzt werden darf (**Verwaltungsakt-Befugnis**),
- er von der zuständigen Behörde im richtigen Verfahren und in der gebotenen Form erlassen wurde (**formelle Rechtmäßigkeit**) und
- er keine inhaltlichen Mängel aufweist (**materielle Rechtmäßigkeit**).

ÜBUNG 57

Erläutern Sie die Begriffe formelle und materielle Rechtmäßigkeit.

Formelle Rechtmäßigkeit	Materielle Rechtmäßigkeit
im richtigen Verfahren erlassen in der gebotenen Form	keine inhaltlichen Mängel

Aus diesen Anforderungen an einen rechtmäßigen Verwaltungsakt kann ein Aufbaumuster zur Überprüfung der Rechtmäßigkeit von Verwaltungsakten entwickelt werden.

FALL 8 **Spielhalle „Las Vegas"**

Bernhard Breuniger betreibt seit zwei Jahren die Spielhalle „Las Vegas" in Hannover, wo Geldspielautomaten eingesetzt werden. Die nach der Gewerbeordnung erforderliche Erlaubnis besitzt Breuniger nicht. Die sachlich zuständige Landeshauptstadt Hannover forderte ihn mehrfach auf, einen (rechtlich zwingend erforderlichen) Erlaubnisantrag zu stellen und drohte ihm an, die Fortführung des Betriebes zu untersagen. Hierzu räumte sie Breuniger zwei Wochen Frist zur Stellungnahme ein. Diese lässt Breuninger verstreichen, ohne jedoch die Erlaubnis zu beantragen.

Der Sachbearbeiter Erwin Breuninger – Bruder des Bernhard – beabsichtigt nunmehr, die Verhinderung der Fortführung des Betriebes der Spielhalle anzuordnen.

Aufgabe: Untersuchen Sie anhand der nachfolgenden Prüfungsschritte, ob die von der Landeshauptstadt Hannover beabsichtigte Entscheidung formell und materiell rechtmäßig wäre.

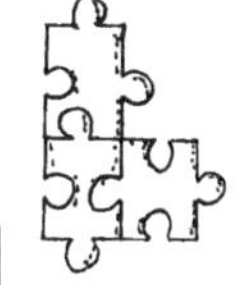

Rechtmäßigkeit eines Verwaltungsaktes **PRÜFUNGSSCHRITTE 2**

1. Bestimmung des **Arbeitsziels** Was will die Verwaltung/ der Bürger erreichen? Welches ist die konkrete Aufgabenstellung?	
2. Auswahl der **Rechtsgrundlage** Gemäß dem Grundsatz vom Vorbehalt des Gesetzes jedenfalls erforderlich bei belastenden Maßnahmen. 2.1 Spezialgesetzliche Rechtsgrundlagen 2.2 Allgemeine Befugnisnormen	

3. **Formelle Rechtmäßigkeit**	
3.1 Sachliche Zuständigkeit	
3.2 Örtliche Zuständigkeit 3.2.1 grds. nach Spezialgesetz 3.2.2 sonst gemäß § 3 VwVfG	
3.3 Anhörung gem. § 28 VwVfG: erforderlich bei eingreifendem Verwaltungsakt, es sei denn Ausnahmeregelung liegt vor	
3.4 Anhörung/ Beteiligung anderer Stellen z. B. § 35 Abs. 4 GewO	
3.5 Begründung nach § 39 Abs. 1 VwVfG: erforderlich bei schriftlichem Verwaltungsakt, es sei denn Ausnahmeregelung des Abs. 2 greift ein. Ordnungsgemäße Begründung umfasst: Rechtsgrundlage, tatsächliche und rechtliche Gründe, ggfls. Ermessensbegründung	
3.6 Formvorschriften: § 37 Abs. 2 bis 4 VwVfG Grds. Formfreiheit, es sei denn spezialgesetzliche Regelung, z. B. § 10 Abs. 7 BImschG	

3.7 Sonstige formelle Anforderungen, diese können sich fallbezogen aus dem Spezialgesetz bzw. dem VwVfG ergeben	
4. **Materielle Rechtmäßigkeit** 4.1 Subsumtion unter alle Tatbestandsvoraussetzungen der oben unter B. festgestellten Rechtsgrundlage, u. U. Auslegung unbestimmter Rechtsbegriffe erforderlich	
4.2 Rechtsfolge: gebundene Verwaltung oder Ermessen (§ 40 VwVfG)	
4.3 Sonstiges: z. B. Bestimmtheit gem. § 37 Abs. 1 VwVfG	
5. **Entscheidungsvorschlag** Zusammenfassendes Ergebnis; Entscheidungsvorschlag	

Diese Prüfungsschritte gelten im Rahmen der eingreifenden Verwaltung. Für Ansprüche des Bürgers auf Leistungen findet ein modifiziertes Schema Anwendung, um der einschlägigen Anspruchssituation gerecht zu werden.

Anspruchsaufbau

1.	Anspruchsgrundlage
2.	Formelle Anspruchsvoraussetzungen
2.1	Sachliche und örtliche Zuständigkeit
2.2	Ordnungsgemäßer Antrag
2.3	Sonstige formelle Voraussetzungen
3.	Materielle Anspruchsvoraussetzungen
3.1	Tatbestandsvoraussetzungen der Anspruchsgrundlage
3.2	Bei Ermessen: Ermessensreduzierung auf Null, sonst nur Anspruch auf ermessensfehlerfreie Entscheidung

In diesem Zusammenhang ist auf die Problematik derartiger Aufbauschemata, die es in unterschiedlicher Form gibt, hinzuweisen. Ein solches Muster kann gute Dienste bei der Durchdringung eines verwaltungsrechtlichen Falles erweisen. Man gewinnt einen Grundaufbau der Fallprüfung und übersieht insbesondere im Bereich der formellen Rechtmäßigkeitsprüfung keine wesentlichen Fragen. Im Bereich der materiellen Prüfung kann ein Muster wegen der Vielgestaltigkeit der Fallgestaltungen indes nicht mehr als eine Stütze sein. Eine Gefahr liegt in einem schematischen „Abhaken" von Prüfungsschritten, die indes für die konkrete Falllösung möglicherweise nicht von Bedeutung sind, während wesentliche konkrete Fragen übergangen werden. Manche (Klausur-)Fälle entziehen sich einem Schema gänzlich.

BASISTEXT Auswahl der Rechtsgrundlage

Soweit das verwaltungsbehördliche Handeln unter dem Vorbehalt des Gesetzes steht, ist zunächst eine Rechtsgrundlage für den zu erlassenden oder zu prüfenden Verwaltungsakt zu suchen. Der Begriff der „Rechtsgrundlage" ist der allgemeine Oberbegriff; insbesondere im Rahmen der Leistungsverwaltung spricht man auch von einer „Anspruchsgrundlage", die Eingriffs-(Ordnungs-)Verwaltung bedarf der „Ermächtigungsgrundlage".

Übung 58

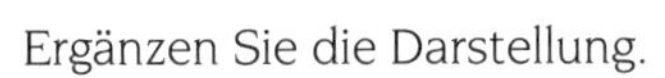

Ergänzen Sie die Darstellung.

Rechtsgrundlage	
Eingriffsverwaltung	Leistungsverwaltung
Ermächtigungsgrundlage	Anspruchsgrundlage

Verwaltungsakt-Befugnis

Bei der Suche nach der „passenden" Rechtsgrundlage wird immer von der Rechtsfolge ausgegangen, d. h. es stellt sich die Frage, ob die in Betracht kommende Norm die gesuchte Rechtsfolge überhaupt herzugeben vermag (sofern die tatbestandlichen Voraussetzungen erfüllt sind). Die zugrundegelegte Rechtsgrundlage enthält i. d. R. eine gesetzlich normierte Verwaltungsakt-Befugnis, die die Behörde berechtigt, gerade in dieser Handlungsform Regelungen zu treffen. Grundsätzlich genügt indes auch die gewohnheitsrechtliche Ermächtigung der Behörde, eine Entscheidung in Gestalt des Verwaltungsakts zu treffen.

Beispiele:

§ 155 AO: Die Steuern werden von der Finanzbehörde durch Steuerbescheid festgesetzt. Steuerbescheid ist der nach § 122 Abs. 1 AO bekannt gegebene Verwaltungsakt.

§ 13 SOG LSA, § 11 Nds. SOG: Die Polizei und die Verwaltungsbehörden können die erforderlichen Maßnahmen treffen, um eine Gefahr abzuwehren.

§ 35 Abs. 1 S. 1 GewO: Die Ausübung eines Gewerbes ist von der zuständigen Behörde ganz oder teilweise zu untersagen, wenn der Gewerbetreibende ... nicht die erforderliche Zuverlässigkeit besitzt.

In vielen Fällen kommen von der Rechtsfolgenbetrachtung her mehrere Rechtsgrundlagen in Betracht. Hier ist dann eine Auswahl zu treffen. Maßgeblich ist der allgemeine Rechtsanwendungsgrundsatz der Spezialität, wonach die speziellere der allgemeinen Rechtsgrundlage vorzuziehen ist (s. Kap. 02, S. 18).

FALL 9 **Steuerrückstände**

Der Gewerbetreibende Egon Kleinschmidt besitzt einen Kiosk in Gehrden und hat Gewerbesteuerrückstände von 17.400,- EUR aus fünf Jahren, welche er bewusst nicht zahlt.

Aufgabe: Bestimmen Sie die Rechtsgrundlage und begründen Sie Ihre Meinung.

Rechtsgrundlage	anwendbar	Begründung
§ 35 Abs. 1 S. 1 GewO		
§ 13 SOG LSA (§ 11 Nds. SOG)		

BASISTEXT **Zuständigkeit**

Die handelnde Behörde muss für die Ausführung der Handlung zuständig sein. Die Zuständigkeit ist eine formelle Rechtmäßigkeitsvoraussetzung des Verwaltungsakts. Die Zuständigkeitsvorschriften dienen dazu, die Gesetze wirksam zu vollziehen. Der Bürger hat einen Anspruch darauf, dass ihm gegenüber nur die von der Rechtsordnung vorgesehene zuständige Behörde tätig wird, denn die Zuständigkeitsordnung dient auch dem Interesse des Bürgers. Welche Behörde im Einzelfall zuständig ist, ergibt sich im Regelfall entweder aus der für den Erlass des Verwaltungsakts selbst in Betracht kommenden Rechtsgrundlage oder aus einer dazu ergangenen Rechtsverordnung. Beachte: **Die sachliche Zuständigkeit ist nicht im VwVfG geregelt.** Regelungen zur örtlichen Zuständigkeit finden sich z. T. in den entsprechenden speziellen Rechtsgrundlagen (z. B. § 35 Abs. 7 GewO), soweit hier jedoch keine Regelungen enthalten sind, greift
§ 3 VwVfG als allgemeines Gesetz.

Zunächst ist zu prüfen, welche Behörde welcher Instanz (Oberste- Mittel-, Untere Behörde) sachlich zuständig, also im Außenverhältnis mit der Erfüllung einer bestimmten Aufgabe betraut ist und die damit verbundenen Befugnisse wahrnehmen darf.

Beispiel:

Sachlich zuständig für die Erhebung von Erschließungsbeiträgen sind gemäß §§ 127 ff. BauGB „die Gemeinden".

Danach ist zu prüfen, ob die (sachlich zuständige) Behörde innerhalb der Grenzen des Gebietes ihrer **örtlichen** Zuständigkeit tätig wird.

Beispiel:

Das Zuständigkeitsgebiet der Gemeinde Wennigsen hinsichtlich der Erhebung von Erschließungsbeiträgen ist beschränkt auf das Gemeindegebiet.

ÜBUNG 59

1. Ordnen Sie die Begriffe der Übersicht zu:
   Örtliche Zuständigkeit/ Funktionelle Zuständigkeit/ Sachliche Zuständigkeit/ Instanzielle Zuständigkeit

Zuständigkeit **ÜBERSICHT 10**

Sachliche Zuständigkeit	Funktionelle Zuständigkeit	Örtliche Zuständigkeit	Instanzielle Zuständigkeit
Regelt, welche Behörde im Außenverhältnis damit betraut ist, eine bestimmte Aufgabe und die damit verbundenen Befugnisse wahrzunehmen.	Auch genannt: Organzuständigkeit; sie ordnet an, welches Organ einer Behörde dazu berufen ist, den Verwaltungsakt zu erlassen. Jedoch betrifft die funktionelle Zuständigkeit nicht die interne Geschäftsverteilung innerhalb eines Organs.	Bezieht sich darauf, in welchem Bezirk die sachlich zuständige Verwaltungsbehörde die ihr zugewiesenen Aufgaben wahrzunehmen hat.	Stellt auf den mehrstufigen Behördenaufbau ab und regelt die Frage, ob und unter welchen Voraussetzungen die übergeordnete Behörde zur Entscheidung befugt ist.
Beispiel b	Beispiel a	Beispiel d	Beispiel c

2. Ordnen Sie die Beispiele zu:
a) Der Oberbürgermeister führt die Satzung der Stadt Eisleben über die Erhebung von Erschließungskosten aus.
b) Zuständig für die Erhebung von Erschließungsbeiträgen sind nach §§ 127 ff. BauGB die Gemeinden.
c) Der Landkreis Mansfelder Land beanstandet als Kommunalaufsichtsbehörde die Satzung der Stadt Eisleben.
d) Für das Grundstück Ebertallee 11 erhebt die Stadt Eisleben Erschließungsbeiträge.

FALL 10 — Schäferhundmischling

Sissi Perlinger wohnt in der kreisfreien Stadt Waldhausen. Ihr Schäferhundmischling Greif hat bereits mehrere spielende Kinder ernsthaft verletzt.

Aufgabe: Stellen Sie anhand Ihres Landesordnungsgesetzes fest, welche Behörde für den Erlass einer Ordnungsverfügung gegenüber Frau Perlinger zuständig ist.

Zuständigkeit	
Sachlich	Örtlich

Außerordentliche Zuständigkeit

Aufgabe: Stellen Sie fest, in welchen Vorschriften Ihres Landes-Ordnungsgesetzes die außerordentliche Zuständigkeit geregelt ist:

Außerordentliche Zuständigkeit im Ordnungsrecht	
Sachlich	Örtlich

Verfahrens- und Formvorschriften **BASISTEXT**

Rechtmäßig ist der Verwaltungsakt nur dann, wenn auch die Art und Weise, wie er zustande gekommen ist, den Verfahrensvorschriften entspricht. Hier gilt nämlich der Grundsatz, dass Verfahrensrechte den Grundrechtsschutz des Bürgers gewährleisten sollen. Die §§ 9 ff. VwVfG enthalten dazu die grundlegenden Regelungen. Verfahrensmängel liegen dabei im Verfahrensablauf. Es müssen die in Kapitel 04 dargestellten Verfahrensvorschriften eingehalten werden.

Grundsätzlich ist der Erlass eines Verwaltungsaktes nicht formgebunden. Ausnahmsweise kann durch besondere Rechtsvorschrift etwas Anderes bestimmt sei.

ÜBUNG 60

Prüfen Sie, ob das Verwaltungshandeln in den folgenden Beispielen formgerecht ist.

Beispiel	Antwort
1. Ein Verkaufsverbot für verdorbene Lebensmittel im Landkreis Jerichower Land wird von der Behörde durch Rundfunkmitteilung bekannt gegeben.	§37 II VwVfG - mündlich formgerecht
2. Eine Baustillegungsverfügung ergeht gegenüber Erwin Ziller schriftlich.	§37 II VwVfG - schriftlich formgerecht
3. Verkehrszeichen „Halteverbot" in der Bahnhofstraße in Quedlinburg.	§37 II VwVfG - in anderer Weise formgerecht
4. Die Stadt Dessau stellt dem Getränkehändler Litwürschek einen Gewerbeschein aus.	§37 II VwVfG - schriftlich formgerecht
5. Der Polizeibeamte Murl fordert den Autofahrer Walter Wollmann mit der Polizeikelle zum Halten auf.	§37 II VwVfG - in anderer Weise formgerecht
6. Der an Egon Renz gerichtete Abgabenbescheid wird mit dessen Einverständnis per E-Mail mit qualifizierter elektronischer Signatur erlassen.	§37 II VwVfG - elektronisch §3a II VwVfG formgerecht

BASISTEXT

Tatbestandsmäßigkeit der materiellen Rechtsgrundlage

Auch die materielle Prüfung ergibt sich aus dem Grundsatz vom Vorrang des Gesetzes – kein Verwaltungshandeln darf gegen das Gesetz verstoßen. Materielle Rechtmäßigkeit einer Verwaltungsentscheidung bedeutet, dass der zugrunde liegende Lebenssachverhalt alle Tatbestandsmerkmale der zuvor aufgefundenen Rechtsgrundlage ausfüllt und evtl. weitere materielle Rechtmäßigkeitsanforderungen beachtet werden, insbesondere die Verwaltungsbehörde die rechtmäßige Rechtsfolge gewählt hat.

Elemente eines vollständigen Rechtssatzes sind der **Tatbestand** und die **Rechtsfolge**. Der Tatbestand ist der Teil des Rechtssatzes, der mit abstrakt-generellen Begriffen die Voraussetzungen umschreibt, die vorliegen müssen, um die Norm konkret zur Anwendung zu bringen. Zunächst ist also auf der Tatbestandsseite unter die jeweiligen Tatbestandsvoraussetzungen der einschlägigen Norm(en) zu subsumieren.

Danach muss der Bearbeiter indes noch materielle Rechtmäßigkeitsvoraussetzungen beachten, die die rechtmäßige Rechtsfolge betreffen (Rechtsfolgenbetrachtung der materiellen Rechtsgrundlage).

Inhaltliche Bestimmtheit

Die Funktionen, die der Verwaltungsakt zu erfüllen hat, insbesondere die Regelungsfunktion und die Titelfunktion, zwingen in Anwendung des § 37 Abs. 1 VwVfG dazu, einen hinreichend bestimmten Verwaltungsakt zu erlassen. Bei diesem Kriterium handelt es sich um eine **materielle**, nicht formelle Tatbestandsvoraussetzung des rechtmäßigen Verwaltungsakts. Dies ergibt sich schon aus dem Begriff (inhaltlich = materiell). Der Verwaltungsakt stellt in der Regel die einzelfallbezogene Konkretisierung der abstrakten Norm dar. Deshalb muss er unmissverständlich erkennen lassen, wer was von wem will oder erhält.

Dies gilt für die Bezeichnung des Adressaten und den Tenor (Regelung) der Entscheidung. Die getroffene Regelung muss für den Adressaten, andere Beteiligte, die vollstreckende und andere mit der Sache befasste Behörden so vollständig und eindeutig sein, dass sie ihr Verhalten danach richten können. Dies gilt für gebundene und Ermessensverwaltungsakte gleichermaßen. Bei der im Zweifelsfall gemäß dem Rechtsgedanken des § 133 BGB erforderlichen Auslegung ist auch die Begründung des VA mit heranzuziehen.

Merke:

Maßstab der inhaltlichen Bestimmtheit vollstreckungsfähiger Verwaltungsakte ist, ob der Verwaltungsakt einen **vollstreckbaren Inhalt** hat. Praktisch entscheidend ist, ob der Adressat ohne weiteres erkennen kann, auf welches Verhalten die Entscheidung zielt.

Das alte Brauhaus — FALL 11

Dietlinde Holsten-Löser betreibt in Wörlitz die Biergaststätte „Altes Brauhaus". Es geht oft etwas lauter zu, so dass der zuständige Landkreis der Gastwirtin eine Auflage gemäß § 5 Abs. 1 Nr. 3 GastG erteilt mit dem Gebot, „dafür zu sorgen, dass künftig die Nachbarschaft störende Geräusche unterbleiben".

Aufgabe: Prüfen Sie, ob die Anordnung inhaltlich hinreichend bestimmt ist; entwerfen Sie ggfs. einen verbesserten Tenor.

Notieren Sie die Lösung auf einem besonderen Blatt.

Unmöglichkeit

Ein Verwaltungsakt darf nichts verlangen, was objektiv unmöglich ist, was also aus tatsächlichen Gründen niemand ausführen kann. Außerdem darf vom Adressaten eines Verwaltungsakts nichts verlangt werden, was rechtlich unmöglich ist, weil es eine Straftat oder Ordnungswidrigkeit darstellt oder wenn der Befolgung der Anordnung die privaten Rechte Dritter entgegenstehen.

Übung 61

Prüfen Sie, ob die Ausführung der Anordnungen der Behörden objektiv möglich ist.

Beispiel	Antwort
1. Gebot, eine benzinmotorbetriebene Maschine völlig geräuschlos zu betreiben.	objektiv unmöglich
2. Der Landkreis Holzminden gibt dem Eigentümer Bolle den sofortigen Abriss eines im Außenbereich stehenden Wochenendhauses auf, obwohl dieses vermietet und das Mietverhältnis alsbald nicht kündbar ist.	rechtlich unmöglich evtl. Frist einräumen Duldungsverfügung
3. Die Stadt Güstrow verlangt von Wilhelm Pällmann den Abriss des Hochhauses mit 334 Wohnungen und Beseitigung der Trümmer binnen 48 Stunden.	objektiv unmöglich
4. Die Stadt Fulda verlangt vom Hundehalter die Einschläferung eines Kampfhundes, der bereits verendet ist.	objektiv unmöglich
5. Wie Fall 3., mit Frist von vier Monaten eingeräumt. Pällmann wendet ein, die Abbruchkosten überstiegen seine finanziellen Möglichkeiten.	möglich
6. Gebot an den 15jährigen Ulf Grabow, das Auto seines Vaters wegzufahren.	rechtlich unmöglich

Ermessen

Während die Verwaltung bei der Anwendung einer Rechtsnorm auf einen zu beurteilenden Sachverhalt auf der Tatbestandsseite immer gebunden ist, sind auf der Rechtsfolgenseite Differenzierungen möglich: Hier kann die Bindung der Verwaltung an Recht und Gesetz je nach der Entscheidung des Gesetzgebers unterschiedlich ausgestaltet sein.

Bindung an Recht und Gesetz

Gebundene Verwaltung	Ermessensverwaltung	
	Soll-Ermessen	Kann-Ermessen
Beim Vollzug dieser Normen ist die sog. gebundene Verwaltung gezwungen, an einen bestimmten Sachverhalt die gesetzlich vorgesehenen Rechtsfolgen zu knüpfen.	Beim Vollzug dieser Normen ist der Behörde zwar ein bestimmtes Regelverhalten vorgeschrieben, es ist ihr aber gestattet, in besonders gelagerten Fällen hiervon abzuweichen.	Diese Vorschriften stellen es in die Disposition der Verwaltung, welche von mehreren möglichen Rechtsfolgen sie im Einzelfall an die Erfüllung eines bestimmten Tatbestandes knüpft.

ÜBUNG 62

Ergänzen Sie die vorstehende Tabelle mit folgenden Begriffen:
Soll-Ermessen/ Gebundene Verwaltung/ Kann-Ermessen.

Merke:

> Ermessen der Verwaltung kann immer nur auf der Rechtsfolgeseite einer Rechtsnorm stehen.

ÜBUNG 63

Erklären Sie, warum Soll-Rechtsnormen Ermessen einräumen.

 Notieren Sie die Lösung auf einem besonderen Blatt.

In manchen Fällen ist es nicht ganz einfach, Ermessensnormen zu erkennen.

Übung 64

Prüfen Sie, um welche Art von Rechtsnorm es sich bei den folgenden Beispielen handelt.

Nr.	Beispiel	Gebundene Verwaltung	Ermessen	
			Soll-Ermessen	Kann-Ermessen
1	§ 4 Abs. 2 BSHG			
2	§ 3 Abs. 1 StVG			
3	§ 15 Abs. 3 GastG			
4	§ 15 Abs. 2 GastG			
5	§ 48 StVO			
6	§ 50 Abs. 1 S. 1 AuslG			
7	§ 135 Abs. 2 BauGB			
8	§ 40 VwVfG			
9	§ 35 Abs. 1 S. 1 GewO			
10	§ 967 BGB			
11	§ 20 Abs. 1 BImSchG			
12	§ 35 Abs. 2 BauGB			

Ermessensausübung

Bei der Ausübung des ihr eingeräumten Ermessens hat die Behörde die Wahl zwischen mehreren rechtmäßigen Entscheidungen. Damit gewährt der Gesetzgeber der Behörde die Möglichkeit, anpassungsfähig, zielgenau und lebensnah zu handeln. Das behördliche Ermessen ist jedoch kein freies, ungebundenes oder gar willkürliches, sondern ein pflichtgemäßes (vgl. § 6 Abs. 1 SOG LSA: Die Polizei und die Verwaltungsbehörden treffen ihre Entscheidungen nach **pflichtgemäßem** Ermessen).

Übung 65

Ergänzen Sie den nachfolgenden Satz:

Bei der pflichtgemäßen Ermessensausübung hat die Behörde gemäß § 40 VwVfG ...

Fall 12 — Der Nachbar beschwert sich

Walter Kniep hat vor sechs Jahren ein Einfamilienhaus mit 174 m² Wohnfläche ohne die erforderliche Baugenehmigung, überwiegend im Außenbereich der Gemeinde Bovenden errichtet. 30 m² Gebäudefläche befinden sich im sog. Innenbereich der Gemeinde. In der Nachbarschaft existieren weitere ungenehmigte Bauwerke. Aufgrund von Nachbarbeschwerden erwägt die Bauaufsichtsbehörde, Kniep mittels Ordnungsverfügung die vollständige Beseitigung aufzugeben, obwohl die Gemeinde derzeit den Erlass eines Bebauungsplanes für das gesamte fragliche Gebiet ins Auge fasst, welcher ein „Allgemeines Wohngebiet" festsetzen soll.

Aufgabe: Welche Ermessenserwägungen sind anzustellen?

Notieren Sie die Lösung auf einem besonderen Blatt.

Ermessensfehler

Werden die eben dargestellten Anforderungen an die pflichtgemäße Ermessensausübung nicht eingehalten, ist der Verwaltungsakt materiell rechtswidrig, weil die konkrete Rechtsfolge von der Rechtsordnung nicht gedeckt ist. Dabei unterscheidet man zwischen verschiedenen Ermessensfehlern:

ÜBUNG 66

Ordnen Sie folgende Begriffe der Übersicht zu:
Ermessensfehlgebrauch/ Ermessensfehler/ Ermessensmissbrauch/
Ermessensüberschreitung/ Ermessensnichtgebrauch

<table>
<tr><td colspan="3">Ermessensfehler</td></tr>
<tr><td rowspan="2">Ermessens-überschreitung</td><td colspan="2">Ermessensfehlgebrauch</td></tr>
<tr><td>Ermessens-nichtgebrauch</td><td>Ermessens-missbrauch</td></tr>
<tr><td>Dieser Fehler liegt vor, wenn die Behörde, die äußeren, für ihr Handeln durch Rechtsnormen gesetzten Grenzen überschritten hat, wenn also eine von der Rechtsordnung nicht zugelassene Rechtsfolge angeordnet wird. Diese Grenzen ergeben sich aus der konkret angewendeten Rechtsnorm selbst, im Übrigen aus dem Grundsatz der Verhältnismäßigkeit, dem Gleichheitsgrundsatz und dem Grundsatz des Vertrauensschutzes.</td><td>Die Behörde ist sich Ihres Ermessens nicht bewusst. Dieser Fehler kann u. a. darauf zurückzuführen sein, dass sich die Behörde irrigerweise gebunden fühlte.</td><td>Ein solcher Fehler liegt vor, wenn die Behörde bei ihrer Entscheidung von unzutreffenden tatsächlichen oder rechtlichen Voraussetzungen ausgeht. Der gedankliche Weg zur konkreten Entscheidung ist fehlerhaft, d. h. es liegen Erwägungen vor, die von dem (jeweils zu ermittelnden) Zweck der Rechtsgrundlage nicht gedeckt sind.</td></tr>
<tr><td>Ergebnisfehler:
„Grenzen überschritten"</td><td colspan="2">Vorgangsfehler:
„Zweck verfehlt"</td></tr>
</table>

ÜBUNG 67

Prüfen Sie, ob in den folgenden Beispielen ein Ermessensfehler vorliegt.

Beispiel	Begründung
1. Der Reisegewerbetreibende Bert Baum beantragt bei der Stadt Dessau gemäß § 46 Abs. 1 Nr. 9 StVO die erforderliche Ausnahmegenehmigung für den Verkauf von CDs und Schallplatten im Stadtzentrum. Diese versagt die Behörde mit der zu treffenden Begründung, Baum sei nicht im Besitz der für die Verkaufstätigkeit notwendigen Reisegewerbekarte.	Ermessensüberschreitung ☐ Ermessensfehlgebrauch ☒ Das eine hat mit dem anderen nichts zu tun. Sachfremde Erwägungen § 33 I Nr 2 StVO Ermessensmissbrauch
2. Die Stadt Magdeburg droht der ortsansässigen Blau-Gelb-Chemie-AG nach den Vorschriften des allgemeinen Ordnungs- und Vollstreckungsrechts ein Zwangsgeld von 1,5 Millionen EUR an. Bereits festgesetzte niedrigere Zwangsgelder seien unwirksam geblieben.	Ermessenüberschreitung ☒ Ermessensfehlgebrauch ☐ § 67 VSOG 1,5 Mio € liegen außerhalb des Rahmens.
3. Die Züchterin Ines Pohl hat einen Schäferhund mit einem Wolf gekreuzt; die Jungtiere tragen Merkmale beider Eltern. Die Gemeinde Atzendorf zieht die Züchterin zur satzungsmäßigen Hundesteuer heran. Sie begründet dies mit dem weiten Ermessensspielraum, der ihr bei einer so verworrenen Sachlage zustehe.	Ermessensüberschreitung (■) Ermessensfehlgebrauch (■) falsche Begründung gebundene Verwaltung
4. Der Landkreis Bördekreis erlässt gegenüber der Eigentümerin Friederike Queisser eine baurechtliche Beseitigungsanordnung wegen einer im Außenbereich (§ 35 BauGB) ohne Genehmigung errichteten Garage mit der Begründung, im Falle der Baurechtswidrigkeit eines Vorhabens müsse sie stets dessen Beseitigung verlangen.	Ermessensüberschreitung ☐ Ermessensfehlgebrauch ☒ Behörde übt kein Ermessen aus. Ermessensnichtgebrauch

Ermessensreduzierung auf Null

Ausnahmsweise kann der, der Behörde eingeräumte Ermessensspielraum derart reduziert sein, dass nur noch eine Entscheidung ermessensfehlerfrei getroffen werden kann, jede andere Entscheidung also ermessensfehlerhaft und damit rechtswidrig wäre (sog. Ermessensreduzierung auf Null). Maßgebend sind die jeweils in Betracht kommende Ermächtigungsgrundlage und die Umstände des Einzelfalls.

Der Giftsee **FALL 13**

In der Stadt Wolfen liegt ein mit Teer und ätzenden chlorchemischen Rückständen verseuchter öffentlich zugänglicher See der Eigentümerin Renate Finkelnburg, in dem im Sommer trotz Verbots häufig Kinder baden. Die Stadt Wolfen sieht aufgrund von Beschwerden von Bürgerinnen derzeit keinen Anlass zum Tätigwerden und verweist auf das vorhandene Verbotsschild. Sie meint im übrigen, nicht sie, sondern die private Eigentümerin müsse handeln.

Aufgabe: Wie beurteilen Sie die Auffassung der Behörde materiellrechtlich nach dem allgemeinen Ordnungsrecht?

Notieren Sie die Lösung auf einem besonderen Blatt.

Gleichheitsgrundsatz und Selbstbindung der Verwaltung **BASISTEXT**

Eine gesetzliche Grenze der Ermessensausübung ist die Beachtung des Gleichheitsgrundsatzes. Jedermann hat nach Art. 3 Abs. 1 GG das Recht, dass die Verwaltung nicht willkürlich gleiche Sachverhalte ungleich bzw. wesentlich ungleiches gleich behandelt.

Der Gleichheitsgrundsatz ist geeignet, den der Behörde gesetzlich zustehenden Ermessensspielraum einzuschränken. Hat die Verwaltungsbehörde in einer Reihe von Ermessensentscheidungen ihr Ermessen jeweils in gleicher Weise gebraucht (z. B. stets eine bestimmte Ausnahmegenehmigung erteilt), ist sie aus Gründen der Gleichbehandlung grundsätzlich gebunden, auch künftig in vergleichbaren Fällen das Ermessen entsprechend zu handhaben (sog. Selbstbindung der Verwaltung). Diese Selbstbindung kann sich auch aus der anhaltenden Anwendung einer bestimmten Verwaltungsvorschrift, die ja kein „Außenrecht" darstellt, ergeben.

FALL 14 Beitragsrückstände

Die Nachbarn Sven Dreier, Horst Erzberg und Gabriele Jung haben bei der Stadt Celle Zahlungsrückstände für Straßenausbaubeiträge über 2.000,- EUR, 300,- EUR und 1.200,- EUR und beantragen die Stundung der Schulden für zwei Monate. Alle Antragsteller berufen sich zu recht auf eine erhebliche Härte. Der Sachbearbeiter Köhler teilt Dreier und Erzberg mit, dass die Voraussetzungen nach § 33 Abs. 1 Nds. GemHVO erfüllt seien und die Stundung gewährt werde; der Antrag von Frau Jung werde aber aus Ermessensgründen abgelehnt. Dreier werden Stundungszinsen von 6 % in Rechnung gestellt. Dreier und Jung fühlen sich ungerecht behandelt und weisen auf Art. 3 Abs. 1 GG hin. Köhler zitiert die Verwaltungsvorschrift zu § 33 GemHVO: „... von der Erhebung von Zinsen kann abgesehen werden, wenn ... der Zinsanspruch sich auf nicht mehr als 5,- EUR belaufen würde.", diese wendet er stets an.

Aufgabe: Prüfen Sie, ob Dreier und Jung Recht haben.

Notieren Sie die Lösung auf einem besonderen Blatt.

Anzuwendende Vorschriften:

§ 33 Abs. 1 Nds. GemHVO
Ansprüche dürfen ganz oder teilweise gestundet werden, wenn ihre Einziehung bei Fälligkeit eine erhebliche Härte für den Schuldner bedeuten würde und der Anspruch durch die Stundung nicht gefährdet erscheint. Gestundete Beträge sind in der Regel angemessen zu verzinsen.

Verwaltungsvorschrift zu § 33 Nds. GemHVO
...Eine erhebliche Härte für den Anspruchsgegner ist dann anzunehmen, wenn er sich auf Grund ungünstiger wirtschaftlicher Verhältnisse vorübergehend in ernsthaften Zahlungsschwierigkeiten befindet oder im Falle der sofortigen Einziehung in diese geraten würde.
...Als angemessene Verzinsung ist regelmäßig ein Zinssatz von 2 v. H. über dem bei Gewährung der Stundung geltenden Diskontsatz der Deutschen Bundesbank anzusehen, ...

BASISTEXT Grundsatz der Verhältnismäßigkeit

Der Grundsatz der Verhältnismäßigkeit ist **eine** gesetzliche Grenze der Ermessensausübung im Sinne des § 40 VwVfG dar. Er stellt ein allgemeines Verfassungsprinzip dar. Der Bürger darf durch belastende behördliche Maßnahmen nur im jeweils geringstmöglichen Maße in seinen Freiheitsrechten beeinträchtigt werden. Bildlich gesprochen gilt das Prinzip: „Nicht mit Kanonen auf Spatzen schießen!" Dies bedeutet, dass hier eine Zweck-Mittel-Abwägung getroffen werden muss. Der Grundsatz der Verhältnismäßigkeit ist in einzelnen Gesetzen verankert, vgl. § 4 Abs. 1 und 2 Nds. SOG/ § 5 Abs. 1 und 2 SOG LSA. Aus diesen Rechtsnormen lassen sich drei tatbestandliche Anforderungen an behördliche Maßnahmen ableiten:

Grundsatz der Verhältnismäßigkeit

ÜBERSICHT 11 

Geeignetheit	Erforderlichkeit	Angemessenheit
Das vorgesehene Mittel **erreicht oder fördert** zumindest den angestrebten Zweck.	Dasjenige geeignete Mittel, welches für den Einzelnen und die Allgemeinheit die **geringstmögliche Rechtsbeeinträchtigung** zur Folge hat.	Der Nachteil, der mit dem Mittel für den Betroffenen verbunden ist, steht **nicht in einem erkennbaren Missverhältnis** zu dem beabsichtigten Erfolg.

Mastino Napolitano

FALL 15

Dem Hundehalter Ernst Wulfert gehört ein ausgewachsener „Kampfhund" der Rasse Mastino Napolitano, der sich in der Vergangenheit als sehr aggressiv erwiesen hat. Er hat bereits dreimal Passanten aggressiv bedrängt; nur durch glückliche Umstände wurden diese nicht verletzt. Die Nachbarn haben die zuständige Behörde darauf hingewiesen, dass Wulfert den Hund im Garten frei herumlaufen lässt und auch bei Spaziergängen nicht anleint, was der Halter auch bestätigt. Er meint, er habe den Hund ausreichend unter Kontrolle.

Hinweis: Eine Gefahrenabwehrverordnung (Gefahrhundeverordnung) wurde nicht erlassen.

Die Behörde erwägt daraufhin folgende Maßnahmen:

1. Wegnahme des Hundes und Unterbringung im städtischen Tierheim
2. Verpflichtung des Hundehalters, den Hund auf dem Grundstück an einer langen Laufkette zu halten, ihn außerhalb des Grundstücks anzuleinen und ihn mit einem Beißkorb zu sichern
3. Verpflichtung des Hundehalters, den Hund auf dem Grundstück im Zwinger zu halten, verbunden mit dem Verbot, das Grundstück mit dem Hund zu verlassen
4. Festsetzung eines Bußgeldes
5. Errichtung einer zwei Meter hohen Mauer um das Grundstück
6. Einschläfern des Hundes

Aufgabe: Beantworten Sie folgende Fragen.

Fragen	Antwort
1. a) Welche der dargestellten Maßnahmen sind geeignet, dazu beizutragen, die von dem Hund ausgehende Gefahr zu beseitigen? b) Kann die Festsetzung eines Bußgeldes ein geeignetes Mittel zur Abwehr gegenwärtiger und zukünftiger Gefahren sein?	1, 2, 3, 6
2. Welche der geeigneten Maßnahmen entspricht dem Grundsatz der Erforderlichkeit?	2
3. Welche geeignete und erforderliche Maßnahme ist auch angemessen, also verhältnismäßig im engeren Sinne?	2

BASISTEXT **Zusicherung**

§ 38 Abs. 1 VwVfG definiert die Zusicherung als Zusage auf den Erlass eines bestimmten Verwaltungsakts. Die Zusicherung stellt selbst einen Verwaltungsakt dar mit dem Verpflichtungswillen der Behörde, einen späteren Verwaltungsakt zu erlassen bzw. zu unterlassen. Damit soll dem Adressaten über das zukünftige Verhalten der Behörde Gewissheit verschafft werden. Liegt begrifflich eine Zusicherung - und keine bloße Auskunft – vor, kommt es darauf an, ob sie wirksam ist.

FALL 16 **Neue Arbeitsplätze**

Die Stadt Lüneburg verhandelt mit dem Unternehmer Kurt Ragölsen, der Kunststofffenster herstellt und im städtischen Gewerbegebiet eine neue Produktionshalle errichten möchte, in der 22 neue Arbeitsplätze entstehen sollen. Um die Investition zu erleichtern, fasst der Stadtrat folgenden Beschluss, den der Bürgermeister dem Ragölsen schriftlich bekannt gibt: „Die Stadt Lüneburg ist bereit, auf den einmaligen Kanalanschlussbeitrag, den Herr Kurt Ragölsen nach Errichtung des Betriebsgebäudes nach der städtischen Satzung zahlen muss, zu verzichten."

Aufgabe: Untersuchen Sie anhand der nachfolgenden Prüfungsschritte, ob eine wirksame Zusicherung vorliegt.

Zusicherung **PRÜFUNGSSCHRITTE 3**

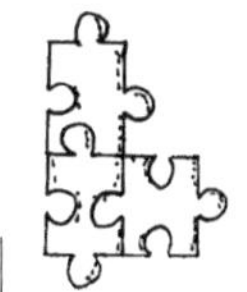

Arbeitsschritte	Antwort
1. Die Zusicherung ist von der **zuständigen Behörde** gegeben (§ 38 Abs. 1 S. 1 VwVfG).	
2. Sie ist **schriftlich** erteilt worden (§ 38 Abs. 1 S. 1 VwVfG).	
3. Sie ist **nicht nichtig** (§§ 38 Abs. 2, 44 VwVfG).	
4. Die **Sach- oder Rechtslage** hat sich seit der Abgabe der Zusicherung nicht wesentlich geändert.	

06 Nebenbestimmungen des Verwaltungsaktes

FALL 17 Der Unterrichtungsnachweis

Gerda Hochstedt, wohnhaft in der Landeshauptstadt Hannover, beabsichtigt, eine Schank- und Speisewirtschaft in der Nähe der Herrenhäuser Gärten zu eröffnen. Die notwendigen Unterlagen – mit Ausnahme des nach § 4 Abs. 1 Nr. 4 GastG erforderlichen Unterrichtungsnachweises – wurden vorgelegt. Die Prüfung des Antrages ist abgeschlossen. Die vorgesehenen Räumlichkeiten sind geeignet. Bedenken gegen die Zuverlässigkeit der Antragstellerin bestehen nicht. Auch haben die beteiligten Fachdienststellen dem Vorhaben zugestimmt. Es bestehen damit keine grundsätzlichen Bedenken gegen die Erlaubniserteilung. Nunmehr überlegt die Ordnungsverwaltung, ob das noch vorhandene Genehmigungshindernis - der fehlende Unterrichtungsnachweis - durch Beifügung einer Nebenbestimmung ausgeräumt werden könnte.

Aufgabe: Prüfen Sie, ob hier die Beifügung einer Nebenbestimmung rechtlich zulässig wäre. Formelle Aspekte sind nicht zu thematisieren.

Arbeitsschritte	Lösung
1. Rechtsgrundlage 2. Materielle Rechtmäßigkeit • Tatbestand • Rechtsfolge 3. Entscheidung	

Funktionen der Nebenbestimmungen

Nebenbestimmungen sind Zusätze zur Hauptregelung des Verwaltungsaktes. Sie haben einen eigenen Regelungsgehalt, der mit dem Verwaltungsakt in einem inneren Zusammenhang steht. Sie schränken die Hauptregelung sachlich oder/und zeitlich ein; m.a.W. sie beziehen sich nur auf einzelne offene Fragen eines Verwaltungsakts und setzen eine Entscheidung im Sinne der (Haupt-)Regelung des Verfahrensgegenstandes voraus.

Bei einem begünstigenden VA bedeutet dies, dem Antragsteller wird weniger gewährt als er beantragt hat. Gerade im Bereich der sog. „Erlaubnisverwaltung" (z. B. gewerberechtliche und baurechtliche Erlaubnisse) kommt der Nebenbestimmung eine erhebliche Bedeutung zu. Ihr Einsatz bietet für die Verwaltungspraxis die Chance, differenzierend zu handeln. Die Verwaltung ist nicht auf die beiden starren Entscheidungsalternativen

- Erlaubnis**erteilung** (beim Vorliegen der gesetzlichen Voraussetzungen)
- Erlaubnis**versagung** (beim Fehlen einzelner Erlaubnisvoraussetzungen)

beschränkt.

Nebenbestimmungen dienen hier dazu, Genehmigungshindernisse auszuräumen. Zudem können Nebenbestimmungen sicherstellen, dass die behördlich erlaubte Tätigkeit in Übereinstimmung mit der Rechtsordnung ausgeführt wird.
Dem Vorteil des flexiblen Verwaltungshandelns steht aber die Gefahr gegenüber, dass der Einsatz dieses Instruments zu einer zu weitgehenden Bevormundung der Bürger führt. In jedem Falle bedarf die Anordnung einer Nebenbestimmung einer Rechtsgrundlage (Grundsatz des Vorbehalts des Gesetzes). Diese findet sich entweder im **Spezialgesetz** (z. B.: § 5 GastG; § 12 Abs. 1 BImSchG; § 19 Abs. 1 S. 2 WHG) oder aber in **§ 36 VwVfG**.

Abzugrenzen sind die Nebenstimmungen von

1. dem bloßen **Hinweis auf die Rechtslage**
   Hier handelt es sich lediglich um Informationen der Verwaltung über die Rechtslage. Da sich die rechtlichen Wirkungen bereits zwingend aus der gesetzlichen Vorgabe ergeben, hat der Hinweis auf die Rechtslage keinen eigenständigen Regelungsgehalt. Beispiel: § 77 NBauO (zeitliche Begrenzung der Geltungsdauer einer Baugenehmigung)
2. der **Inhaltsbestimmung bzw. Inhaltsbeschränkung**
   Hier erfolgt die nähere inhaltliche Bestimmung der Hauptregelung. Denkbar ist die Konkretisierung der Hauptregelung.

Beispiele:

1. In der Gaststättenerlaubnis sind die Betriebsart und die vorgesehenen Betriebs räume festzulegen (§ 3 GastG) oder die nur eingeschränkte Erlaubnis.
2. Statt der beantragten Schank- und Speisewirtschaft wird lediglich eine Schankwirtschaft erlaubt.

Einen Sonderfall stellt die sog. **modifizierende Auflage** dar. Bewegt sich die eingeschränkte Erlaubnis - wie zuvor dargestellt - noch im Rahmen des vorgegebenen Antrages, so wird hier etwas ganz bzw. teilweise anderes genehmigt.

Beispiel:

Statt des beantragten Baus eines Bungalows genehmigt die Behörde den Bau eines Wohnhauses mit Walmdach.

Die Abgrenzung der einzelnen „Spielarten" der Inhaltsbestimmung/ -begrenzung mag im Einzelfall schwierig sein, gemeinsam ist ihnen, dass es sich um unselbständige Regelungen handelt, die untrennbar mit der Erlaubnis zusammenhängen.

Arten der Nebenbestimmungen

ÜBUNG 68

Nennen Sie die Nebenstimmungen mit ihren Rechtsgrundlagen.

Nebenbestimmungen zum Verwaltungsakt

Begriff	Rechtsgrundlage

ÜBUNG 69

Kennzeichnen Sie in der folgenden Darstellung die Nebenbestimmungen. Überprüfen Sie das Ergebnis anhand des § 36 Abs. 2 VwVfG.

Nebenbestimmungen?			
Kostenentscheidung	Auflage	Erlaubnis	Auflagenvorbehalt
Befristung	modifizierende Auflage		Widerrufsvorbehalt
Inhaltsbeschränkung	Anordnung der sofortigen Vollziehung		Widerruf
Erlaubnis	Bedingung		Hinweis auf die Rechtslage
	Zwangsmittelandrohung		

Wohnhaus in Dörverden — FALL 18

Mit Bescheid vom 17.6. erteilte die zuständige Behörde Ines Clausen die Genehmigung zur Errichtung eines Wohnhauses in Dörverden (Landkreis Verden/ Aller). Der Brief wurde als Einschreiben am 19.6. zur Post gegeben. Die Genehmigung enthielt die Auflage, das Baugrundstück zur Straße hin lückenlos einzufriedigen.

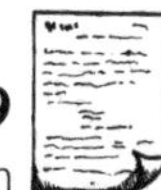

Verdener Domfestspiele — FALL 19

Gastwirt Dittrich beabsichtigt, anlässlich der „Verdener Domfestspiele" in der Zeit vom 17. Juni bis zum 27. Juni auf dem öffentlichen Fußweg vor seiner Gastwirtschaft ein „kleines Straßencafe" aufzubauen. Mit Bescheid vom 3.6. wurde ihm erlaubt, ein Straßencafe einzurichten. Die Erlaubnis wurde für die Zeit vom 21. bis 27. Juni befristet. Der Genehmigungsbescheid war von der Behörde am 7.6. zur Post gegeben worden (sog. einfacher Brief).

ÜBUNG 70

Geben Sie auf der Zeitachse an, wann die jeweilige Regelung wirksam geworden ist.

Wohnhaus in Dörverden

Zeitachse 1.6. ——————————————▶ 30.6.

Verdener Domfestspiele

Juni					
Woche	**23**	**24**	**25**	**26**	**27**
Montag	1	8	15	22	29
Dienstag	2	9	16	23	30
Mittwoch	3	10	17	24	
Donnerstag	4	11	18	25	
Freitag	5	12	19	26	
Samstag	6	13	20	27	
Sonntag	**7**	**14**	**21**	**28**	

ÜBUNG 71

Geben Sie bei den nachfolgenden Beispielen den Rechtscharakter der jeweiligen Maßgabe an.

Beispiele:

1. Peter Sander sammelt gebrauchsfähige Waffen. Er erhält eine Waffenbesitzkarte mit der Maßgabe, dass er die Waffen in einem einbruchssicheren Schrank aufzubewahren habe.

Antwort: ______________________________

2. Rudolf Klausen erhält am 17. Mai die Fahrerlaubnis und damit die Berechtigung, ein Fahrzeug zu führen. In der Fahrerlaubnis ist der Hinweis: „Klasse B“ aufgenommen worden.

Antwort: ______________________________

3. Der Bäcker Ingo Meier will auf dem Fußweg vor seinem Geschäft Tisch und Stühle aufstellen. Die Ausnahmegenehmigung nach § 46 StVO wird mit folgender Maßgabe erlassen: „Die Erlaubnis wird zurückgenommen, wenn damit begonnen wird, die Bremer Straße auszubauen."

Antwort: ______________________________

4. Gestützt auf § 11 GastG erhält Sabine Sauer die vorläufige Gaststättenerlaubnis zum Betrieb einer Schankwirtschaft. Die Gültigkeitsdauer der Erlaubnis wird auf drei Monate begrenzt.

Antwort: ______________________________

5. Die Baugenehmigung enthält folgenden Zusatz: „(....) unter der Voraussetzung, dass der Eigentümer des Nachbargrundstücks - Bezeichnung ... - eine Wegebaulast eintragen lässt, darf mit dem Bauvorhaben begonnen werden."

Antwort: ______________________________

6. Die Gaststättenerlaubnis wird unter dem Vorbehalt der nachträglichen Ergänzung von Lärmschutzanordnungen erlassen.

Antwort: ______________________________

7. Der Spediteur Ludwig Ulrich beantragt die Erlaubnis für einen Transport mit einem LKW mit „Überbreite" gemäß § 29 StVO für kommenden Montag in der Zeit von 9.00 – 12.00 Uhr auf der Hauptstraße. Die Erlaubnis wird erteilt für die Zeit von 6.00 – 9.00 Uhr und die weniger befahrene Sulinger Straße.

Antwort: ______________________________

8. Der Autofahrer Helmut Klein besitzt eine Fahrerlaubnis mit folgender Eintragung: „Der Fahrerlaubnisinhaber muss beim Führen eines Kraftfahrzeuges eine vom Arzt verordnete, die Sehschärfe ausreichend korrigierende Sehhilfe tragen."

Antwort: ______________________________

ÜBERSICHT 12 Abgrenzung: Auflage und Bedingung

ÜBUNG 72

Ordnen Sie die nachfolgenden Textteile zu:
bei begünstigenden und belastenden Verwaltungsakten/ Nein/ nicht betroffen/ Ja (Zwangsmittelanwendung)/ nur bei begünstigenden Verwaltungsakten/ betroffen.

Merkmale	Auflage	Bedingung
1. Rechtsqualität der Hauptregelung	Eigenständiger Verwaltungsakt	Bestandteil der Hauptregelung
2. Die Wirksamkeit der Hauptregelung ist		
3. Art der Hauptregelung		
4. Durchsetzbarkeit		

ÜBUNG 73

1. Bestimmen Sie die beiden Fallgruppen der Bedingung und nennen Sie ferner jeweils ein Beispiel.
2. Nennen Sie Auswirkungen für die Wirksamkeit der jeweiligen Hauptregelung.

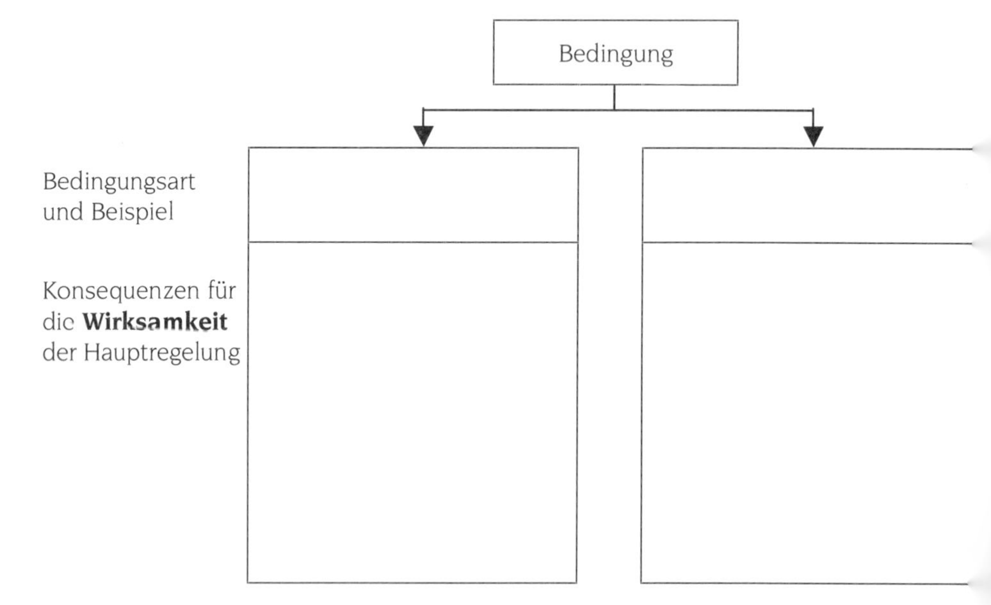

Rechtmäßigkeit der Nebenbestimmung

Die Frage nach der Rechtmäßigkeit einer Nebenbestimmung kann bei zwei grundlegenden Fallgestaltungen auftauchen:

1. **Erstentscheidung:** Eine Nebenbestimmung soll einem Verwaltungsakt beigefügt werden bzw. sie soll nachträglich angeordnet werden.

2. **Kontrollentscheidung:** Eine vorhandene Nebenbestimmung soll auf ihre Rechtmäßigkeit hin untersucht werden.

Die **Entscheidung** (III), ob die Anordnung einer Nebenbestimmung rechtmäßig ist, erfordert die Beachtung verschiedener rechtlicher Aspekte.

Zunächst ist zu untersuchen, ob überhaupt eine **Nebenbestimmung** vorliegt (1). Hier erfolgt einerseits die Abgrenzung zur Inhaltsbestimmung/-beschränkung und andererseits zum Hinweis auf die Rechtslage.

Sodann ist die **Art der Nebenbestimmung** (2) zu bestimmen. Hat die Behörde es versäumt, die Nebenbestimmung zutreffend zu bezeichnen, so ist die maßgebliche Art durch Auslegung zu ermitteln. Einen ersten Hinweis bietet hier die von der Behörde gewählte Bezeichnung. Es handelt sich aber nur um einen ersten Anhaltspunkt. Eine fehlerhafte Bezeichnung verwandelt z. B. nicht eine Auflage in eine Bedingung. Erhebliche Bedeutung kommt bei der Auslegung dem Willen der Behörde zu. Die Rechtsprechung hat diesen Ansatz aber dahingehend konkretisiert, dass zu berücksichtigen ist, wie der Empfänger aus seiner Sicht die Erklärung der Behörde bei objektiver, verständiger Würdigung aller ihm erkennbaren Umstände nach Treu und Glauben verstehen durfte (objektiver Erklärungswert vom Standpunkt des Empfängers). Mangelnde Klarheit geht damit zu Lasten der Behörde. Als weiteres Indiz ist anzunehmen, dass die Behörde nur eine gesetzlich zulässige Nebenbestimmung anordnen wollte. Bei Handlungsalternativen ist positiv zu unterstellen, dass die Behörde dem Verwaltungsakt nur eine rechtmäßige Nebenbestimmung beifügen wollte.

Konsequenzen für Ihre Anwendung in der Verwaltungspraxis:

1. Überlegen Sie als Verwaltungspraktiker genau, welches Ergebnis Sie erreichen wollen.
2. Formulieren Sie die Nebenbestimmung sodann präzise.

Nicht verwechselt werden dürfen aber die Prüfbereiche „Bestimmung der Art der Nebenbestimmung" und „Klärung der Rechtmäßigkeit". Die Bestimmung der Art der Nebenbestimmung durch Auslegung dient nicht dazu, eine möglicherweise rechtswidrige Nebenbestimmung umzudeuten.

Ist die **Vorprüfung** (1) abgeschlossen, so beginnt die „eigentliche Arbeit". Nun ist die **Rechtmäßigkeit der Nebenbestimmung** (II) zu untersuchen. Der Grundsatz der Gesetzmäßigkeit des Verwaltungshandelns fordert die Bestimmung der **Ermächtigungsgrundlage** (2). Diese kann sich ergeben aus

- **einer spezialgesetzlichen Vorschrift** (2.1)
  Beispiele:
  § 15 Abs. 3 PBefG; §§ 33 a, c, i, 34 ff. GewO; § 18 Abs. 2 NStrG,
  § 8 Abs. 2 HandWO; § 17 BImSchG)
  oder aus
- **§ 36 VwVfG** (2.2).

In einigen wenigen Fällen scheitert die Rechtmäßigkeit einer Nebenbestimmung aber bereits am **gesetzlichen Ausschluss** (bestimmter) Nebenbestimmungen (1). So ist z. B. die Aufenthaltsberechtigung bedingungs- und auflagenfeindlich (§ 27 Abs. 1 S. 2 AuslG); § 15 Abs. 4 PBefG bestimmt, dass entsprechende Genehmigungen nicht mit dem Vorbehalt des Widerrufs erteilt werden dürfen. Bei Prüfungsentscheidungen und Beamtenernennungen ergibt sich bereits aus dem Wesen der Hauptregelung, dass sie grundsätzlich nicht mit einer Nebenbestimmung verknüpft werden dürfen.

Konnte die Ermächtigungsgrundlage bestimmt werden, so ist die **formelle Rechtmäßigkeit** (3) zu klären. Erörterungsbedürftig können die Komplexe **„Zuständigkeit"** (3.1), **„Form"** (3.2), z. B. Begründungsgebot, und das **„Verfahren"** (3.3), z. B. Anhörungsgebot sein. Bei der Prüfung der **materiellen Rechtmäßigkeit** (4) wird herausgearbeitet, ob die **tatbestandlichen Voraussetzungen der spezialgesetzlichen Ermächtigungsgrundlage** (4.1) – soweit vorhanden – oder des § 36 VwVfG (4.2) gegeben sind.

Soweit das VwVfG Anwendung findet ist zu unterscheiden, ob die Hauptregelung eine **Entscheidung der gebundenen Verwaltung** (4.2.1) oder der **Ermessensverwaltung** (4.2.2) darstellt. Im Bereich der gebundenen Verwaltung darf eine Nebenbestimmung nur beigefügt werden, wenn dies **ausdrücklich gesetzlich vorgesehen** (4.2.1.1) ist (§ 36 Abs. 1 Alt. 1. VwVfG) oder aber der **Ausräumung von Versagungsgründen** (4.2.1.2) dient (§ 36 Abs. 1 Alt. 2.VwVfG). Der ersten Alternative kommt kaum praktische Bedeutung zu, stellen gesetzlich zugelassenen Nebenbestimmungen doch spezialgesetzliche Ermächtigungen dar. Nicht zulässig ist es aber, wesentliche Genehmigungsvoraussetzungen durch Nebenbestimmungen zu sichern.
Bei Ermessensentscheidungen ist die Beifügung von Nebenbestimmungen grundsätzlich zulässig (§ 36 Abs. 2 VwVfG).

Ausdrücklich bestimmt § 36 Abs. 3 VwVfG das **Verbot der Zweckwidrigkeit** (4.3) der Nebenbestimmung. Die Nebenbestimmung darf dem Zweck der Hauptregelung nicht zuwiderlaufen, d. h. sie muss sachgerecht und sachbezogen sein.
Abschließend sind die **„sonstigen Rechtmäßigkeitsvoraussetzungen"** (4.4) zu beachten (z. B. Bestimmtheitsgebot/ § 37 Abs. 2 VwVfG; ggfs. Verhältnismäßigkeitsgrundsatz; Grundsätze der Ermessensausübung).

ÜBUNG 74

Formulieren Sie die Prüfungsschritte zur Zulässigkeit einer Nebenbestimmung.

PRÜFUNGSSCHRITTE 4

Zulässigkeit der Nebenbestimmung
I.
1.
2.
II.
1.
2.
2.1
oder
2.2
3.
3.1
3.2
3.3
4.
4.1
oder
4.2
4.2.1
4.2.1.1
oder
4.2.1.2
oder
4.2.2
4.3
4.4
III.

BASISTEXT **Notwendigkeit der Abgrenzung**

Die Abgrenzung der einzelnen Arten der Nebenbestimmungen ist nicht immer einfach. Sie ist aber notwendig, da sich mitunter recht unterschiedliche Folgen ergeben. So hat die zuständige Verwaltungsbehörde bei der Auswahl der Nebenbestimmung folgende Gesichtspunkte zu berücksichtigen:

- Kann die Durchsetzung der Nebenbestimmung erzwungen werden?

  Die Auflage ist mit Zwangsmitteln durchsetzbar; ferner kann der Hauptverwaltungsakt u. U. aufgehoben werden (§ 49 Abs. 2 Nr. 2 VwVfG; § 15 Abs. 3 Nr.2 GastG). Die Bedingung dagegen ist nicht durchsetzbar.

Merke:

Die Bedingung suspendiert, zwingt aber nicht. Die Auflage zwingt, suspendiert aber nicht.

- Hängt das Ende der Wirksamkeit des Verwaltungsakts von dem Erlass eines weiteren Verwaltungsakts ab?

  Der Widerrufsvorbehalt fordert einen entsprechenden Widerrufsbescheid, soll der zugrunde liegende Verwaltungsakt beseitigt werden. Bei einem Verwaltungsakt, dem eine auflösende Bedingung beigefügt wurde, verliert dieser dagegen - mit Eintritt des bestimmten zukünftigen Ereignisses - seine Wirksamkeit. Hier ist eine weitere Aktivität der Behörde nicht notwendig.

- Berührt die Nebenbestimmung die Wirksamkeit der Hauptregelung?

- Welche Rechtmäßigkeitsvoraussetzungen greifen ein?

  Auch die Rechtmäßigkeit einer Nebenbestimmung hängt von der Art der Nebenbestimmung ab. So ist beispielsweise unter dem Gesichtspunkt des Grundsatzes der Verhältnismäßigkeit die am wenigsten belastende Nebenbestimmung auszusuchen. Mitunter werden einzelne bestimmte Nebenbestimmungen gesetzlich ausgeschlossen (z. B. § 15 Abs. 4 PBefG), oder es ergibt für einzelne Nebenbestimmungen spezialgesetzliche Ermächtigungsgrundlagen (z. B. § 5 GastG).

07 Fehler des Verwaltungsaktes

Der fehlerhafte Verwaltungsakt **BASISTEXT**

„Irren ist menschlich" sagt der Volksmund. Auch beim Erlass von Verwaltungsakten durch Mitarbeiter der Verwaltung bleiben Fehler nicht aus.
Wenn Bürger und Verwaltung sich in solchen Fällen darüber streiten, ob die Verwaltung z. B. einschreiten darf oder durfte, stehen i. d. R. zwei Fragen im Raum:

1. Ist der Verwaltungsakt fehlerhaft?

Fehler eines Verwaltungsaktes können sich als **Rechtsfehler** oder als **sonstige Fehler** darstellen. Je nach Ausgestaltung sind auch die Fehlerfolgen unterschiedlich. Kriterium für die Bewertung von Fehlern des Verwaltungsaktes ist der Grundsatz der Gesetzmäßigkeit der Verwaltung gem. Art. 20 Abs. 3 GG (Vorbehalt und Vorrang des Gesetzes). Alle Rechtsfehler lassen sich damit als Verstoß gegen das Prinzip der Gesetzmäßigkeit der Verwaltung darstellen. Entscheidend ist, ob der Verwaltungsakt mit der Rechtsordnung im Einklang steht, möglicherweise auch aufgrund anderer Tatsachen oder Gesichtspunkte als derjenigen, die die Behörde angenommen hat.

Rechtswidrigkeit des Verwaltungsaktes

Ein Verwaltungsakt ist rechtswidrig, wenn das geltende **Recht unrichtig angewandt** oder bei der Entscheidung von einem **unrichtigen Sachverhalt** ausgegangen worden ist.

Es kommt nur auf objektive Kriterien an, nicht darauf, was die Behörde subjektiv für rechtens hielt. Der Fallbearbeiter überprüft eigenverantwortlich die objektive Rechtslage und entscheidet darüber.

2. Welche rechtlichen Konsequenzen hat ein fehlerhafter Verwaltungsakt?

	Fehlerhafte Verwaltungsakte und ihre Folgen					
	VA rechtmäßig (Sonstige Fehler)				VA rechtswidrig (Rechtsfehler)	
Fehlertypen	VA offenbar unrichtig	Fehlende oder fehlerhafte RBB	Unzweckmäßige Ermessensausübung	Verstoß gegen nicht zwingende Verfahrensvorschriften	Schlichte Rechtsfehler	Besonders schwerwiegende Fehler
Fehlerfolgen	Berichtigung	Jahresfrist für Einlegung des Widerspr.	Abänderung der Erlass-/ Widerspruchs-Behörde	Keine Folgen	Aufhebbar; aber §§ 45, 46 VwVfG	nichtig

 **ÜBERSICHT 13** **Fehlerarten und Fehlerfolgen**

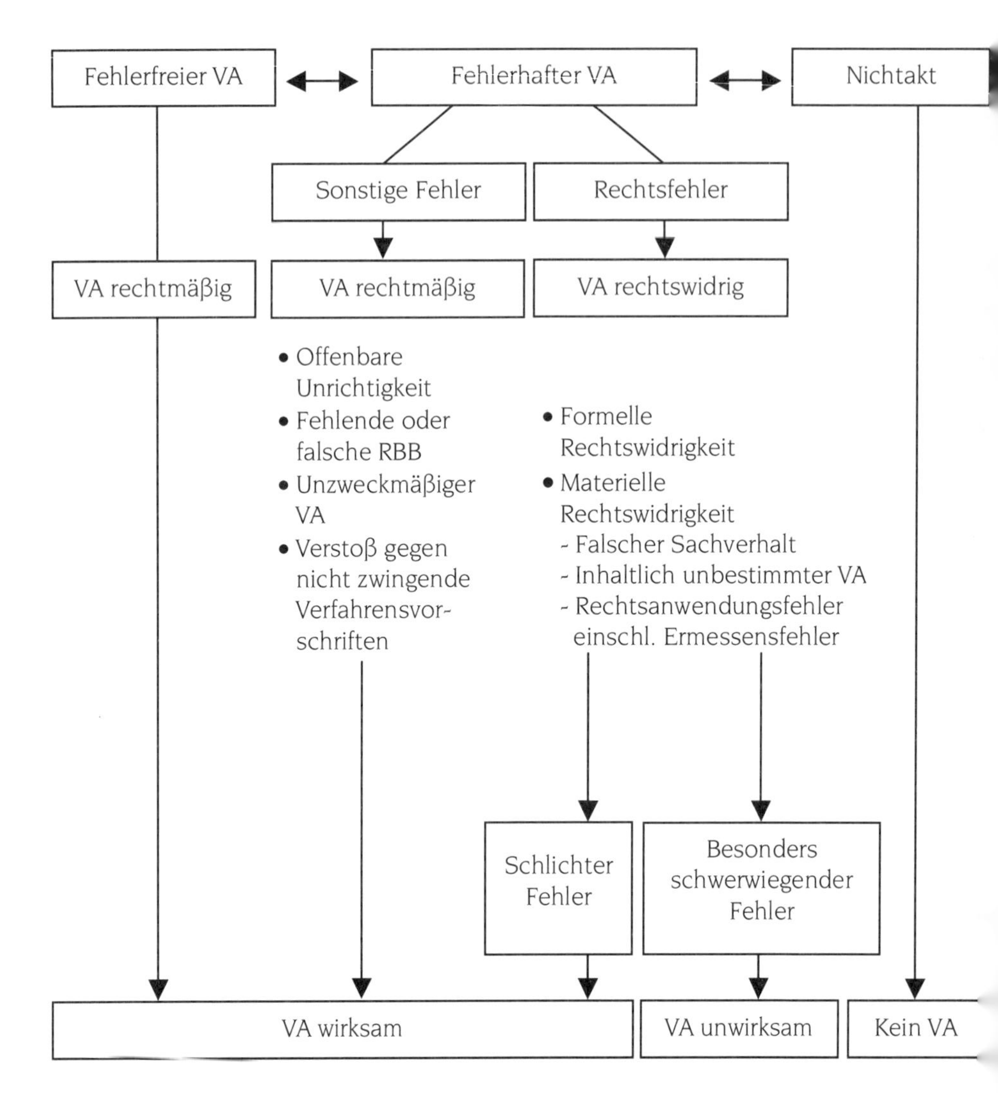

Übung 75

Überprüfen Sie die Fehlerhaftigkeit der Verwaltungsakte und deren Folgen.

Beispiel	Fehlerarten	Fehlerfolgen
1. Herr Bonker soll laut Bescheid des Landkreises Hildesheim eine Abfallentsorgungsgebühr von 275,- EUR für sein Einfamilienhaus (Vier-Personen-Haushalt) bezahlen. Seine beiden Kinder sind aber bereits im Vorjahr ausgezogen und bei der Gemeinde abgemeldet.		
2. Die zuständige Behörde hat einen Gebrauchtwagenhandel „wegen fehlender Erlaubnis" gem. § 15 Abs. 2 GewO untersagt.		
3. Der Bürgermeister der kreisangehörigen Gemeinde Welfental, die nicht Bauaufsichtsbehörde ist, erlässt gegen den Bauherrn eines Schwarzbaues eine Stilllegungsverfügung.		
4. Der Widerruf einer Gaststättenerlaubnis beschränkt sich auf den Satz „Hiermit widerrufe ich die Ihnen am 15.2. ... erteilte Erlaubnis zum Betrieb der Gaststätte „Herz Dame" in Bad Muskau, Weinstrasse 15."		
5. Die Stadt Halle erlässt gegenüber Hans Wolther eine gewerberechtliche Untersagungsverfügung, die keine Rechtsbehelfsbelehrung enthält.		

Beispiel	Fehlerarten	Fehlerfolgen
6. Nachdem Gastwirt Ganse eine Auflage zum Umbau der Außentür seiner Gaststätte nicht befolgt hat, widerruft die zuständige Ordnungsbehörde die Gaststättenerlaubnis gem. § 15 Abs. 3 Nr. 2 GastG.		
7. Hans May beantragt eine Baugenehmigung für das Flurstück 113 der Flur 8 in Scharnhorst. Statt dessen erhält er von der zuständigen Baugenehmigungsbehörde eine Baugenehmigung auf dem „Flurstück 131 der Flur 8 in der Gemeinde Scharnhorst".		
8. Im Verfahren zur Untersagung der Fortführung des Gewerbebetriebes hat der Landkreis Hannover entgegen § 35 Abs. 4 GewO die Industrie- und Handelskammer nicht beteiligt.		
9. Die Stadt Hameln erlässt gegen den Bauherrn Behrends eine baurechtliche Stilllegungsverfügung und stützt diese auf die polizeiliche Generalklausel.		

Nichtigkeit des Verwaltungsaktes

Das Interesse an einem geordneten Zusammenleben der Menschen im Rechtsstaat und das Prinzip der Rechtssicherheit gebieten es, dass staatliche Organe und Bürger Gesetze, Verordnungen und Verwaltungsakte befolgen. Das setzt voraus, dass Verwaltungsakte mit dem Zeitpunkt ihrer Bekanntgabe inhaltlich wirksam werden (§ 43 Abs. 1 VwVfG). Gleichwohl kann es Fälle geben, in denen Verwaltungsakte an einem **besonders schwerwiegenden und zugleich offensichtlichen Fehler** leiden, so dass es nicht hinnehmbar ist, dass sie Geltung erlangen. Das Prinzip der materiellen Gerechtigkeit verbietet dann die Wirksamkeit eines solchen fehlerhaften Verwaltungsaktes. In diesen Fällen spricht man von einem **nichtigen Verwaltungsakt**. Dieser ist unwirksam (§ 43 Abs. 3 VwVfG). Ein nichtiger Verwaltungsakt kann von der Verwaltung nicht durchgesetzt werden. Gerichte dürfen ihn nicht beachten. Der Bürger braucht sich nicht danach zu richten.

Generalklausel (§ 44 Abs. 1 VwVfG)

§ 44 Abs. 1 VwVfG verlangt einen besonders schwerwiegenden Fehler. Der liegt vor, wenn der Verwaltungsakt gegen grundlegende Wert- und Zweckvorstellungen der Rechtsordnung verstößt. Dies ist dann der Fall, wenn der Fehler in einem so schwerwiegenden Widerspruch zur geltenden Rechtsordnung steht, dass es unerträglich wäre, wenn der Verwaltungsakt die mit ihm verfolgten Rechtswirkungen erlangen würde. Maßgeblich ist dabei nicht der Verstoß gegen eine bestimmte Norm, sondern gegen die Wertung der Rechtsordnung insgesamt. Es handelt sich hierbei um ein objektives Kriterium. Auf die Wertung des einzelnen Sachbearbeiters kommt es nicht an.
Bei der Subsumtion unter diesen unbestimmten Rechtsbegriff ist der Vergleich mit den Fehlerbewertungen in § 44 Abs. 2 und § 44 Abs. 3 VwVfG hilfreich. Ein Fehler i.S.d. § 44 Abs. 1 VwVfG muss einen ähnlich schwerwiegenden Verstoß beinhalten wie die Fälle des § 44 Abs. 2 VwVfG, z. B.

- nicht heilbare rechtliche Unmöglichkeit
- absolute inhaltliche Unbestimmtheit (§ 37 Abs. 1 VwVfG): Der Verwaltungsakt gibt keinerlei Hinweise, was zu tun ist, und enthält dementsprechend keine Vollstreckungsgrundlage.

Darüber hinaus muss die besonders schwerwiegende Fehlerhaftigkeit des Verwaltungsaktes offensichtlich (evident) sein. Das ist dann der Fall, wenn sie für den unvoreingenommenen (gleichwohl mit den in Betracht kommenden Umständen vertrauten) und verständigen Beobachter (sog. objektiver Durchschnittsbetrachter) ohne weiteres ersichtlich ist, d. h. sich geradezu aufdrängt.

Es kommt nicht auf die subjektiven Vorstellungen des (vielleicht verärgerten) Bürgers oder eines Spezialisten (z. B. eines Juristen) an.
Dieser generelle Ansatz kann Fall bezogen relativiert werden: In komplizierten Fällen muss man auf den mit dem speziellen Recht Vertrauten abstellen. Es sind alle Umstände heranzuziehen, nicht nur die Tatsachen des Verwaltungsaktes selbst (also z. B. auch Insider-Informationen usw.)

Bei der Fallbearbeitung sind zunächst spezialgesetzliche Nichtigkeitsregelungen (z. B. § 11 BBG) zu prüfen. Die Feststellung der Nichtigkeit nach § 44 Abs. 1 VwVfG kann schwierig sein. Deshalb führt das Gesetz Fallgruppen auf, die die Nichtigkeit begründen (§ 44 Abs. 2 VwVfG) bzw. ausschließen (§ 44 Abs. 3 VwVfG).

ÜBUNG 76

Für die Fallbearbeitung bietet § 44 VwVfG eine nützliche Prüfungsfolge an.
Stellen Sie diese fest und begründen Sie Ihr Ergebnis.

PRÜFUNGSSCHRITTE 5 **Nichtigkeit eines Verwaltungsaktes**

1. Spezialgesetzliche Regelung

2. § 44 VwVfG

2.1 Absolute Nichtigkeitsgründe
Positivkatalog § 44 II VwVfG

2.2 Negative Nichtigkeitsgründe
Negativkatalog § 44 III VwVfG

2.3 Generalklausel
§ 44 I VwVfG

Übung 77

Prüfen Sie anhand des § 44 VwVfG die Nichtigkeit der Verwaltungsakte.

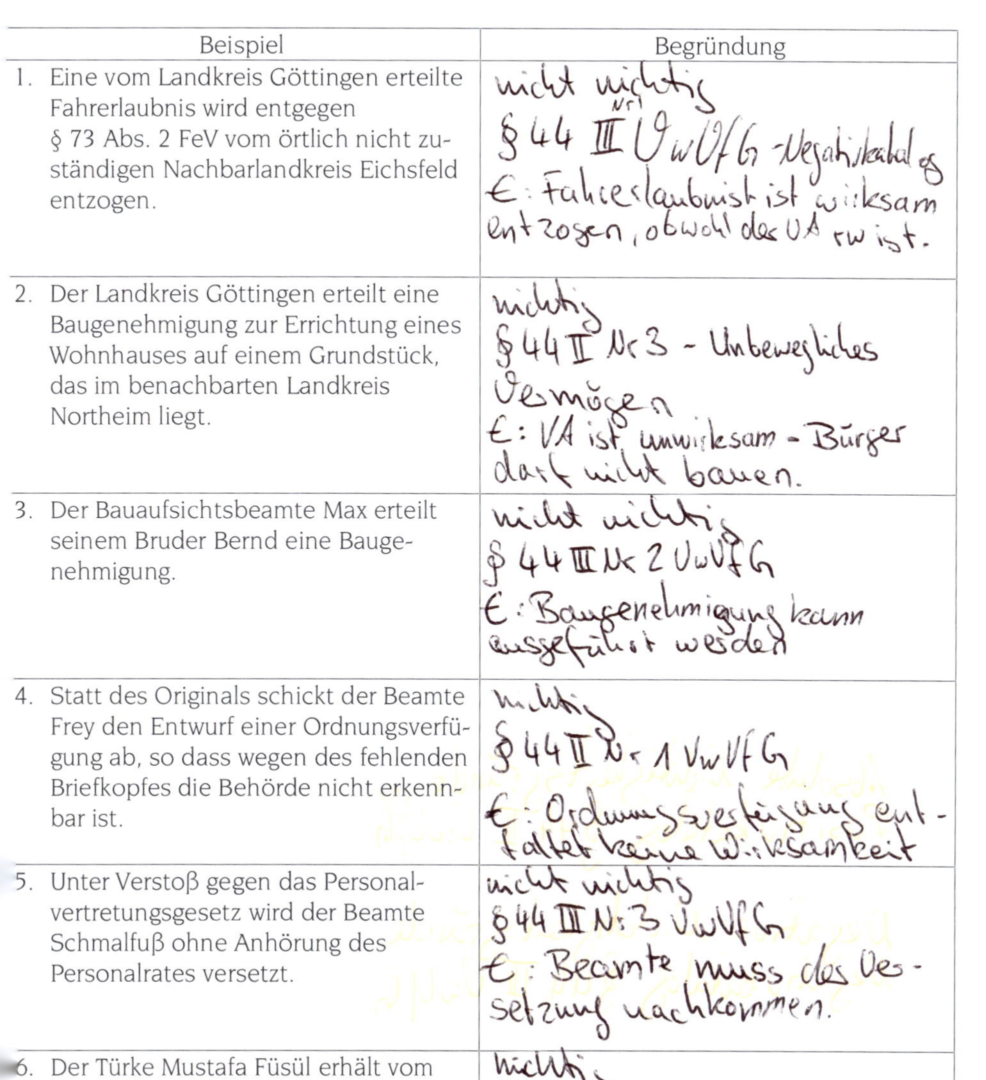

Beispiel	Begründung
1. Eine vom Landkreis Göttingen erteilte Fahrerlaubnis wird entgegen § 73 Abs. 2 FeV vom örtlich nicht zuständigen Nachbarlandkreis Eichsfeld entzogen.	nicht nichtig § 44 III Nr 1 VwVfG - Negativkatalog E: Fahrerlaubnis ist wirksam entzogen, obwohl der VA rw ist.
2. Der Landkreis Göttingen erteilt eine Baugenehmigung zur Errichtung eines Wohnhauses auf einem Grundstück, das im benachbarten Landkreis Northeim liegt.	nichtig § 44 II Nr 3 - Unbewegliches Vermögen E: VA ist unwirksam - Bürger darf nicht bauen.
3. Der Bauaufsichtsbeamte Max erteilt seinem Bruder Bernd eine Baugenehmigung.	nicht nichtig § 44 III Nr 2 VwVfG E: Baugenehmigung kann ausgeführt werden
4. Statt des Originals schickt der Beamte Frey den Entwurf einer Ordnungsverfügung ab, so dass wegen des fehlenden Briefkopfes die Behörde nicht erkennbar ist.	nichtig § 44 II Nr 1 VwVfG E: Ordnungsverfügung entfaltet keine Wirksamkeit
5. Unter Verstoß gegen das Personalvertretungsgesetz wird der Beamte Schmalfuß ohne Anhörung des Personalrates versetzt.	nicht nichtig § 44 III Nr 3 VwVfG E: Beamte muss der Versetzung nachkommen.
6. Der Türke Mustafa Füsül erhält vom zuständigen Landkreis Emsland einen Einbürgerungsbescheid ohne die nach § 16 Abs. 1 S. 1 StAG vorgeschriebene Einbürgerungsurkunde.	nichtig § 44 II Nr 2 VwVfG E: Einbürgerung nicht erfolgt

Beispiel	Begründung
7. Die Gemeinde Scharnhorst ist bei der Erteilung einer Ausnahmegenehmigung des § 31 BauGB nicht beteiligt worden.	
8. Der Beamte Huber im Bauaufsichtsamt des Landkreises erteilt seinem Bruder eine Baugenehmigung, ohne die zuständige Gemeinde gemäß § 36 BauGB zu beteiligen.	
9. Die Bauaufsichtsbehörde verfügt den Abriss eines baufälligen Stalles, der zuvor bereits eingestürzt war.	

Rechtsschutz

Obwohl der nichtige Verwaltungsakt unwirksam ist, der Bürger ihn also nicht befolgen muss, ist er existent und daher „in der Welt". Aus diesem Grunde gewährt das Gesetz verschiedene Rechtsschutzmöglichkeiten:

1. **Anfechtungswiderspruch:** Der nichtige Verwaltungsakt ist zugleich rechtswidrig im Sinne des § 113 Abs. 1 VwGO und daher innerhalb eines Monats nach Bekanntgabe mit dem Widerspruch anfechtbar. Das erübrigt die manchmal schwierige Klärung der Frage, ob der Verwaltungsakt (auch) nichtig ist.

2. **Feststellungsklage gem. § 43 Abs. 1 VwGO**

3. **Antrag bei der Behörde gem. § 44 Abs. 5 VwVfG** auf Feststellung der Nichtigkeit des Verwaltungsaktes. Der Antrag ist nicht fristgebunden.

Heilung und Unbeachtlichkeit von Fehlern **BASISTEXT**

Ein Verwaltungsakt, der unter Verletzung von Verfahrens- und/ oder Formvorschriften zustande kommt, ist rechtswidrig. Ein formell rechtswidriger Verwaltungsakt kann andererseits aber materiell rechtmäßig sein. Es kann damit die Situation eintreten, dass die Behörde bei Beachtung aller Verfahrens- und Formvorschriften einen Verwaltungsakt gleichen Regelungsinhalts zu erlassen hätte. Da dem Verfahrensrecht nur eine Hilfsfunktion zukommt, hat der Gesetzgeber entschieden, dass bestimmte Fehler durch Nachholung der gebotenen Verfahrenshandlung geheilt werden können (§ 45 VwVfG) oder dass (auch ohne Heilung) ihre Aufhebung nicht beansprucht werden kann (§ 46 VwVfG).

Bei der Überprüfung der Fehlerhaftigkeit eines Verwaltungsaktes empfiehlt sich folgende Reihenfolge:

Fehlerprüfung **PRÜFUNGSSCHRITTE 6**

Verwaltungsakt fehlerhaft?	wenn nein:	keine Folgen
wenn ja:		
Sonstiger Fehler?	wenn ja:	Folgen s. Übersicht S. 109
wenn nein:		
Rechtsfehler heilbar?	wenn nein:	Aufhebung des VA, es sei denn § 46 VwVfG
wenn ja:		
Heilung vornehmen		

ÜBUNG 78

Benennen Sie die in § 45 Abs. 1 VwVfG erfassten Verfahrens- und Formfehler.

ÜBERSICHT 14 § 45 VwVfG

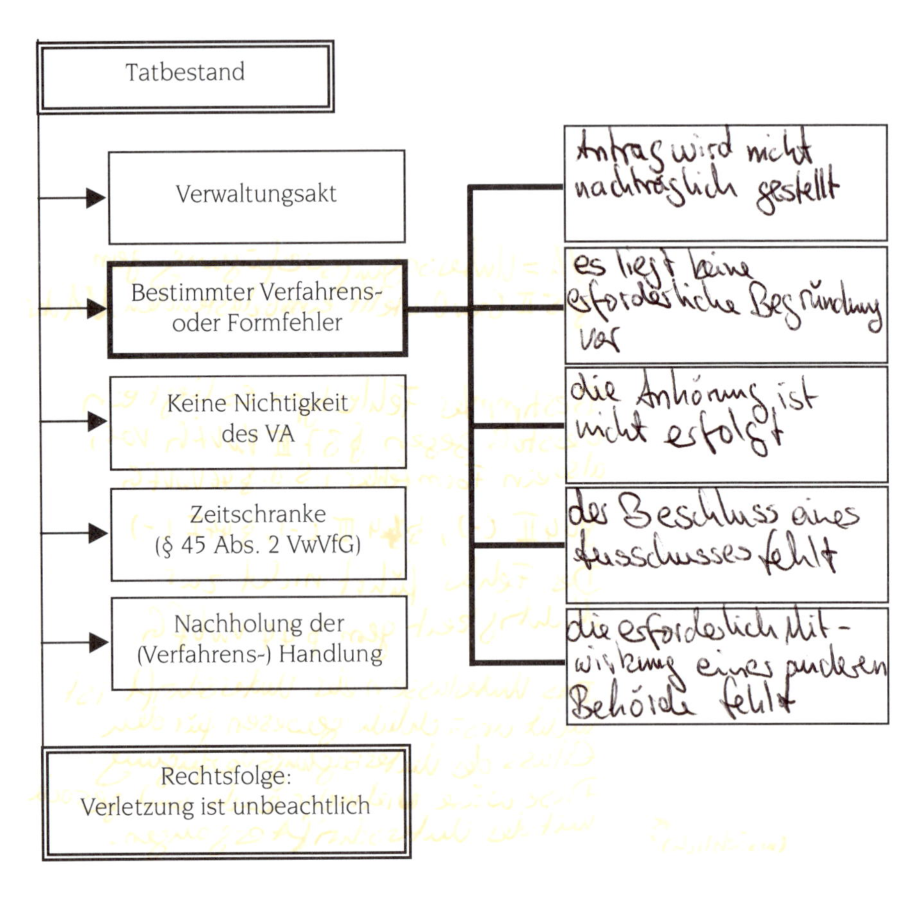

Gastwirt Meier kann´s nicht lassen — FALL 20

Obwohl der zuständige Landkreis Aurich dem Gastwirt Gustav Meier die Gaststättenerlaubnis wirksam entzogen hat, wird dieser hin und wieder „schwach" und öffnet gelegentlich abends das Lokal. Daraufhin erlässt der Landkreis nach erfolgter Anhörung eine Untersagungsverfügung gemäß § 15 Abs. 2 GewO. Der Sachbearbeiter vergisst aber, den Bescheid zu unterschreiben. Meier erhebt zulässigerweise Widerspruch.

Aufgabe: Prüfen Sie, ob § 46 VwVfG erfüllt ist.

§ 46 VwVfG — ÜBERSICHT 15

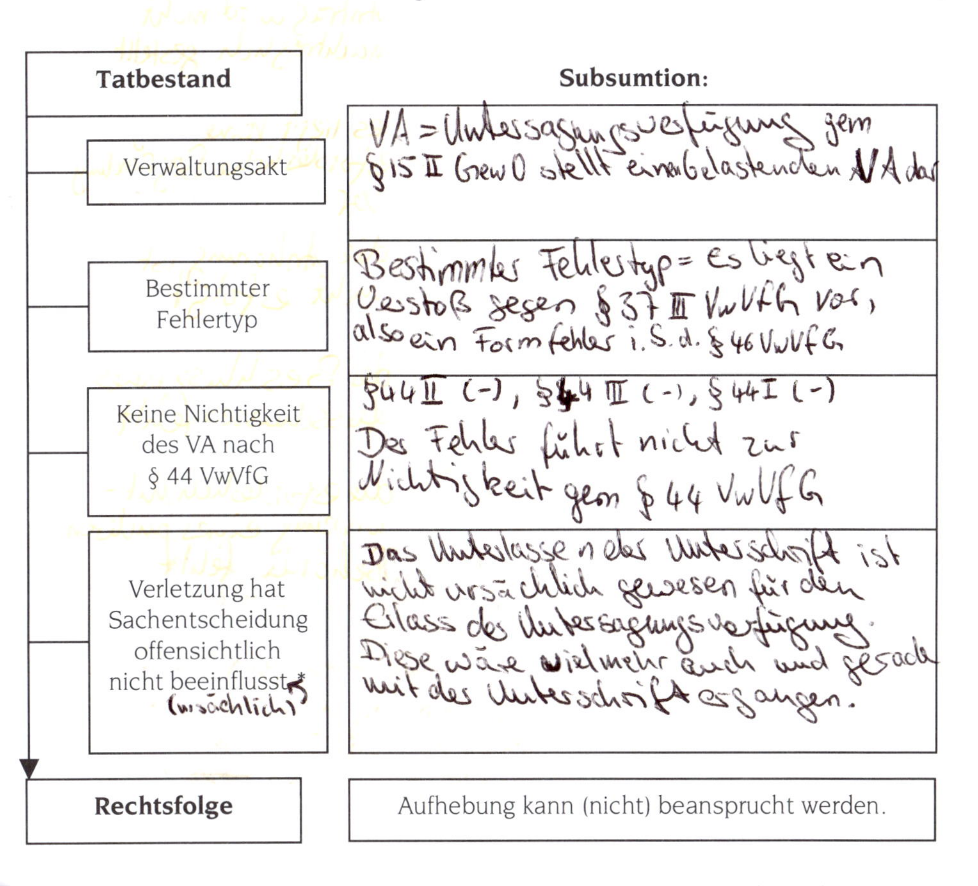

* Entscheidend ist, dass keine Zweifel darüber bestehen, dass der Fehler auf den Inhalt der Sachentscheidung (Regelung des VA) offensichtlich keinerlei Einfluss gehabt hat, egal ob gebundene oder Ermessensverwaltung vorliegt (offensichtlich fehlende Kausalität).

FALL 21 Verdorbenes Fleisch

Gastwirt Willi Wampe führt mit ordnungsgemäßer Schank- und Speiseerlaubnis vom 12. Januar die Gastwirtschaft „Zum Dicken Willi" in der Mühlengasse 12, 37120 Bovenden (Landkreis Göttingen). Seit Mitte März verarbeitet er mehrfach – unter Verstoß gegen lebensmittelrechtliche Vorschriften – verdorbenes Fleisch, so dass sich bereits mehrere Gäste in ärztliche Behandlung begeben mussten.

Aufgabe: Überprüfen Sie die nachfolgenden Varianten des Grundfalles.

Beispiel	Antwort
1. Die Erlaubnis ist nicht vom Landkreis Göttingen, sondern von der Gemeinde Bovenden widerrufen worden.	Fehler liegt vor § 1 II i.V.m. lfd Nr 3.4 ZustVO-GewAROf → Es liegt ein Fehler der sachlichen Zuständigkeit vor. Kein Fall von § 45 und § 46 → Nichtigkeit ggf nach § 44 I mit entsprechender Begründung - Ergebnis offe
2. Wampe ist zuvor nicht angehört worden.	Verfahrensfehler § 28 I VwVfG - fehlende Anhörung heilbar gem § 45 I Nr 3 VwVfG und zwar nach Abs. II bis zum Abschluss des Verfahrens
3. Der Vorgang ist von Detlef Dreyer, dem Schwager des Wampe, bearbeitet und entschieden worden.	Verfahrensfehler § 20 I Nr 2 VwVfG Fehler macht VA nicht nichtig § 44 III Nr 2 keine Heilung nach § 45 I VwVfG möglich, da nicht im Tatbestand vorgesehen Fehler unbeachtlich nach § 46 VwVfG
4. Der gesamte Bescheid bestand aus dem Satz: „Hiermit widerrufe ich die Ihnen am 12. Januar ... erteilte Erlaubnis zum Betrieb einer Schank- und Speisewirtschaft in der Mühlengasse 12, 37120 Bovenden."	Begründungsmangel gem § 39 I VwVfG VA nicht nichtig nach § 44 VwVfG Heilbar nach § 45 I Nr 2 VwVfG bis zum Abschluss des ~~Verfa~~ Vorverfahrens

Beispiel	Antwort
5. Die Verwaltungsgebühr für den Widerruf einer Gaststättenerlaubnis wird, statt mit 200,- EUR irrtümlich mit 2.000,- EUR festgesetzt, wie sich aus der Begründung ergibt.	Der VA über 2000€ ist formell nicht rechtmäßig aber wirksam und kann gem § 42 I 2 VwVfG auf Verlangen berichtigt werden
6. Wegen kurzfristigen Ausfalls mehrerer Sachbearbeiter hatte der Landkreis Göttingen den Vorgang an den Landkreis Northeim abgegeben. Dieser hat den Bescheid erlassen.	Örtliche Zuständigkeit Fehler nach § 3 I Nr 2 nicht nichtig nach § 44 III Nr 1 § 46 VwVfG unbeachtlich
7. Die Erlaubnis ist durch den Sachbearbeiter Norbert Nachtweyh vom Landkreis Göttingen widerrufen worden. Nachtweyh ist der Nachbar des Wampe und hatte mit diesem schon mehrmals (z. T. auch gerichtlichen) Streit wegen des von der Gaststätte ausgehenden nächtlichen Lärms.	Fall nach § 21 VwVfG oder § 20 VwVfG § 46 VwVfG → keine Nichtigkeit nach § 44 → Verfahrensfehler Erg. Fehler unbeachtlich
8. Willi Wampe ist vorher entgegen seinem Antrag das Akteneinsichtsrecht verweigert worden.	Verstoß gegen § 29 VwVfG § 46 VwVfG nichtig nach § 44 ? → nein Verfahrensfehler Fehler unbeachtlich

08 Aufhebung von Verwaltungsakten

BASISTEXT **Aufhebung von Verwaltungsakten**

Die Aufhebung eines Verwaltungsakts durch die Behörde ist verbunden mit einem verfahrensmäßigen „Wiedereinsteigen" in ein durch einen wirksamen Verwaltungsakt abgeschlossenes Verwaltungsverfahren. Diese verfahrensmäßige Wirkung spiegelt die Notwendigkeit wider, einen Verwaltungsakt nach seinem Wirksamwerden in seinem Regelungsgehalt zu verändern, wenn dies erforderlich wird.

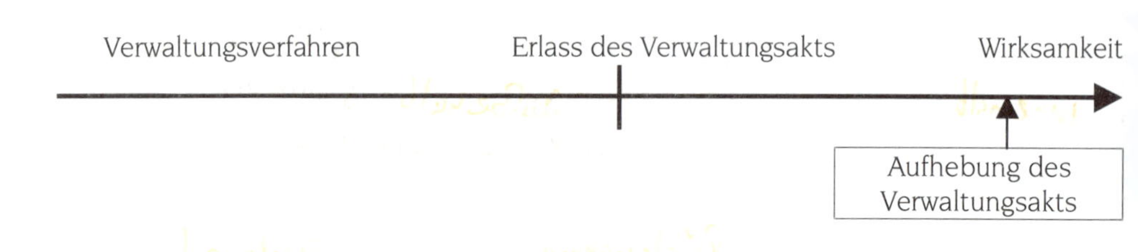

Der Begriff der äußeren Wirksamkeit eines Verwaltungsakts beinhaltet, dass dieser den verwaltungsinternen Bereich verlassen und damit rechtliche Existenz erlangt hat. Von diesem Gedanken geht auch § 43 Abs. 1 S. 1 VwVfG aus, der die äußere Wirksamkeit des Verwaltungsakts allein von dessen Bekanntgabe abhängig macht. Materiell wird damit eine öffentlich-rechtliche Regelung existent, die es insbesondere der erlassenden Behörde grundsätzlich verbietet, den Verwaltungsakt aufzuheben. Dies gilt in besonderer Weise, wenn der Adressat des Verwaltungsakts von seinen Anfechtungsmöglichkeiten im Rechtsbehelfsverfahren (Widerspruch und verwaltungsgerichtliche Klage) keinen Gebrauch macht. Die Regelungs- und vollstreckungsrechtliche Funktion des Verwaltungsakts verlangt einen endgültigen, eben bestandskräftigen Abschluss des Verwaltungsverfahrens schon aus Gründen der Rechtssicherheit (Rechtsstaatsprinzip).

Außerhalb eines vom Bürger angestrengten Überprüfungsverfahrens dürfen Verwaltungsakte von der Behörde selbst also nur ausnahmsweise und nach den besonderen gesetzlichen Bestimmungen oder den §§ 48 ff. VwVfG aufgehoben oder geändert werden.

Wichtige Beispiele spezialgesetzlicher Regelungen finden sich in § 15 GastG, § 3 StVG, § 21 BImSchG, §§ 44 ff. SGB X, §§ 130 ff., 172 ff. AO.

ÜBUNG 79

Ergänzen Sie die Übersicht mit folgenden Begriffen:
Rücknahme/ außerhalb/ innerhalb/ Widerruf – und geben Sie Beispiele an.

ÜBERSICHT 16

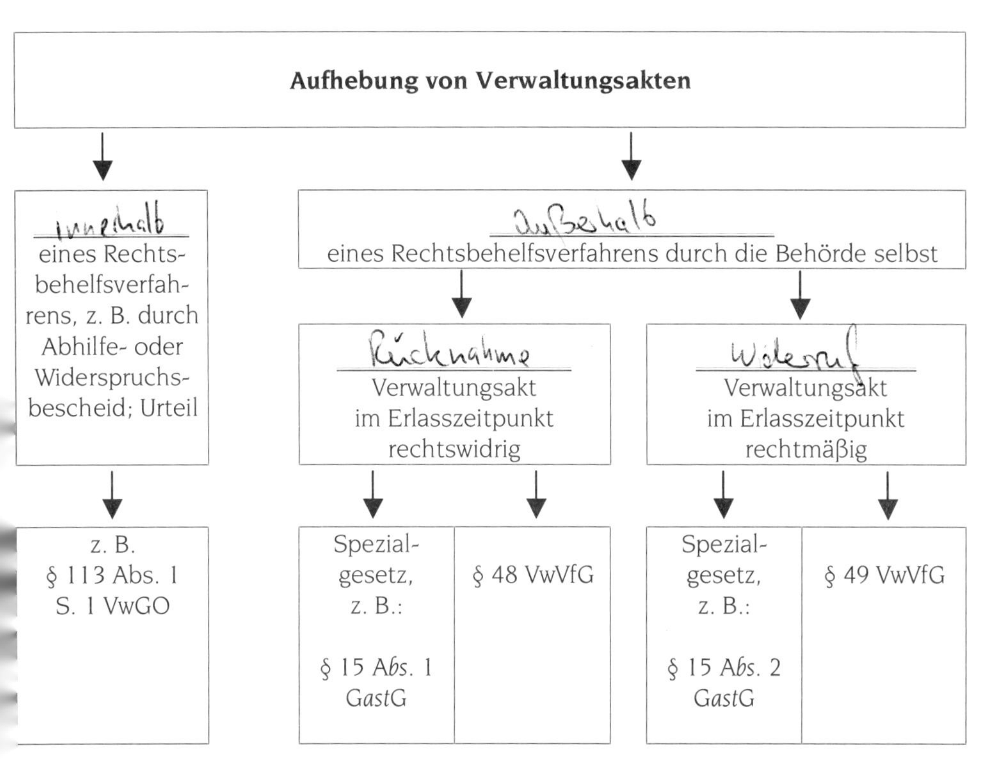

Aufhebung ist der Oberbegriff. Immer wenn von Aufhebung die Rede ist, ist entweder die **Rücknahme** oder der **Widerruf** eines Verwaltungsakts gemeint. Auch die Beseitigung eines Verwaltungsakts durch Abhilfe- bzw. Widerspruchsbescheid oder durch verwaltungsgerichtliches Urteil wird als Aufhebung bezeichnet (vgl. § 43 Abs. 2 VwVfG). Im Rahmen der §§ 48, 49 VwVfG gilt Folgendes:

§ 48 VwVfG	§ 49 VwVfG
Verwaltungsakt	Verwaltungsakt
rechtswidrig	rechtmäßig

ÜBERSICHT 17 Rücknahme nach § 48 VwVfG

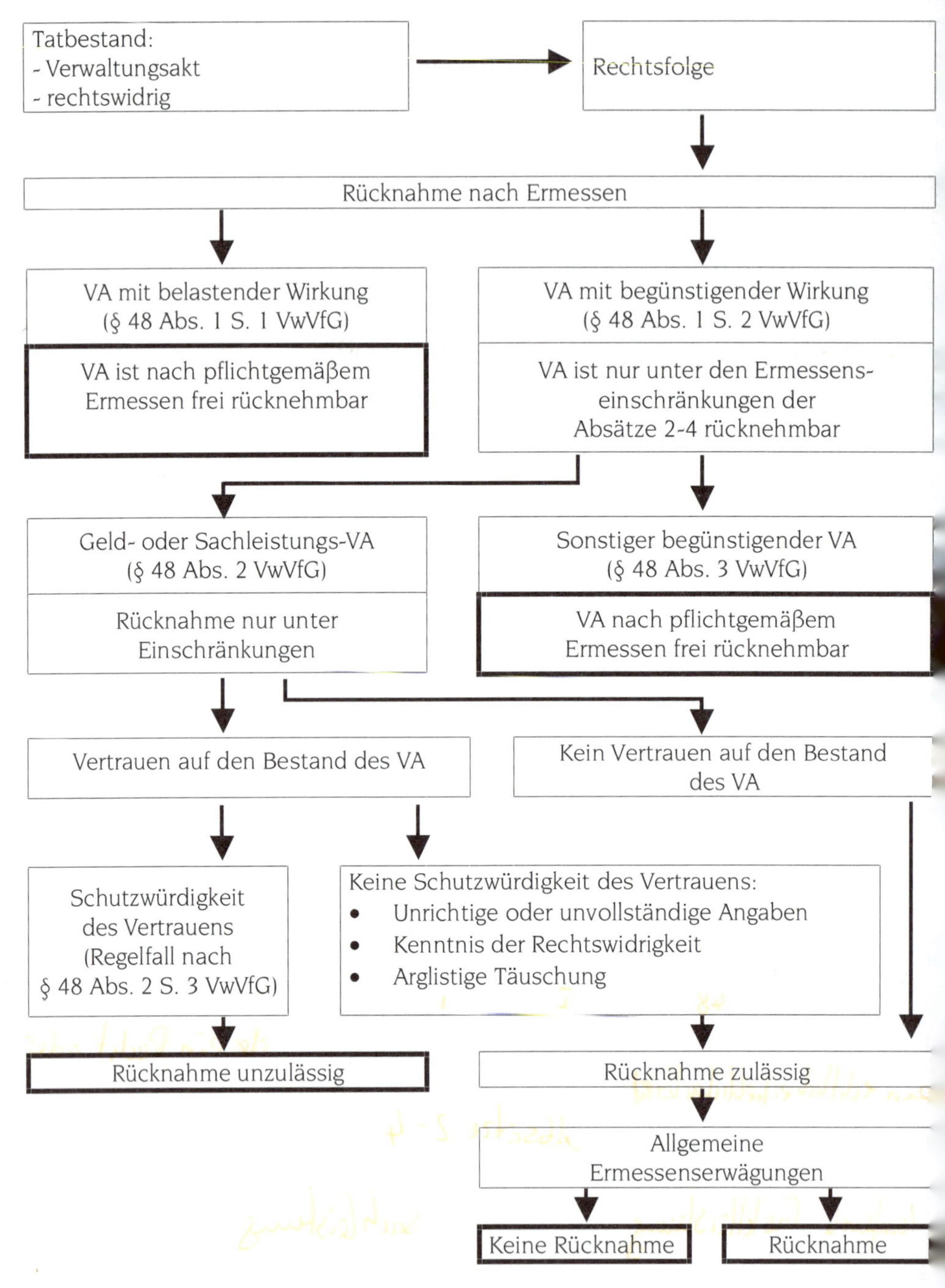

Rücknahme rechtswidriger belastender Verwaltungsakte **BASISTEXT**

Was sollte für die Verwaltung angenehmer und für den Bürger günstiger sein als die Rücknahme eines Verwaltungsakts, der dazu noch rechtswidrig ist? Diese Rücknahme stellt für den Bürger eine Begünstigung dar. Die Frage des Vertrauensschutzes stellt sich nicht, denn die Interessenlage ist bei der handelnden Behörde und dem Adressaten des aufzuhebenden Verwaltungsakts dieselbe. Rechtsgrundlage der Rücknahme ist in dieser Fallgruppe § 48 Abs. 1 S. 1 VwVfG, welcher keine besonderen Tatbestandsvoraussetzungen enthält außer der Rechtswidrigkeit des Verwaltungsakts und die Rücknahme in das pflichtgemäße Ermessen der Verwaltung stellt. Allerdings ist der Bearbeiter auch in diesem Falle nicht von der gewissenhaften Prüfung der Rechtmäßigkeitsvoraussetzungen des Verwaltungsakts entbunden; Tatbestandsvoraussetzung des § 48 VwVfG ist die Rechtswidrigkeit des aufzuhebenden Verwaltungsakts zu seinem Erlasszeitpunkt.

Verkehrsunterricht für eine Radfahrerin **FALL 22**

Die Fahrradfahrerin Andrea Müller wird gemäß § 48 StVO von der Stadt Leipzig als zuständiger Straßenverkehrsbehörde verpflichtet, im nächsten Monat an einem vier Stunden dauernden Unterricht über das Verhalten im Straßenverkehr teilzunehmen, weil sie einmal - in Schrittgeschwindigkeit - durch einen Fußgängerbereich gemäß § 41 StVO i. V. m. dem Zeichen Z 242 geradelt war. Die überraschte Müller legt keinen Widerspruch ein. Nur wenige Tage nach der Bekanntgabe des Verwaltungsakts bekommt die zuständige Sachbearbeiterin Wald indes Zweifel, da sie ihre Entscheidung nunmehr selbst als übermäßig hart empfindet.

Aufgabe: Prüfen Sie, ob die Stadt Leipzig den Verwaltungsakt aufheben kann.

Notieren Sie die Lösung auf einem besonderen Blatt.

Rücknahme rechtswidriger begünstigender Verwaltungsakte

ÜBUNG 80

Lesen Sie § 48 VwVfG und ergänzen Sie den folgenden Lückentext.

Rechtsgrundlage für die Rücknahme eines rechtswidrigen begünstigenden Verwaltungsakts ist ebenfalls § ..48.... Abs. ..I.... S. ..1.... VwVfG. Ein begünstigender Verwaltungsakt ist gem. § 48 Abs. 1 S. 2 VwVfG ein Verwaltungsakt, ..das ein Recht oder ein rechtlich erheblichen Vorteil.. begründet oder bestätigt hat. Für solche Verwaltungsakte gelten die Einschränkungen der ..Absätze 2 - 4.... Hierbei wird wiederum unterschieden zwischen Verwaltungsakten, die eine einmalige oder ..laufende Geldleistung.... oder teilbare ..Sachleistung.... gewähren oder Voraussetzung hierfür sind (Abs. 2) und sog. sonstigen Verwaltungsakten

(z. B.: ....feststellender.... Verwaltungsakt), für welche § 48 Abs. ....II.... VwVfG Anwendung findet. Zunächst zu § 48 II VwVfG. Ein Geld- oder Sachleistungsverwaltungsakt darf nach § 48 Abs. ....II.... VwVfG nicht zurückgenommen werden, soweit der Betroffene auf den Bestand des Verwaltungsaktes ....Vertrauen.... hat und sein ....Vertrauen.... unter Abwägung mit dem öffentlichen Interesse an einer Rücknahme ....schutzwürdig.... ist.

Es ist also zunächst zu prüfen, ob der Betroffene tatsächlich auf den Fortbestand des Verwaltungsakts vertraut hat. Das tatsächliche Vertrauen ist im Zweifel zu bejahen, denn der Bürger wird sich hierauf stets berufen. Sodann kommt es auf dessen ....Schutzwürdigkeit.... an. In den Fällen des § 48 Abs. ....II.... S. ....3.... Nrn. ....1.... bis ....3.... VwVfG ist das Vertrauen des Begünstigten als nicht schutzwürdig eingestuft. Auf Vertrauen kann sich der Begünstigte nicht berufen bei...

Nr. 1:	arglistiger Täuschung, Drohung oder Bestechung
Nr. 2:	unrichtiger oder unvollständiger Angaben
Nr. 3:	Kenntnis von der Rechtswidrigkeit

Grobe Fahrlässigkeit bedeutet hierbei, dass der Bürger die erforderliche Sorgfalt bei der Prüfung des erlassenen Verwaltungsakts in besonders schwerem Maße außer Acht gelassen hat (vgl. § 45 Abs. 2 Nr. 3 SGB X). Dabei kommt es auch auf sein persönliches Verständnis und seine Fähigkeiten an. Gemeint ist, dass der Betroffene die Fehlerhaftigkeit des Verwaltungsakts auch nach seiner laienhaften Wertung leicht hätte erkennen können, da sie sich förmlich aufdrängte.

Liegen danach keine Gründe vor, die der Schutzwürdigkeit des Vertrauens entgegenstehen, kommt die sog. „Regel-Schutzwürdigkeit" des § 48 Abs. ....II.... S. ....3.... VwVfG zur Anwendung. Das Vertrauen ist in der Regel schutzwürdig, wenn der Begünstigte ....die Leistung verbraucht.... oder eine ....Vermögensdisposition.... getroffen hat, die er nicht oder nur unter unzumutbaren Nachteilen rückgängig machen kann. Verbrauch bedeutet Konsumieren, „Abfließen" aus dem Vermögen. Bei wiederkehrenden Leistungen, die zum Bestreiten des Lebensunterhalts dienen (z. B. Stipendien, Besoldung) ist der Verbrauch im Regelfall ohne weiteres anzunehmen. Als Vermögensdisposition wird insbesondere das längerfristige Ausrichten der Lebensführung auf die gewährten Leistungen angesehen, z. B. wenn ein Pensionär seine Pension dafür einsetzt, sich in ein Altersheim „einzukaufen".

Weitere Schranke der Rücknahme ist § 48 Abs. ...IV..... VwVfG. Danach ist die Rücknahme nur innerhalb ...eines Jahres nach Kenntnisnahme... möglich. Es kommt auf die Kenntnis des zuständigen ...Behörde... an.

Zu viel Witwengeld — FALL 23

Der bei der Stadt Magdeburg beschäftigte Stadthauptsekretär Martin Tormann ist gestorben. Seine 76jährige Witwe Berte erhielt mit Bescheid der Stadt Magdeburg vom 17.07. Witwengeld nach § 19 BeamtVG zugesprochen und laufend ausbezahlt. Am 30.11. wurde ihr mitgeteilt, dass bei der Berechnung eine nicht ruhegehaltsfähige Stellenzulage mit einbezogen worden sei, so dass es zu einer monatlichen Überzahlung von 75,05 EUR gekommen sei. Der Betrag werde zukünftig „gestrichen", der Bescheid solle insoweit für die Vergangenheit aufgehoben werden. B. möge sich dazu äußern. Trotzdem kam es in den nächsten vier Monaten weiter zu der Überzahlung. Berte schreibt danach an die Stadt, sie sei von der Richtigkeit des ursprünglichen Bescheides ausgegangen, das Geld habe sie vollständig verbraucht; die Pension eines mittleren Beamten sei so hoch ja nicht.
Am 23.03. des Folgejahres erhielt Berte einen u.a. auf § 52 Abs. 2 BeamtVG gestützten Bescheid, wonach der Erstbescheid rückwirkend berichtigt und das Witwengeld um 75,05 EUR monatlich niedriger festgesetzt wurde. Die Stadt Magdeburg hat sich vorbehalten, einen Erstattungsanspruch geltend zu machen.

ÜBUNG 81

Untersuchen Sie anhand der nachfolgenden Prüfungsschritte und unter Berücksichtigung des § 48 VwVfG, ob die behördliche Ermessensausübung im Hinblick auf die teilweise Rücknahme des Bescheides vom 17.07. rechtmäßig erfolgte.

Auszug aus dem BeamtVG:

§ 19 Abs. 1 S. 1

Die Witwe eines Beamten auf Lebenszeit oder eines Ruhestandsbeamten erhält Witwengeld.

§ 52 Abs. 2 S. 1

Im Übrigen regelt sich die Rückforderung zuviel gezahlter Versorgungsbezüge nach den Vorschriften des Bürgerlichen Gesetzbuchs über die Herausgabe einer ungerechtfertigten Bereicherung, soweit gesetzlich nichts anderes bestimmt ist.

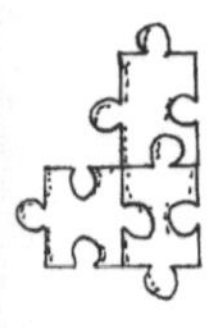

Prüfungsschritte 7

Rücknahme begünstigender Geldleistungsverwaltungsakte (§ 48 Abs. 2 VwVfG)

Arbeitsfragen	Antworten
1. Gelten die Einschränkungen der Abs. 2-4 als innere Grenzen des Ermessens?	begünstigender VA ↳ VA begründet ein Recht ↳ Einschränkungen § 48 I - IV gelten
2. Um welche Art von Verwaltungsakt handelt es sich: Leistungs- oder "sonstiger" VA?	Geldleistung = Leistungsverwaltungsakt
3. Hat der Begünstigte auf den Bestand in tatsächlicher Hinsicht vertraut?	B müsste nach § 48 II Nr 3 VwVfG die Rw des VA gekannt haben o. infolge grober Fahrlässigkeit nicht gekannt haben. hier: B kann die RW erst ab 30.11. kennen ↳ daher ab 30.11. Vertrauen nicht mehr berufen
4. Liegen Gründe nach § 48 Abs. 2, S. 3 Nrn. 1 bis 3 VwVfG vor, die der Schutzwürdigkeit des tatsächlich ausgeübten Vertrauens entgegenstehen? Welche Rechtsfolge ergibt sich daraus?	↳ grobe Fahrlässigkeit kann ausgeschlossen werden für die Zeit vor dem 30.11. ⇒ Vertrauen ab dem 30.11. nicht mehr schutzwürdig. Vor dem 30.11. schutzwürdig da i.S.v. § 48 II S 2 das Geld verbraucht ist.
5. Steht § 48 Abs. 4 VwVfG der Rücknahme entgegen?	

Arbeitsfragen	Antworten
6. Hat die Stadt Magdeburg dieses Rücknahmeermessen fehlerfrei ausgeübt?	
7. Gesamtergebnis?	

Erstattung von zu Unrecht gewährten Leistungen

BASISTEXT

Soweit die Aufhebung eines VA erfolgt, fällt damit der Rechtsgrund für eine deshalb bereits erbrachte Geld- oder Sachleistung (vgl. § 48 Abs. 2 VwVfG) weg. Der Empfänger hat diese Leistung also zu Unrecht, nämlich rechtsgrundlos erhalten. Die Behörde hat im Zuge der Aufhebungsentscheidung daher auch über die Rückforderung dieser zu Unrecht gewährten Leistung zu befinden. Rechtsgrundlage für die Erstattung ist § 49 a VwVfG. Die Norm stellt eine spezialgesetzliche Ausprägung des allgemein anerkannten öffentlich-rechtlichen Erstattungsanspruchs dar. Es handelt sich dabei um eine gebundene Entscheidung. Allenfalls haushalts- oder kassenrechtliche Gründe kommen für ein Absehen von der gesetzlich vorgeschriebenen Erstattungspflicht in Betracht (z. B. Erlass aus Billigkeitsgründen). Der Umfang der Erstattung richtet sich nach den Vorschriften des BGB, insbesondere §§ 818 ff. BGB.

Widerruf rechtmäßiger Verwaltungsakte

Unter Widerruf ist die Aufhebung eines rechtmäßigen (belastenden oder begünstigenden) Verwaltungsakts zu verstehen. Mit dem Widerruf wird es möglich, einen ursprünglich zu Recht erlassenen Verwaltungsakt an die mittlerweile geänderten Verhältnisse anzupassen. Dabei ist darauf abzustellen, daß sich die Frage, ob der Verwaltungsakt rechtmäßig oder rechtswidrig ist, nach der Sach- und Rechtslage seines Erlasses bestimmt.

Beim Widerruf eines zum Zeitpunkt seines Erlasses rechtmäßigen belastenden Verwaltungsakts stimmt das Interesse der Behörde mit dem des Betroffenen überein, für den die mit dem Verwaltungsakt verbundene Belastung endet.

Rechtsgrundlage ist daher § 49 Abs. 1 VwVfG, welcher keine weiteren Einschränkungen der Aufhebbarkeit beinhaltet. Ausnahmen: Der Verwaltungsakt ist nicht widerrufbar, wenn ein Verwaltungsakt gleichen Inhalts erneut erlassen werden müsste oder aus anderen Gründen (z. B. Gleichbehandlungsgrundsatz) ein Widerruf unzulässig ist.

Dem gegenüber darf ein rechtmäßig erlassener begünstigender Verwaltungsakt nur widerrufen werden, wenn Widerrufgründe vorliegen, die im Gesetz abschließend aufgeführt werden. Grundsätzlich ist nämlich das Vertrauen des Adressaten auf den Bestand einer dem Gesetz entsprechenden Entscheidung höher zu bewerten als in den Bestand rechtswidriger Handlungen (vgl. § 48 VwVfG). Hier ist das Interesse des Betroffenen auf die Beibehaltung der einmal - rechtmäßig - gewährten Begünstigung gerichtet. Es müssen also gesetzlich geregelte besondere Widerrufsgründe hinzutreten, die ausnahmsweise die Aufhebung der Begünstigung zulassen.

FALL 24 Ausweisung eines Thailänders

Der Thailänder Puk Tehetque wird von der Stadt Oldenburg wegen erheblicher Verkehrsübertretungen (mehrere Rotlichtverstöße und Geschwindigkeitsüberschreitungen mit dem Pkw) gemäß § 46 AuslG rechtmäßig ausgewiesen. Gegen den Ausweisungsbescheid erhebt Puk keinen Widerspruch, heiratet aber noch in Deutschland die Deutsche Bärbel Schuster, mit der er das gemeinsame Kind Cosma Shiva hat. Im Interesse der Familie widerruft die Stadt Oldenburg den Ausweisungsbescheid.

Aufgabe:
1. Gegen welche straßenverkehrsrechtlichen Vorschriften wurde verstoßen?
2. Prüfen Sie, ob die Aufhebung zu Recht erfolgt ist.

Notieren Sie die Lösung auf einem besonderen Blatt.

ÜBERSICHT 18 Widerrufsgründe

§ 49 Abs. 2 VwVfG	Widerrufsgrund
Nr. 1	
Nr. 2	
Nr. 3	
Nr. 4	
Nr. 5	

ÜBUNG 82

Ergänzen Sie die Übersicht.

Zu einzelnen Widerrufsgründen — BASISTEXT

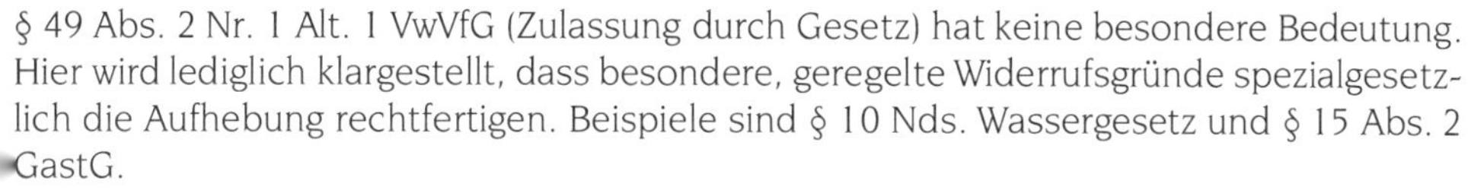

§ 49 Abs. 2 Nr. 1 Alt. 1 VwVfG (Zulassung durch Gesetz) hat keine besondere Bedeutung. Hier wird lediglich klargestellt, dass besondere, geregelte Widerrufsgründe spezialgesetzlich die Aufhebung rechtfertigen. Beispiele sind § 10 Nds. Wassergesetz und § 15 Abs. 2 GastG.

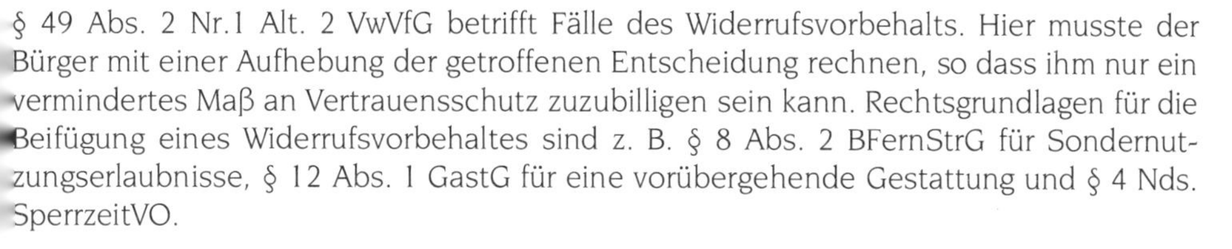

§ 49 Abs. 2 Nr.1 Alt. 2 VwVfG betrifft Fälle des Widerrufsvorbehalts. Hier musste der Bürger mit einer Aufhebung der getroffenen Entscheidung rechnen, so dass ihm nur ein vermindertes Maß an Vertrauensschutz zuzubilligen sein kann. Rechtsgrundlagen für die Beifügung eines Widerrufsvorbehaltes sind z. B. § 8 Abs. 2 BFernStrG für Sondernutzungserlaubnisse, § 12 Abs. 1 GastG für eine vorübergehende Gestattung und § 4 Nds. SperrzeitVO.

Der Widerruf gemäß § 49 Abs. 2 Nrn. 1 und 2 VwVfG ist entschädigungslos hinzunehmen. Der Begünstigte konnte nämlich bei Erlass des Verwaltungsakts nicht darauf vertrauen, dass seine Begünstigung zukünftig aufrechterhalten bleibt. Was die Nichterfüllung der Auflage betrifft, liegt es ganz in seinem Einflussbereich, die Voraussetzungen für einen Widerruf zu vermeiden. § 49 Abs. 3 VwVfG lässt den Widerruf eines VA unter den dort genannten Voraussetzungen nicht nur für die Zukunft, sondern ausnahmsweise auch für die Vergangenheit zu.

ÜBUNG 83

Ordnen Sie den folgenden Grundfällen die Widerrufsgründe des § 49 Abs. 2 VwVfG zu und prüfen Sie, ob der Widerruf jeweils rechtmäßig erfolgt ist.

Abo-Werberin — FALL 25

Gesine Britz ist als Zeitschriften-Abonnement-Werberin tätig. Sie besitzt die erforderliche Reisegewerbekarte seit vier Jahren. Bereits zweifach ist sie wegen Betruges rechtskräftig verurteilt worden, da sie Unterschriften gefälscht hatte, z. Z. schweben vier Verfahren wegen Hausfriedensbruchs und Körperverletzung, da sie bei der Werbung an der Haustür rabiat wurde. Die zuständige Stadt Hildesheim hält Versagungsgründe nach § 57 GewO für gegeben und widerruft die Reisegewerbekarte.

Notieren Sie die Lösung auf einem besonderen Blatt.

FALL 26  Offene Schranke

Die Stadt Leipzig erteilt Jaqueline Jahn eine Ausnahmegenehmigung nach § 46 Abs. 1 StVO zum Befahren eines für Kraftfahrzeuge gesperrten Waldweges unter der Auflage, eine Schranke an der Wegeinfahrt ordnungsgemäß zu verschließen. Da J dies bei schlechtem Wetter regelmäßig unterließ, widerruft die Behörde die Erlaubnis.

 Notieren Sie die Lösung auf einem besonderen Blatt.

FALL 27 Nutzung des Gehwegs

Karl Dörfler möchte auf dem Gehweg einer durch die Stadt Emden führenden Bundesstraße Tische und Stühle vor seiner Gaststätte aufstellen. Er erhält eine Sondernutzungserlaubnis gemäß § 8 BFernStrG unter dem Vorbehalt des jederzeitigen Widerrufs. Nach zwei Monaten widerruft die Stadt Emden diese ohne nähere Begründung unter Hinweis auf den Widerrufsvorbehalt.

 Notieren Sie die Lösung auf einem besonderen Blatt.

BASISTEXT § 49 Abs. 3 VwVfG

Die Regelung in § 49 Abs. 3 VwVfG ermöglicht in bestimmten Fällen einen Widerruf sogenannter Zuwendungsverwaltungsakte, mit denen dem Empfänger (i. d. R.) eine Geldleistung zweckgebunden gewährt wird, auch für die Vergangenheit. Die Norm ist eine Spezialregelung zu § 49 Abs. 2 VwVfG, schließt dessen Anwendbarkeit aber nicht aus. Die neu geschaffene Vorschrift soll es der Behörde ermöglichen, im Falle der zweckwidrigen
Verwendung gewährter Leistungen, die als solche nicht zur Rechtswidrigkeit des Bewilligungsverwaltungsakts führt und deshalb keine Rücknahme nach § 48 VwVfG er-öffnet die Voraussetzungen für die Rückforderung des Geldbetrages nach § 49 a VwVfG zu schaffen, um so eine dem Subventionszweck entsprechende Mittelverwendung zu sichern. Der Tatbestand setzt zum einen voraus, dass eine Zweckbindung im Bescheid mit hinreichender Bestimmtheit zum Ausdruck kommt, zum anderen verlangt der Widerrufsgrund, dass der Empfänger die Mittel nicht zweckgerecht bzw. gar nicht oder nicht rechtzeitig verwendet hat. Dabei kommt es auf die Gründe für die unrichtige Verwendung grds. nicht an. In der Rechtsfolge räumt § 49 Abs. 3 VwVfG Ermessen ein. Insoweit ist zu prüfen, ob eine ggfls. nur teilweise nicht zweckentsprechende Mittelverwendung auch nur zu einem teilweisen Widerruf des Gewährungsbescheids führt.

09 Anwendbarkeit des Verwaltungsverfahrensgesetzes

Probleme mit dem Grenzabstand **FALL 28**

Ingo Millermann wurde mit Bescheid vom 12.7. die Genehmigung zur Errichtung eines Wohnhauses in Sulingen erteilt. Eine neuerliche Überprüfung ergab nun, dass das Bauvorhaben dem öffentlichen Baurecht widerspricht. Der Bauherr hatte unzutreffende Angaben über die Grundstücksgröße gemacht. Damit kann der vorgesehene Baukörper die erforderlichen Grenzabstände nicht einhalten. Die Bauaufsichtsbehörde will die Baugenehmigung daher aufheben.

Aufgabe: Bestimmen Sie die Ermächtigungsgrundlage.

Lösung:

Genehmigung des Schweinestalles **FALL 29**

Dem Landwirt Klaus Schütze soll die Genehmigung zur Errichtung eines Schweinemaststalles erteilt werden. Es handelt sich um eine genehmigungsbedürftige Anlage im Sinne des BImSchG.

Aufgabe: Prüfen Sie, ob der Erlaubnisbescheid zu begründen ist.

Lösung:

Mündlich erteilte Baugenehmigung **FALL 30**

Sabine Sauer beabsichtigt, ihr Wohnhaus im Außenbereich der Gemeinde Bockel (Niedersachsen) zu erweitern. Der erforderliche Genehmigungsantrag wurde rechtzeitig gestellt. Die Prüfung ist zwischenzeitlich abgeschlossen, wie ein Telefonat mit dem zuständigen Sachbearbeiter ergab. Da die Bauherrin rasch mit den Bauausführungen beginnen will, bittet sie den zuständigen Verwaltungsmitarbeiter, ihr mündlich das „OK" zu geben.

Aufgabe: Prüfen Sie, ob die Baugenehmigung mündlich erteilt werden kann.

Lösung:

FALL 31 Aufhebung der Gaststättenerlaubnis

1. Die zuständige Gewerbebehörde hatte im vergangenen Monat Rüdiger Müller einerseits und Elke Brümmer andererseits die Erlaubnis zum Betrieb einer Schankwirtschaft bzw. Schank- und Speisewirtschaft erteilt. Eine neuerliche Durchsicht der Akten ergibt, dass es versäumt worden war, das Führungszeugnis des Müller auszuwerten. Da Müller mehrere gewerbebezogene Straftaten begangen hatte, besitzt er nicht die erforderliche Zuverlässigkeit. Die vorhandene Erlaubnis widerspricht § 4 Abs. 1 Nr. 1 GastG.
2. In der Angelegenheit Brümmer war es versäumt worden, die Betriebsräume in Augenschein zu nehmen. Tatsächlich widersprechen die Räume den Anforderungen des § 4 Abs. 1 Nr. 2 GastG. Umbaumaßnahmen können nicht zur Beseitigung der Mängel führen. Die Behörde beabsichtigt in beiden Fällen, die Gaststättenerlaubnis aufzuheben.

Aufgabe: Bestimmen Sie die jeweils maßgebliche Ermächtigungsgrundlage.

Lösung:

1.________________ 2. ________________

BASISTEXT Bundes- und Landes-Verwaltungsverfahrensrecht

Die Behörden eines Bundeslandes haben neben der Ausführung des jeweiligen Landesrechts auch grundsätzlich die Bundesgesetze zu vollziehen (s. Art 83 ff. GG). Zwischenzeitlich liegen Verwaltungsverfahrensgesetze des Bundes und der Bundesländer vor. Die Bundesländer haben – mit Ausnahme der Länder Schleswig-Holstein und Thüringen – entweder die Bundesregelung komplett übernommen (sog. Vollgesetze; z. B. Sachsen-Anhalt) oder aber pauschal auf das VwVfG des Bundes verwiesen (sog. Verweisungsgesetz; z. B. Niedersachsen). Damit taucht die Frage auf, auf welcher verfahrensrechtlichen Grundlage die Landesbehörden das Bundesrecht vollziehen.

Das VwVfG des Bundes bestimmt, dass für die Ausführung des Bundesrechts durch Landesbehörden zunächst das Bundesgesetz gilt (§ 1 Abs. 1 Nr. 2, Abs. 2 VwVfG). Die bundesrechtlichen Regelungen finden aber dann keine Anwendung mehr, wenn die öffentlich-rechtliche Tätigkeit der Behörden **landesrechtlich** durch ein Verwaltungsverfahrensgesetz geregelt wird (§ 1 Abs. 3 VwVfG, sog. **föderale Subsidiaritätsklausel**). Zwischenzeitlich haben alle Bundesländer Verwaltungsverfahrensgesetze erlassen. Damit sind die Verwaltungsverfahrensgesetze der Länder grundsätzlich maßgeblich.
Die föderale Subsidiaritätsklausel erfasst jedoch nicht spezialgesetzlich geregelte Materien des Bundes, z. B. § 15 GastG. Diese gehen dem Landesverfahrensrecht vor (Art. 31 GG).

Damit ergibt sich folgendes Bild:

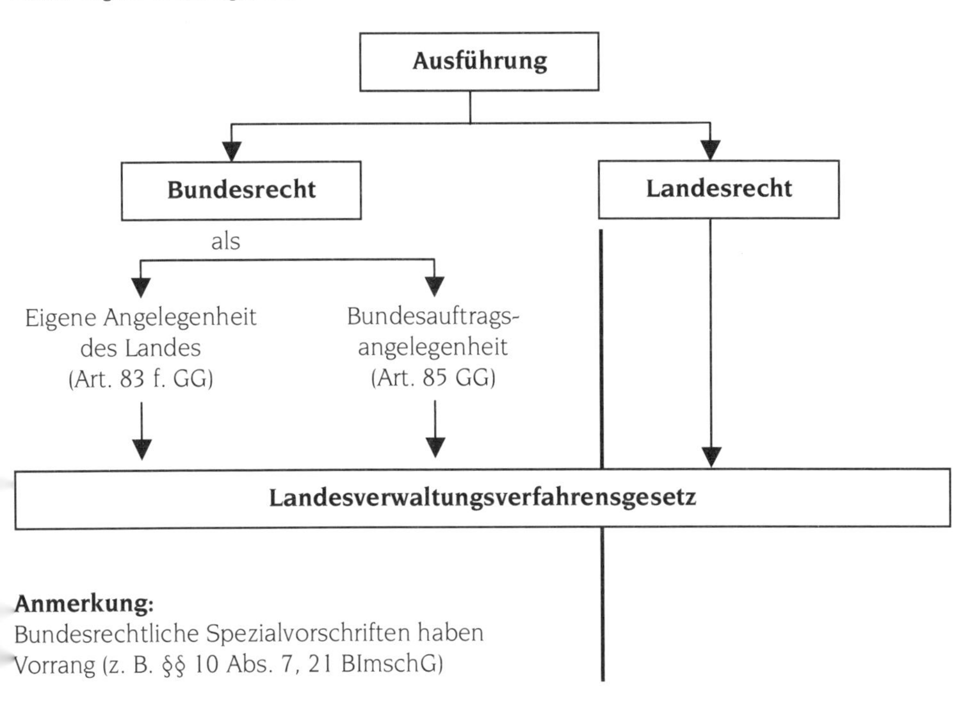

Der Anwendungsbereich des Verwaltungsverfahrensrechts erfasst aber nicht das gesamte Verwaltungshandeln. Am Beispiel des Nds. Verwaltungsverfahrensgesetzes soll nun exemplarisch dargestellt werden, welcher Ausschnitt des Verwaltungshandels vom VwVfG erfasst wird:

1. Erfasst wird nur die **öffentlich-rechtliche Verwaltungstätigkeit** einer Behörde (§ 1 Abs. 1 S. 1 NVwVfG).

2. Die sog. **Ausschlussklausel** (§ 2 NVwVfG) gliedert bestimmte Materien des besonderen Verwaltungsrechts aus. Besonderes Gewicht haben hier die Bereiche „Verfahren nach dem Sozialgesetzbuch"; „Verfolgung von Straftaten und Ordnungswidrigkeiten"; „Abgabenverwaltung, soweit die Abgabenordnung einschlägig ist".

3. § 9 VwVfG bestimmt zudem, dass **Verwaltungsverfahren im Sinne dieses Gesetzes** nur die nach außen wirkende behördliche Tätigkeit ist, die auf den Erlass eines Verwaltungsaktes oder den Abschluss eines öffentlich rechtlichen Vertrages gerichtet ist.

4. Das **bundesrechtliche Spezialitätsprinzip** einerseits und die **landesrechtliche Subsidiaritätsklausel** andererseits drängen das Verwaltungsverfahrensgesetz weiter zurück. Inhaltsgleiche sowie entgegenstehende Rechtsvorschriften des Landes gehen dem Verwaltungsverfahrensgesetz vor (§ 1 Abs. 1 S. 2 NVwVfG).

5. Bei **bestimmten Sachmaterien** (z. B. Prüfungsrecht) ist das Verwaltungsverfahrensrecht nur eingeschränkt anwendbar.

In den anderen Bundesländern gibt es vergleichbare Regelungen.

Beispiele für Verweisungsgesetze:

> **§ 1 Abs. 1** Nds. Verwaltungsverfahrensgesetz (NVwVfG)
> Für die öffentlich-rechtliche Verwaltungstätigkeit der Behörden des Landes, der Gemeinden und der sonstigen der Aufsicht des Landes unterstehenden Körperschaften, Anstalten und Stiftungen des öffentlichen Rechts gelten die Vorschriften des Verwaltungsverfahrensgesetzes vom 25. Mai 1975 (BGBl. I S. 1253) zuletzt geändert durch Artikel 1 des Gesetzes vom 12. September 1996 (BGBl. I S. 1354), mit Ausnahme der §§ 1, 2, 61 Abs. 2, §§ 78, 94, 95 Abs. 2 und §§ 97 bis 103 sowie die Vorschriften dieses Gesetzes. Das Verwaltungsverfahrensgesetz und dieses Gesetz finden nur Anwendung, soweit nicht Rechtsvorschriften des Landes inhaltsgleiche oder entgegenstehende Bestimmungen enthalten **(statische Verweisung)**.
>
> **§ 1 Abs. 1** Gesetz über das Verfahren der Berliner Verwaltung
> Für die öffentlich-rechtliche Verwaltungstätigkeit der Behörden Berlins gilt das Verwaltungsverfahrensgesetz (VwVfG) vom 25. Mai 1976 (BGBl. I S. 1253/ GVBl. S. 1173), in der jeweils geltenden Fassung, soweit nicht in den §§ 2 bis 4 dieses Gesetzes etwas anderes bestimmt wird **(dynamische Verweisung)**.

Zitierhinweis:
Soweit es in einzelnen Bundesländern Verweisungsgesetze gibt, wird empfohlen, bei schriftlichen Darstellungen nur das Bundesgesetz anzugeben.

ÜBUNG 84

Geben Sie an, ob das behördliche Handeln in den nachfolgenden Beispielen vom Verwaltungsverfahrensgesetz erfasst wird.

Beispiele	Begründung
1. Erlass einer gewerberechtlichen Untersagungsverfügung (RG: § 35 Abs. 1 GewO)	
2. Erlass einer Hundesteuersatzung	
3. Wohngeldgewährung	
4. Grundstücksverkauf	
5. Erlass eines Bußgeldbescheides	
6. Abschluss eines städtebaulichen Vertrages	

10 Grundzüge des Ordnungsrechts

BASISTEXT Funktion und Grundlagen des Ordnungsrechts

Die Aufgabe der Gefahrenabwehr hat für Staat und Gesellschaft eine erhebliche Bedeutung. Der umfassende Bereich der Gefahrenabwehr hält nicht selten Mittel bereit, um zur Abwendung, Schlichtung oder Lösung aktueller Problemlagen beizutragen. So gehen Gefahren für die Allgemeinheit beispielsweise vom Straßenverkehr, verseuchtem Boden einer Industriebrache, unsachgemäßen Waffengebrauch oder einem baufälligen Gebäude aus. Eine Vielzahl von Gesetzen weist den zuständigen Behörden die Aufgabe zu, Gefahren vorzubeugen oder zu beseitigen.

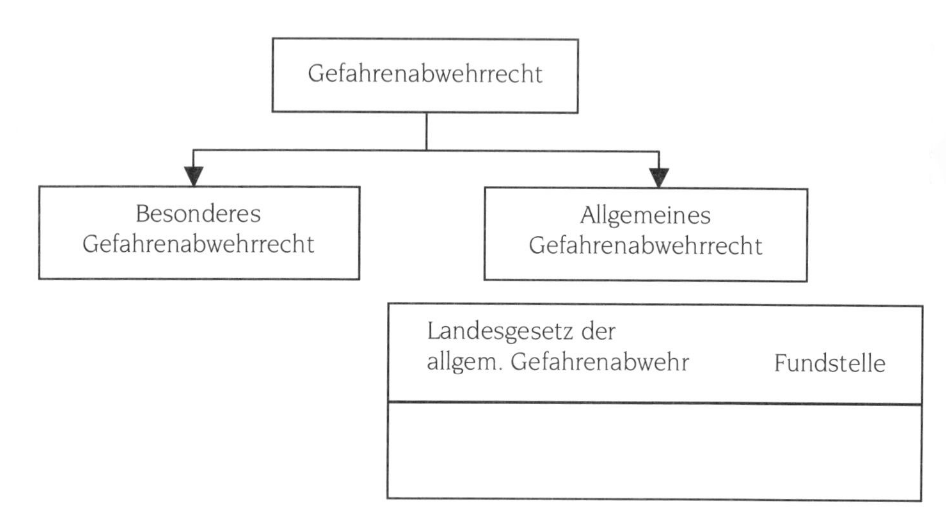

ÜBUNG 85

Tragen Sie das in Ihrem Land maßgebliche Gesetz der allgemeinen Gefahrenabwehr ein.

Das allgemeine Gefahrenabwehrrecht bestimmt regelmäßig die Rangfolge der anzuwendenden Rechtsgrundlagen (vgl. § 3 Nds. SOG; § 4 SOG LSA). Hiernach haben die Ordnungsbehörden zunächst die speziellen Rechtsvorschriften anzuwenden. Nur soweit derartige Spezialvorschriften fehlen oder aber keine abschließende Regelung aufweisen, richtet sich das Tätigwerden der Ordnungsbehörden nach den allgemeinen Gesetzen der Gefahrenabwehr (**Grundsatz der Subsidiarität**).

Hinweis:
In den einzelnen Bundesländern weisen die allgemeinen Gesetze zur Gefahrenabwehr gewisse Unterschiede auf. Die grundlegenden Strukturprinzipien sind aber vergleichbar. Für die Darstellungen in diesem Abschnitt sind die Regelungen der Länder Niedersachsen und Sachsen-Anhalt berücksichtigt worden.

Die Aufgabe der Gefahrenabwehr obliegt der Polizei und den Verwaltungsbehörden gemeinsam (§ 1 Abs. 1 Nds. SOG; § 1 Abs. 1 SOG LSA). Aufgabe der Polizei im Rahmen der Gefahrenabwehr ist es primär, Straftaten zu verhüten. Häufig wird hier von „vorbeugender Verbrechensbekämpfung" oder der sog. „Vorfeldaufgabe" gesprochen. Die Polizei hat aber neben dem Bereich der Gefahrenabwehr noch zahlreiche weitere Aufgaben zu erfüllen. Hier sind zu nennen die Vollzugshilfe zugunsten anderer Behörden (§ 1 Abs. 4 NGefAG; § 2 Abs. 3 SOG LSA), Tätigkeiten bei der Strafverfolgung (vgl. §§ 161, 163 StPO; § 152 GVG) und im Ordnungswidrigkeitenrecht (§§ 35, 36, 53 OwiG).

Auf der kommunalen Ebene sind die Gemeinden und Landkreise allgemeine Verwaltungsbehörde der Gefahrenabwehr (§ 74 Nds. SOG; § 84 Abs.1 SOG LSA).

Für die Gefahrenabwehr gilt das **Opportunitätsprinzip**. Es steht regelmäßig im Ermessen der Behörden zu entscheiden, ob und ggfs. wie eingeschritten werden soll (grundlegend zur Ermessensverwaltung siehe 05/ S. 83 ff.).

Gefahrenabwehr im Bundesstaat

Gefahrenabwehr gehört zum Kernbestand staatlicher Aufgaben. Die Gesetzgebung ist im Bundesstaat zwischen Bund und Ländern aufgeteilt. Gerade der Bund hat von der ihm zustehenden Gesetzgebungskompetenz ausgiebig Gebrauch gemacht. Aber auch die einzelnen Länder haben in landesrechtlichen Spezialgesetzen Fragen der Gefahrenabwehr geregelt.

ÜBUNG 86

Ordnen Sie die nachfolgenden Gesetzesbeispiele der nachfolgenden Übersicht zu:

Gewerbeordnung (GewO),
Straßenverkehrsgesetz (StVG),
Nds. Bauordnung (NBauO),
Gaststättengesetz (GastG),
Passgesetz (PaßG),
Nds. Gesetz über die öffentliche Sicherheit und Ordnung (Nds. SOG),
Wasserhaushaltsgesetz (WHG),
Melderechtsrahmengesetz (MRRG),
Versammlungsgesetz (VersammlG),
Nds. Feiertagsgesetz (NFeiertagsG),
Sicherheits- und Ordnungsgesetz des Landes Sachsen-Anhalt (SOG LSA),
Brandschutzgesetz LSA

ÜBERSICHT 19 Gesetzgebungskompetenz im Gefahrenabwehrrecht

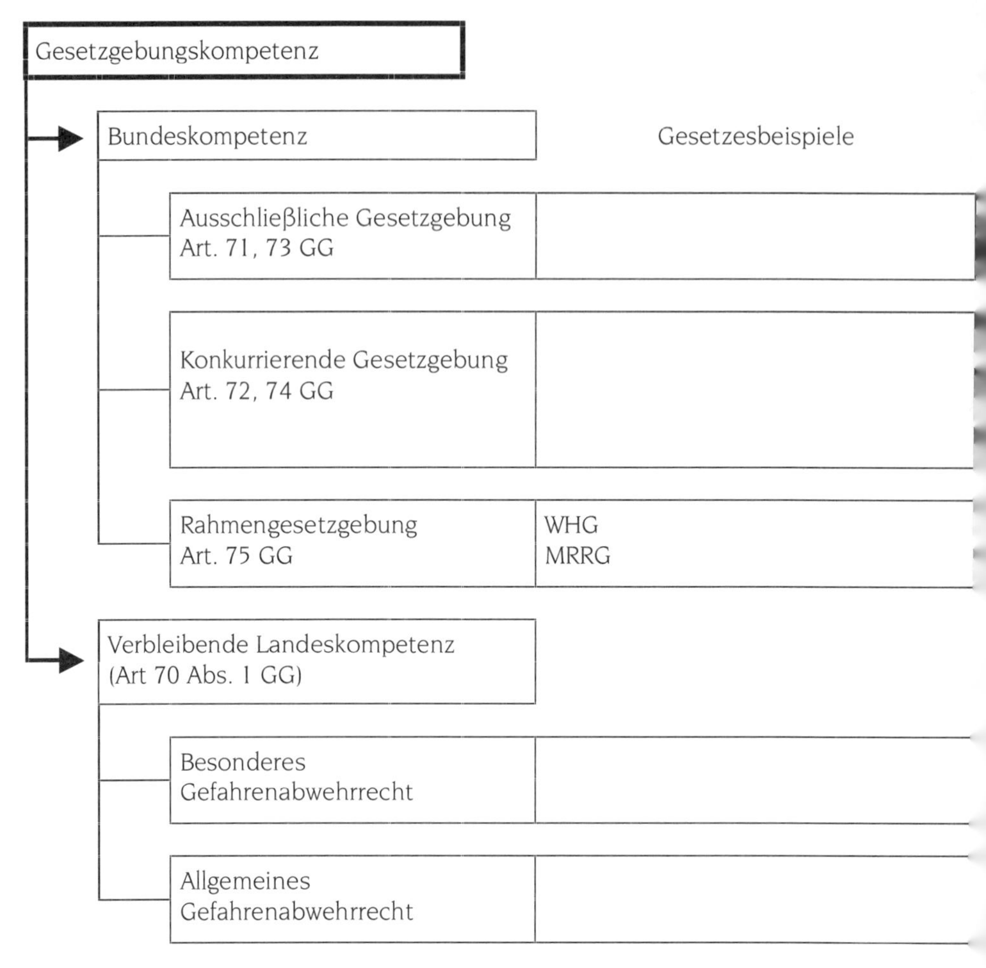

BASISTEXT Instrumente der Gefahrenabwehr

Die Ordnungsbehörden können die ihnen übertragenen Aufgaben der Gefahrenabweh zunächst mit eigenen Mitteln bewältigen. Es gibt vielfältige Aktivitäten, wo - ohne Beeinträchtigung von Individualgütern - Gefahren beseitigt werden können.

Beispiele:

Beseitigung von Verkehrshindernissen
Aufklärung über Gefahrvermeidung
Sicherung von Großveranstaltungen
Einsatz der Feuerwehr.

Daneben können die Ordnungsbehörden aber auch **Anordnungen** gegenüber (natürlichen und juristischen) Personen treffen. Unter welchen Voraussetzungen zur Gefahrenabwehr in die Rechtssphäre von Personen eingegriffen werden kann, ist gesetzlich genau festgelegt. Der Ordnungsbehörde stehen dabei verschiedene Instrumente zur Verfügung. Zunächst ist die Ordnungsverfügung zu nennen. Mittels Ge- oder Verboten reagiert die Behörde im Einzelfall auf konkret bestehende Gefahren. Ziel einer Verordnung der Gefahrenabwehr ist es dagegen, für typische Gefahrenfälle vorbeugend notwendige Verhaltensregelungen festzulegen. Zu den effektivsten Mitteln der Gefahrenabwehr zählt das gesetzliche Verbot mit Erlaubnisvorbehalt. Hier wird bereits der Entstehung von Gefahren von Anfang an entgegengewirkt, indem die Aufnahme bestimmter Aktivitäten von einer behördlichen Erlaubnis abhängig gemacht wird.

Beispiele:

- Gaststättenerlaubnis
- Baugenehmigung
- Waffenschein
- Kfz-Zulassung.

Mit Maßnahmen des Verwaltungszwanges kann die Ordnungsbehörde Ge- und Verbote durchsetzen.

Übung 87

Nennen Sie die behördlichen Instrumente der Gefahrenabwehr.

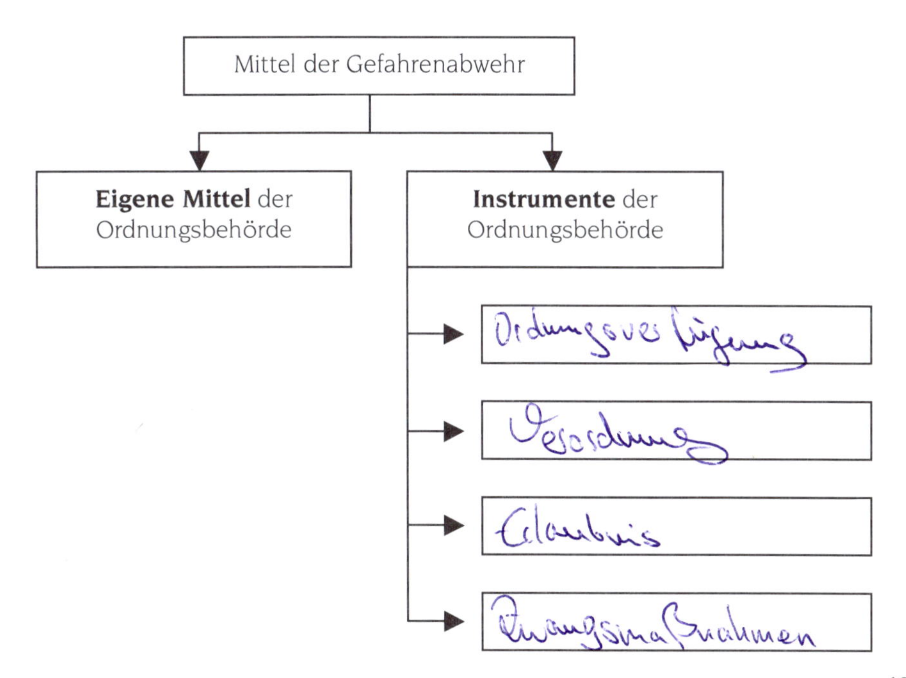

System der Ermächtigungsgrundlagen

Die Gesetze zur allgemeinen Gefahren differenzieren zwischen Aufgaben und Befugnissen (vgl. § 1 NGefAG, § 1 SOG LSA). Die Ordnungsbehörden können im Bereich der Gefahrenabwehr tätig werden, ohne in die Rechte von Personen eingreifen zu müssen. Soweit sie aber durch entsprechende Anordnungen in die Rechte von Personen eingreifen, benötigen sie hierfür einer ausdrücklichen gesetzlichen Ermächtigungsgrundlage (Vorbehalt des Gesetzes). Die allgemeine Gesetze der Gefahrenabwehr unterscheiden hier zwischen sog. Standardmaßnahmen und Maßnahmen aufgrund der Generalermächtigung.

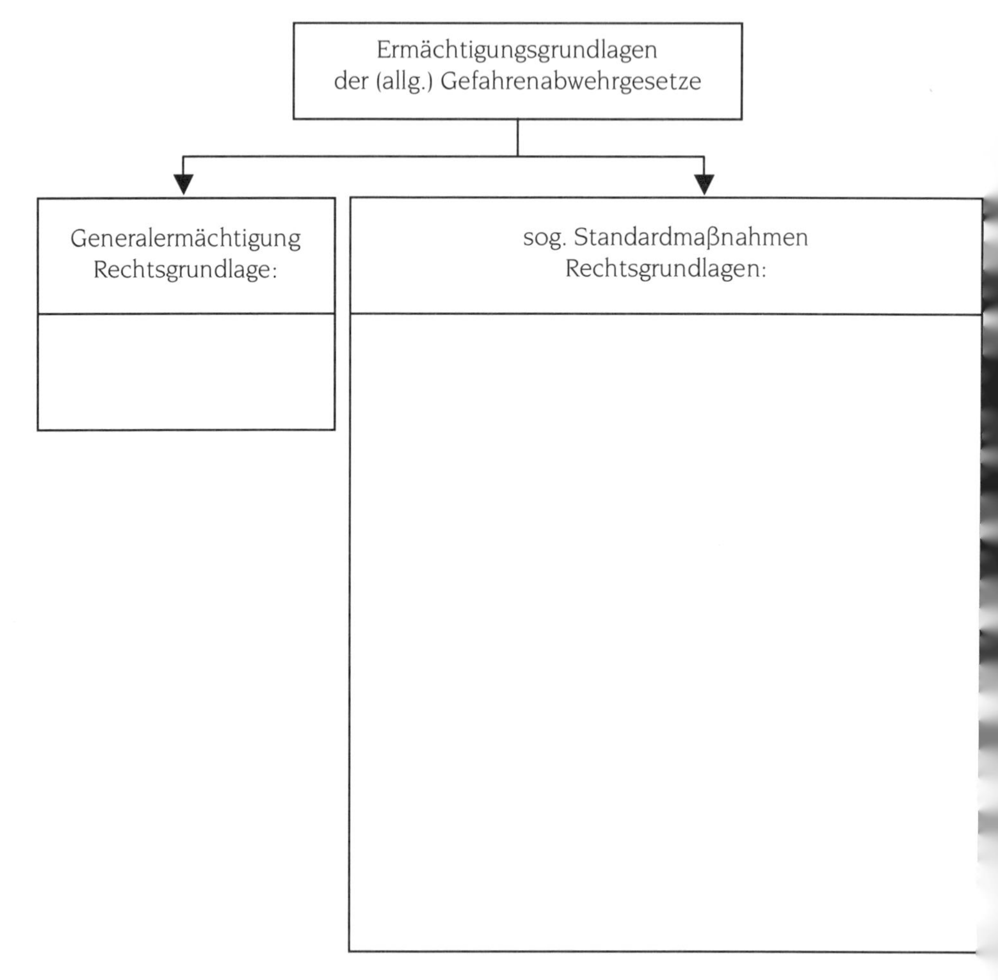

Übung 88

Geben Sie die Rechtsnorm der Generalermächtigung in Ihrem Bundesland an. Nennen Sie Standardmaßnahmen einschließlich der jeweils maßgeblichen Rechtsgrundlage. Tragen Sie diese Informationen in vorstehender Übersicht ein.

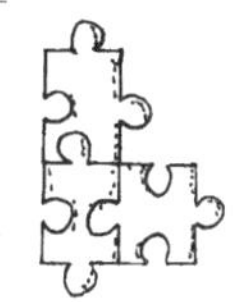

Bestimmung der Ermächtigungsgrundlage **PRÜFUNGSSCHRITTE 8**

Lesen Sie zunächst § 3 Nds. SOG bzw. § 4 SOG LSA.
Prüfen Sie, ob eine spezialgesetzliche (bundes- oder landesrechtliche) Ermächtigungsgrundlage vorliegt.

ÜBUNG 89

1. Nennen Sie fünf spezialgesetzliche gefahrenabwehrrechtliche Ermächtigungsgrundlagen.

Lösung:

2. Prüfen Sie, ob eine sog. Standardmaßnahme des allgemeinen Gefahrenabwehrrechts in Betracht kommt.
3. Prüfen Sie, ob die Generalermächtigung greift.

ÜBUNG 90

Im Recht der Gefahrenabwehr hat der **Gefahrenbegriff** eine zentrale Bedeutung. Nennen Sie fünf Normen, in denen der Begriff Gefahr vorkommt.

Lösung:

Gefahrenbegriff **BASISTEXT**

Soweit die Generalermächtigung Grundlage des behördlichen Eingriffs ist, stehen die Tatbestandsmerkmale **Gefahr**, **öffentliche Sicherheit** – und in einzelnen Bundesländern – **öffentliche Ordnung** im Vordergrund der Bearbeitung. Die Landesgesetzgeber haben aber unterschiedliche Wege der Verknüpfung gewählt.

Gesetzesbeispiele:

1. § 8 Abs. 1 PolG NW
   Wenn eine im einzelnen Falle bestehende konkrete Gefahr für die öffentliche Sicherheit abzuwehren ist und die §§ 9–46 die Befugnisse der Polizei nicht besonders regeln, kann die Polizei die notwendigen Maßnahmen treffen.

2. § 11 Nds. SOG
   Die Verwaltungsbehörden und die Polizei können die notwendigen Maßnahmen treffen, soweit nicht die Vorschriften des Dritten Teils die Befugnisse der Verwaltungsbehörden und der Polizei besonders regeln.

3. § 13 SOG LSA
   Die Verwaltungsbehörden und die Polizei können die erforderlichen Maßnahmen treffen, soweit nicht die Vorschriften des Zweiten Teils die Befugnisse der Verwaltungsbehörden und der Polizei besonders regeln.

Die folgende Begriffserklärung orientiert sich am Recht der Länder Niedersachsen und Sachsen-Anhalt.

Konkrete Gefahr

ist eine Sachlage, bei der im einzelnen Fall die **hinreichende Wahrscheinlichkeit** besteht, dass in **absehbarer Zeit** ein **Schaden** für die **öffentliche Sicherheit oder Ordnung** eintreten wird (§ 2 Nr. 1a Nds. SOG, § 3 Nr. 3a SOG LSA).

Öffentliche Sicherheit erfasst:

- Bestand der Einrichtung und Veranstaltungen des Staates
- Individualgüter(u. a. Leben, Gesundheit, Freiheit, Eigentum)
- Unverletzlichkeit der Rechtsordnung

Öffentliche Ordnung erfasst:
Wertvorstellungen von elementarer Bedeutung, die sich bei der ganz überwiegenden Mehrheit der Bevölkerung durchgesetzt haben und als unerlässliche Mindestanforderungen für ein gedeihliches menschliches Zusammenleben angesehen werden.

Der **Gefahrenbegriff** enthält neben der Bestimmung des Schutzgutes zwei weitere Elemente. Zunächst ist das Element eines **nicht unerheblichen Schadens** zu nennen. Damit scheiden bloße Unbequemlichkeiten und geringfügige Belästigungen aus. Des weiteren ist die **prognostische Komponente** zu erwähnen. Es muss die Möglichkeit gegeben sein, dass in überschaubarer Zukunft ein Schaden eintreten wird. Der Grad der zu fordernden Wahrscheinlichkeit hängt von der Bedeutung des bedrohten Schutzgutes ab.

Die Bestimmungen in § 2 Nrn. 1b bis d Nds. SOG, § 3 Nrn. 3b bis e SOG LSA definieren **Gefahrsteigerungen**. Eine **gegenwärtige Gefahr** ist dann gegeben, wenn die Einwirkung des schädigenden Ereignisses bereits begonnen hat oder bei dieser Entwicklung un mittelbar oder in allernächster Zeit mit einer an Sicherheit grenzenden Wahrscheinlichkeit bevorsteht. Von einer **erheblichen Gefahr** ist auszugehen, wenn eine Gefahr für ein bedeutsames Rechtsgut, wie Bestand des Staates, Leben, Gesundheit, Freiheit, nicht unwesentliche Vermögenswerte sowie andere strafrechtliche geschützte Güter besteht. Bei nicht nur leichter Körperverletzung oder wenn der Tod einzutreten droht, liegt eine **Gefahr für Leib oder Leben** vor. Gemeinsam ist diesen Gefahren, dass sie eine konkrete Gefahr voraussetzen.
Hat sich eine Gefahrensituation verwirklicht d. h. das der **Schaden** ist bereits **eingetreten**, so liegt eine **Störung** vor. Regelmäßig ist die Ordnungsbehörde auch berechtigt, Maßnahmen zur Beseitigung der Störung zu treffen.

Der laute Hund **FALL 32**

Karin Raul ist Eigentümerin eines ca. 1.500 m² großen Grundstücks in Nienburg/ Weser, welches in einem sog. Mischgebiet liegt. In unmittelbarer Nähe befinden sich noch einige Wohngebäude. Da im vergangenen Jahr bei Frau Raul zweimal eingebrochen wurde, hat sie zusätzliche Sicherungsmaßnahmen eingeführt. Zum einen hat sie das gesamte Grundstück eingezäunt, zum anderen wird das Betriebsgrundstück jetzt in der Nacht von zwei frei laufenden Schäferhunden bewacht. Der eine Hund kommt mit der ungewohnten Umgebung nur schwer zurecht und „heult" jede Nacht mehrere Stunden lang. Der andere Hund wird seiner Wachfunktion in besonderem Maße gerecht. Bei den geringsten Geräuschen schlägt er an und verbellt den vermeintlichen „Störer". Dabei ist es unerheblich, ob es sich um ein vorbeifahrendes Auto, einen Fußgänger auf dem Bürgersteig oder aber um ein nachtaktives Tier handelt. Durch diese ständigen, zu wechselnden Zeiten auftretenden Hundegeräusche fühlen sich die Nachbarn um ihren Schlaf gebracht.

Aufgabe: Lesen Sie die nachstehenden Regelungen und prüfen Sie, ob hier eine (konkrete) Gefahr vorliegt.

Auszug aus dem Nds. SOG	Auszug aus den VwV
§ 2 Begriffsbestimmung Im Sinne dieses Gesetzes ist 1. a) Gefahr eine konkrete Gefahr, dass heißt eine Sachlage, bei der im einzelnen Fall die hinreichende Wahrscheinlichkeit besteht, dass in absehbarer Zeit ein Schaden für die öffentliche Sicherheit (oder Ordnung) eintreten wird; (...)	**Zu § 2 Begriffsbestimmung** 2.1 Die „hinreichende Wahrscheinlichkeit" ist ein unbestimmter Rechtsbegriff. Je schwerer der Schaden ist, der einzutreten droht, um so geringere Anforderungen sind an den Grad der Wahrscheinlichkeit des Schadenseintritts zu stellen.

Notieren Sie die Lösung auf einem besonderen Blatt.

Die **abstrakte Gefahr** (vgl. § 2 Nr. 2 Nds. SOG; § 3 Nr. 3 f SOG LSA) ist Voraussetzung für den Erlass einer ordnungsrechtlichen Verordnung.

FALL 33 **Unterschriften für die Kindergärten**

Am heutigen Sonntag findet in der Zeit von 8.00 bis 18.00 Uhr die Bürgermeisterwahl in der Stadt Nienburg statt. Unmittelbar vor dem Eingang zum Wahllokal der Grundschule „Erich Kästner" haben die Vertreter der Bürgerinitiative „Keine Kürzung bei den Kurzen" einen Informationsstand aufgebaut. Sie fordern die Wähler auf, sich mit ihrer Unterschrift gegen die bevorstehenden Personalkürzungen im Kindergartenbereich zu wehren. Der Ordnungsamtleiter hält diese Aktion unmittelbar vor einem Wahllokal für bedenklich.

FALL 34 **Pkw im Halteverbot**

Helmut Gerdes unternimmt eine Einkaufsfahrt nach Halle. Vor einem Kaufhaus hat er seinen Wagen im Halteverbot (Zeichen 283) abgestellt.

Aufgabe: Untersuchen Sie, ob bei den vorliegenden Grundfällen eine Gefahr vorliegt.

 Notieren Sie die Lösung auf einem besonderen Blatt.

BASISTEXT **Verantwortlichkeit**

Gefahrenabwehr erfolgt im Regelfall durch Maßnahmen der Ordnungsbehörde gegenüber Personen. Dies wirft die Frage auch, **wer als Verantwortlicher** zur Beseitigung der Gefahrensituation herangezogen werden kann. Mitunter enthalten die Spezialgesetze ausdrückliche Regelungen über die Verantwortlichkeit. So sind nachträgliche Anordnungen im Bundesimmissionsschutzrecht (§ 17 BImSchG) an die Betreiber der Anlage zu richten. Bauordnungsrechtliche Anordnungen richten sich an die nach §§ 57 bis 62 NBauO verantwortlichen Personen. Je nach Fallgestaltung können der Bauherr, der Entwurfsverfasser, der Unternehmer oder der Eigentümer als Verantwortlicher herangezogen werden.
Aber auch innerhalb der allgemeinen Gefahrenabwehrgesetze gibt es spezielle Regelungen über die Bestimmung der verantwortlichen Personen. So besteht beispielsweise die Möglichkeit, an einer Kontrollstelle die Identitätsfeststellung von Personen vorzunehmen (§§ 13 Abs. 1 Nr. 4, 9 Nds. SOG, § 20 Abs. 1 S. 1 SOG LSA).

Fehlt es an einer speziellen Bestimmung der Verantwortlichkeit, so sind die allgemeinen Vorschriften des Gefahrenabwehrrechts anzuwenden. Grundgedanke ist hier, dass derjenige, der für eine Gefahr verantwortlich ist (Störer), auch primär für ihre Beseitigung zu sorgen hat.

Störer

sind diejenigen **natürlichen oder juristischen Personen**, die für das **Verhalten von Personen** oder den **Zustand von Sachen** verantwortlich sind. Auf ein Verschulden der Verantwortlichen kommt es nicht an.

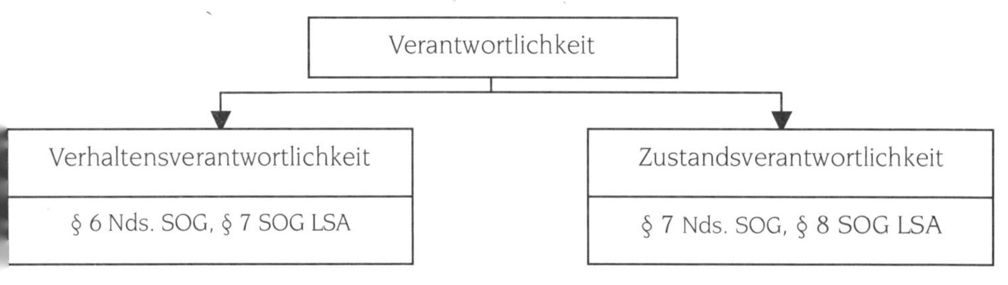

Beachte: Unter bestimmten Voraussetzungen kann auch eine Verantwortlichkeit für das Verhalten anderer Personen bestehen.

ÜBUNG 91

Bestimmen Sie bei den folgenden Beispielen unter Angabe der Rechtsgrundlage, welche Personen als Verantwortliche herangezogen werden können.

Beispiel	Verantwortlichkeit
1. Der 13-jährige Franz und sein 16-jähriger Freund Helmut werfen Steine von einer Autobahnbrücke auf vorbeifahrende Fahrzeuge.	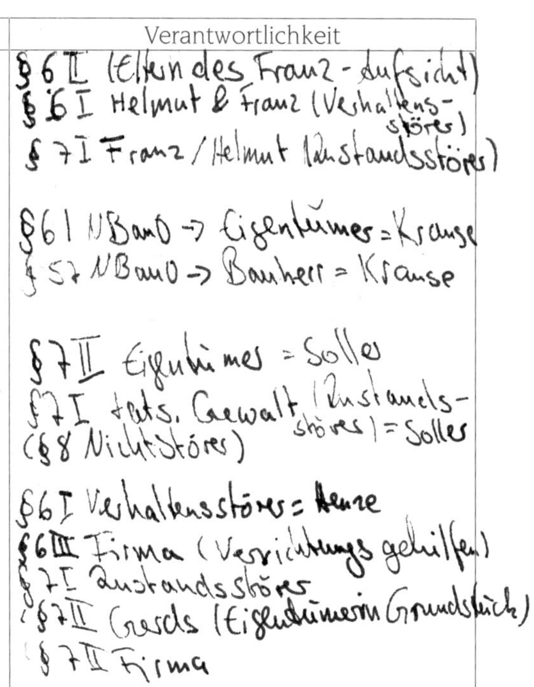
2. Der Kaufmann Krause hat ohne Baugenehmigung eine massives Wochenendhaus errichtet.	
3. Auf dem Grundstück des Ingo Soller steht ein morscher Baum. Beim nächsten Sturm droht dieser Baum auf den Gehweg zu stürzen.	
4. Der Geschäftsführer Müller bestellt für die „Vermietungs-GmbH" 150.000 l Heizöl. Der Fahrer Henze verursacht einen Unfall mit dem Tankwagen. Es laufen ca. 25.000 l Heizöl aus und versickern auf dem Grundstück der Ilse Gerds.	

Kommen mehrere Störer zur Gefahrenbeseitigung in Betracht, so hat die Behörde eine **Störerauswahl** zu treffen. Es handelt sich hier um eine Ermessensentscheidung, die mit besonderer Sorgfalt ausgeübt werden muss.

In Ausnahmefällen reicht die Heranziehung des Störers zur Gefahrenabwehr nicht aus. U. U. kann die Ordnungsbehörde dann auf bisher nicht beteiligte Dritte zurückgreifen. Die Inanspruchnahme sog. **„Nichtstörer"** ist aber nur in engen Grenzen möglich (§ 8 Nds. SOG, § 10 SOG LSA).

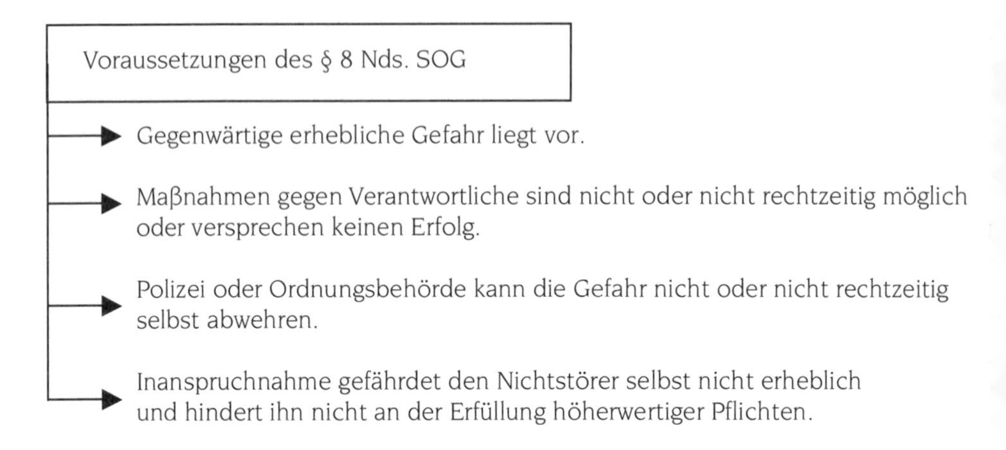

Beispiel:

> Aufgrund einer gerichtlichen Räumungsentscheidung muss die vierköpfige Familie Müller eine ca. 180 m^2 große Mietwohnung in einem Gebäudekomplex verlassen. Da keine neue Wohnung zur Verfügung steht, droht der Familie die Obdachlosigkeit. Durch die bevorstehende Obdachlosigkeit sind Leben und Gesundheit der Familie bedroht. Die Ordnungsbehörde darf den – nicht verantwortlichen – Wohnungseigentümer anweisen, der Familie weiterhin die Wohnung zu überlassen.

Die Maßnahmen gegen den Nichtstörer dürfen aber nur aufrechterhalten werden, solange die Abwehr der Gefahr nicht auf andere Weise möglich ist.

Beachte:
Unabhängig von der ordnungsrechtlichen Verantwortlichkeit stellt sich in vielen Fällen die Frage nach der privatrechtlichen Haftung, der verwaltungskostenrechtlichen Heranziehung und der Strafbarkeit.

Der morsche Obstbaum

FALL 35

Osnabrück, den 04.08. d. J.
AZ: -32.16/ Ba-

1. Vermerk

Herr Hans Kafur, Osnabrück, Ebereschenweg 14, informierte mich in der vergangenen Woche darüber, dass auf dem Nachbargrundstück der Frau Ingrid Hiller (Ebereschenweg 12) ein morscher Obstbaum steht, der auf die Straße zu fallen droht.

Eine örtliche Überprüfung ergab, dass sich ein ca. 50 Jahre alter, ca. 8 m hoher Apfelbaum in einem Abstand von 2 m zur Straße auf dem Grundstück von Frau Hiller befindet. Eine Begutachtung durch einen Mitarbeiter der Fachfirma „Stadtgrün" ergab, dass der Baum stark geschädigt ist. In der Baumkrone sind armdicke Äste abgestorben. Zudem ist der Stamm aufgrund Pilzbefalles beschädigt. Aufgrund unsachgemäßen Baumschnittes weist er im Stammbereich außerdem größere Fäulnisstellen auf. Der Sachverständige Huber hat nunmehr festgestellt, dass die Standsicherheit des Baumes nicht mehr gegeben ist.

Spätestens bei den kommenden Herbststürmen droht der Baum zu entwurzeln und umzustürzen. Ausgehend von der vorherrschenden Windrichtung muss damit gerechnet werden, dass der Baum auf die am Grundstück vorbeiführende Straße fallen wird.

Die Beseitigung des Baumes durch eine Fachfirma wird Kosten in Höhe von voraussichtlich 1.250,-- EUR verursachen.

Kaschke
- Stadtangestellter -

2. Herrn Holzmann z. w. V.

Aufgabe: Prüfen Sie, ob die Beseitigung des Baumes angeordnet werden kann.

Bearbeitungshinweis:
Die kreisfreie Stadt Osnabrück liegt in Niedersachsen.

Notieren Sie die Lösung auf einem besonderen Blatt.

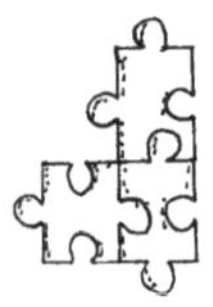

PRÜFUNGSSCHRITTE 9 Rechtmäßigkeit einer Ordnungsverfügung

Prüfungsschritte		Erläuterungen
1.	**Arbeitszielbestimmung**	
2.	**Rechtmäßigkeit der Anordnung**	
2.1	**Rechtsgrundlage**	Die (subsidiäre) ordnungsrechtliche Ermächtigungsgrundlage kommt nur dann in Betracht, wenn es an einer spezialgesetzlichen Eingriffsbefugnis fehlt.
2.1.1	Spezialermächtigung	
2.1.2	Standardmaßnahme(n) oder	
2.1.3	Generalklausel	
2.2	**Formelle Rechtmäßigkeit**	Im Rahmen der Prüfung der formellen Rechtmäßigkeit ist regelmäßig zu klären, welche Behörde zuständig ist. In welchem Umfang Fragen der Form und des Verfahrens erst im Rahmen des Entscheidungsvorschlages aufgegriffen werden (sog. nachgeschaltete formelle Rechtmäßigkeitsprüfung) hängt von den Umständen des Einzelfalls ab.
2.2.1	Zuständigkeit (sachlich/ örtlich/ ggfs. instanziell)	
2.2.2	Verfahren	
2.2.3	Form	
2.3	**Materielle Rechtmäßigkeit**	
2.3.1	Tatbestand der Ermächtigungsgrundlage	
2.3.2	Rechtsfolge (Ermessen)	
2.3.2.1	Entschließungsermessen	Es ist gut vertretbar, zunächst die beabsichtigte Maßnahme daraufhin zu untersuchen, ob diese ermessensfehlerfrei angeordnet werden kann und erst im Anschluss daran die Störerauswahl vorzunehmen.
2.3.2.2	Ordnungsrechtliche Verantwortlichkeit (Störerauswahl)	
2.3.2.2.1	Verantwortlichkeit für Verhalten	
2.3.2.2.2	Verantwortlichkeit für Sachen	
2.3.2.2.3	Inanspruchnahme „Nichtverantwortlicher"	
2.3.2.3	Auswahlermessen (insbesondere Grundsatz der Verhältnismäßigkeit)	
2.3.3	Sonstige Anforderungen (z. B. Bestimmtheitsgrundsatz)	
3.	**Entscheidungsvorschlag** (ggfs. Form und Verfahren)	

11 Verwaltungszwang

Vollstreckbarer Verwaltungsakt — BASISTEXT

Will ein Bürger seine privatrechtliche Forderung, z. B. aus einem Kaufvertrag, zwangsweise durchsetzen, so kann er dies aufgrund des sog. Gewaltmonopols des Staates nicht selbst tun, sondern er benötigt dazu einen vollstreckbaren Titel, in der Regel ein gerichtliches Urteil. Dieses wird dann durch den beauftragten Gerichtsvollzieher vollstreckt.

Auch die Behörde benötigt gemäß dem Vorbehalt des Gesetzes (Art. 20 Abs. 3 GG) einen vollstreckbaren Titel. Während privatrechtliche Ansprüche einer Behörde (z. B. Forderungen aus Miet- oder Kaufverträgen) - wie diejenigen eines Bürgers - grundsätzlich klageweise geltend gemacht und durch den Gerichtsvollzieher vollstreckt werden müssen, gelten für die Durchsetzung ihrer auf dem öffentlichen Recht beruhenden Ansprüche gegen den Bürger besondere Regelungen. Hier kann sich die Behörde den vollstreckbaren Titel nämlich ohne Einschaltung der Gerichte selbst verschaffen, indem sie einen vollstreckungsfähigen Verwaltungsakt erlässt. Dabei unterscheidet man wiederum zwischen Geldforderungen und Forderungen, die auf eine Handlung, Duldung oder Unterlassung gerichtet sind.

Ein solcher Verwaltungsakt ist seiner Form nach (zumeist) nicht mehr als ein Stück Papier - „Papier ist geduldig". Vertraute die Verwaltungsbehörde nur darauf, dass ein belastender Verwaltungsakt vom Adressaten freiwillig erfüllt wird, stünde die Behörde wie ein „zahnloser Tiger" da, wenn der Bürger sich weigert, seiner Verpflichtung nachzukommen. Es wird also oftmals notwendig, Verwaltungsakte zwangsweise durchzusetzen. Um diesen Verwaltungszwang geht es im Folgenden ausschließlich.
Beachten Sie dabei bitte, dass die landesrechtlichen Regelungen geringfügig voneinander abweichen.

Haus im Naturschutzgebiet — FALL 36

Vor zwei Jahren erwarb Dietlinde Gottschalk ein Grundstück im Naturschutzgebiet in der Nähe der Gemeinde Harzhausen und errichtete darauf ein großzügiges Einfamilienhaus, ohne die erforderliche Baugenehmigung einzuholen. Die Bauaufsichtsbehörde hatte sie zuvor bereits auf die planungsrechtliche Unzulässigkeit des Vorhabens hingewiesen. Nach Fertigstellung erfuhr der Landkreis Wernigerode davon und ordnete durch Ordnungsverfügung die Beseitigung des illegal errichteten Bauwerks binnen eines Monats an. Frau Gottschalk kommt dieser Aufforderung nicht nach. Nunmehr soll die Verfügung zwangsweise mittels Ersatzvornahme durchgesetzt und zudem ein Bußgeld von 4.000,- EUR festgesetzt werden.

Hinweis: An diesen Fall schließen sich nachfolgend mehrere Übungen an.

ÜBUNG 92

1. Ergänzen Sie die Übersicht mit folgenden Begriffen:
   Geldforderungen/ Erlass eines Leistungsbescheides und Beitreibung/ Privatrechtliche Forderungen/ Handlung, Duldung, Unterlassung

2. Geben Sie die fehlenden Rechtsgrundlagen an.

ÜBERSICHT 20 Vollstreckung von Forderungen einer Behörde

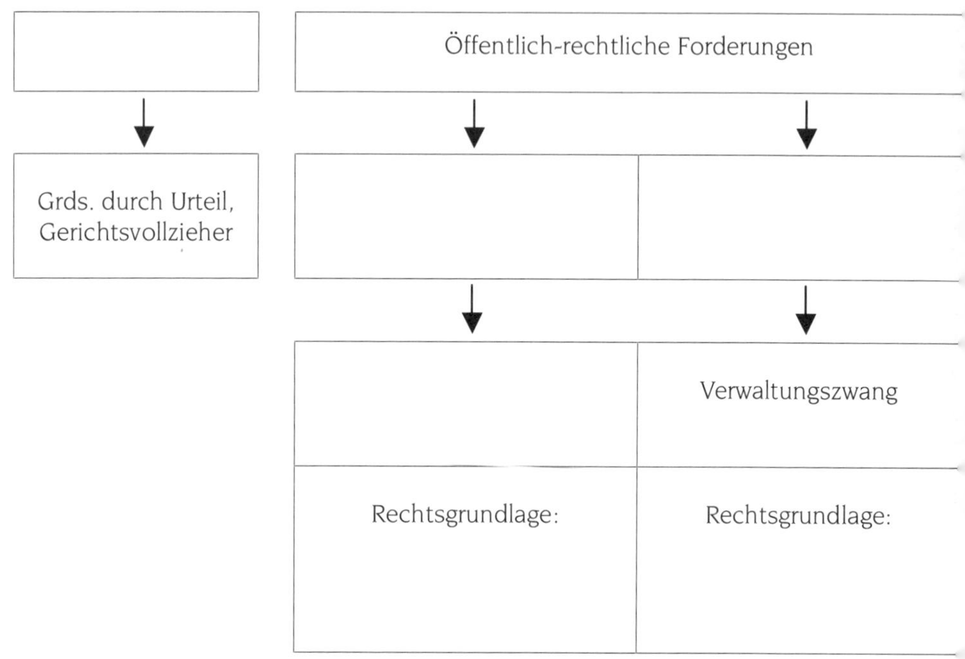

Vollstreckungsfähigkeit

Grundlegende Voraussetzung des Verwaltungszwangs ist die Vollstreckungsfähigkeit des erlassenen Verwaltungsakts. Ausschließlich **befehlende Verwaltungsakte**, die ein Gebot oder Verbot beinhalten, sind vollstreckungsfähig, nicht aber gestaltende oder feststellende Verwaltungsakte.

ÜBUNG 93

Prüfen Sie, ob die nachfolgenden Verwaltungsakte vollstreckungsfähig sind und begründen Sie Ihre Auffassung:

Beispiel	Vollstreckungsfähig?	Begründung:
1. Die Stadt Braunschweig widerruft die Waffenbesitzkarte der Elsbeth Müller.		
2. Baubeseitigungsverfügung des Landkreises Wernigerode gegenüber Frau Gottschalk (siehe Grundfall S. 146).		
3. Die Stadt Celle gibt Dieter Folz auf, seinen bissigen Schäferhund mit einem Beißkorb zu versehen.		
4. Der Landkreis Saalkreis teilt der Unternehmerin Sieglinde Dietrich mit, dass sie für ihren gewerblichen Pannenhilfsdienst keine Genehmigung benötigt.		
5. Die Stadt Magdeburg stellt fest, dass Tim Fischer Deutscher i.S.d. Art 16 GG ist.		

Zwangsmittel

Der Verwaltungszwang dient also der Durchsetzung von Geboten oder Verboten. Folgende Zwangsmittel sind nach den Sicherheitsgesetzen der Länder dafür ausschließlich zulässig:

1. Ersatzvornahme
2. Zwangsgeld und (ersatzweise) Zwangshaft
3. Unmittelbarer Zwang

ÜBUNG 94

1. Ergänzen Sie die Übersicht, indem Sie die Zwangsmittel und deren Rechtsgrundlagen angeben. Beschreiben Sie die verschiedenen Zwangsmittel.
2. Ordnen Sie folgende Beispiele zu:

a) Die Polizeibeamtin Schmidt verbietet den Jugendlichen Axel und Jens, auf einer städtischen Liegewiese Fußball zu spielen und drängt die Jugendlichen beiseite ...
b) ... und nimmt ihnen den Fußball weg.
c) Siehe Grundfall (11/ S. 146): Der Landkreis Wernigerode setzt zunächst einen zu zahlenden Geldbetrag von 5.000,- EUR fest ...
d) ... und da dieser und weitere Gelder nicht beigetrieben werden können, ordnet das zuständige Gericht zehn Tage Haft an.
e) Später lässt die Behörde das Gebäude auf Kosten der Frau Gottschalk durch den Unternehmer Ernst Theilen abreißen.

ÜBERSICHT 21

Zwangsmittel

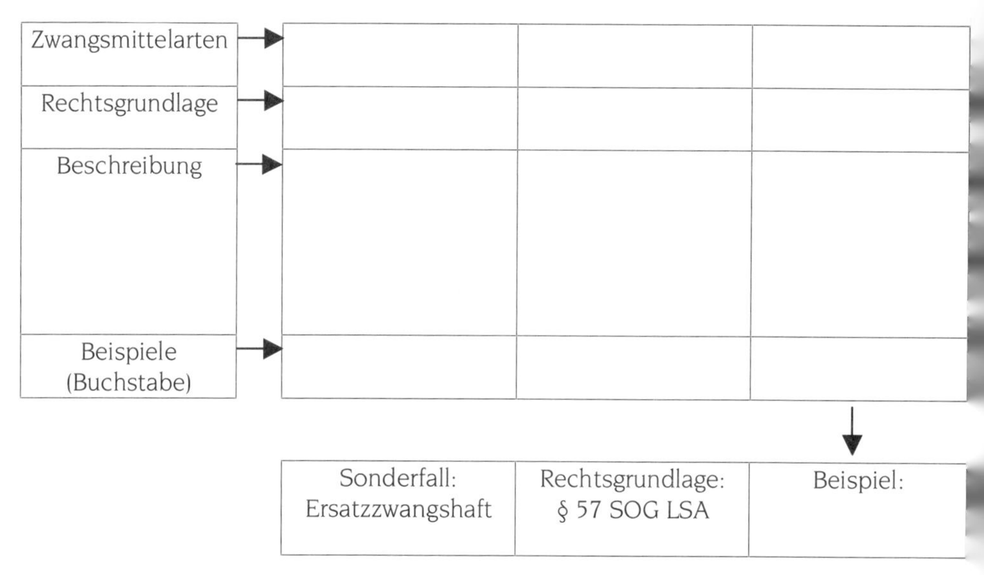

Zwangsmittelarten →			
Rechtsgrundlage →			
Beschreibung →			
Beispiele (Buchstabe) →			

Sonderfall: Ersatzzwangshaft	Rechtsgrundlage: § 57 SOG LSA	Beispiel:

Abgrenzung: Zwangsmittel und Ahndungsmittel

Zwangsmittel besitzen keinen Strafcharakter, sondern dienen einzig dem Zweck, als **Beugemittel** eine getroffene hoheitliche Anordnung durchzusetzen. Sie sind auf einen **zukünftigen Erfolg** gerichtet, während eine Strafe oder ein Bußgeld auf die Ahndung eines vergangenen Tuns gerichtet ist. Deshalb sind die Zwangsmittel auch **neben einer Strafe** oder einem Bußgeld möglich und können wiederholt angewendet werden.

Merke:

Ahndungs- und Beugemittel schließen sich nicht aus.

ÜBUNG 95

1. Ergänzen Sie die nachstehende Tabelle mit den Begriffen Beugemittel und Ahndungsmittel.
2. Welche landesrechtliche Norm regelt deren Verhältnis?
   Lösung: ______________________________
3. Ordnen Sie der Übersicht die vom Landkreis Wernigerode im Fall 36 (Kap. 11, S. 145) vorgesehenen Maßnahmen zu.
   a) Festsetzung eines Bußgeldes von 4.000,- EUR
   b) Beseitigung des Bauwerks durch den Unternehmer Ernst Theilen
   c) Festsetzung eines Zwangsgeldes von 5.000,- EUR

← Vergangenheit	Zukunft →
Ahndungsmittel für vergangenes Tun	Beugemittel für künftiges Tun
Beispiele, Buchstabe:	Beispiele, Buchstabe:

Gestrecktes Verfahren — BASISTEXT

Es stellt sich die Frage, ob die Stationen „Verwaltungsakt" und „Androhung des Zwangsmittels" jeweils ein rechtmäßiges Handeln der Behörde erfordern. Die Ermächtigungsgrundlage des Verwaltungszwangs (z. B. § 64 Abs. 1 Nds. SOG; § 53 Abs. 1 SOG LSA) setzt (nur) voraus, dass ein Verwaltungsakt vorliegt. Dieser muss lediglich wirksam (sprich: nicht nichtig, § 44 VwVfG) sein, denn es ist ein tragender Grundsatz des Vollstreckungsrechts, dass nur die Wirksamkeit, nicht aber die Rechtmäßigkeit vorangegangener Verwaltungsakte (zu vollstreckender Verwaltungsakt und Androhung) Voraussetzung für die Anwendung von Zwangsmitteln ist.

Schäferhund springt an — FALL 37

Am 18.10. erließ die Stadt Magdeburg gegenüber Friederike Liese, deren Schäferhund Rex bereits sechs Mal andere Personen angesprungen und zum Teil leicht verletzt hatte, eine mit zutreffender Rechtsbehelfsbelehrung versehene Ordnungsverfügung, nach der Liese verpflichtet ist, den Hund außerhalb ihrer Wohnung stets angeleint zu halten. Der Bescheid ist von Fritz Liese, dem getrennt lebenden Ehemann der Frau Liese, unterzeichnet. Liese erhob gegen die Verfügung keinen Widerspruch. Unter dem 9.11. drohte die Stadt Magdeburg ihr ein Zwangsgeld von bis zu 200,- EUR an für den Fall der Nichtbefolgung der Ordnungsverfügung. Diese Androhung war ebenfalls mit einer ordnungsgemäßen Rechtsbehelfsbelehrung versehen. Liese erhob wiederum keinen Widerspruch, führte ihren Hund indes nach wie vor unangeleint aus. Daraufhin setzte die Behörde am 22.12. ein Zwangsgeld von 200,- EUR fest und treibt dieses bei, da Liese nicht zahlt.

Übung 96

1. Ergänzen Sie die Übersicht mit den einschlägigen Rechtsgrundlagen.

2. Prüfen Sie anhand der Übersicht, ob die Stadt Magdeburg am 22.12. zu Recht ein Zwangsgeld von 200,- EUR gegenüber Frau Liese festgesetzt hat und halten Sie Ihre Arbeitsschritte in der Übersicht fest.

Übersicht 22 Gestrecktes Verfahren (Normalverfahren)

Handlungsstation der Behörde	Rechtsgrundlagen	Voraussetzungen	Anwendung
1. Verwaltungsakt		Der Verwaltungsakt muss wirksam sein, d. h. er braucht nicht rechtmäßig zu sein, darf aber nicht nichtig sein (§§ 43 Abs. 3, 44 VwVfG).	
2. Androhung des Zwangsmittels		In der Regel muss das Zwangsmittel vor seiner Anwendung angedroht werden. Die Androhung kann mit dem Verwaltungsakt verbunden werden.	
3. Festsetzung/ Anwendung des Zwangsmittels		Ein Zwangsgeld wird schriftlich festgesetzt, sonstige Zwangsmittel werden angewendet. Der Verwaltungsakt muss vollstreckbar sein.	
4. Beitreibung des Zwangsgeldes		Ein Zwangsgeld wird nach den Regelungen der Geldvollstreckung beigetrieben, wenn der Pflichtige es nicht zahlt.	

Sofortiger Vollzug

BASISTEXT

Das zuvor behandelte „gestreckte" Verwaltungszwangsverfahren dauert längere Zeit. Es können sich Situationen ergeben, in denen dieses Verfahren zu lange dauert, weil sofort gehandelt werden muss. Dieses Verfahren darf nicht verwechselt werden mit der Anordnung der sofortigen Vollziehung gemäß § 80 Abs. 2 Nr. 4 VwGO.

Beispiele:

a) Die gewerbesteuerpflichtige Baumaschinenhändlerin Sabine Schramm entzieht sich über Jahre ihrer Zahlungspflicht. Daraufhin untersagt der Landkreis Saalkreis ihr die selbstständige Ausübung ihres Gewerbebetriebes und ordnet die sofortige Vollziehung der Untersagungsverfügung an.

b) Vor der Feuerwehrausfahrt der Feuerwache 12 in Halle befindet sich am 23.7. um 11.43 Uhr der verbotswidrig geparkte PKW VW Beetle von Ursula Dahm, der von dort durch Abschleppen entfernt werden soll.

c) Ein morscher Baum droht auf die Fahrbahn der vielbefahrenen Bahnhofstraße in Freyburg/ Unstrut zu stürzen. Die Eigentümerin Janine Bachmann ist im Urlaub und nicht erreichbar. Die Stadt Freyburg überlegt, den Baum durch den Bauhof abstützen zu lassen.

ÜBUNG 97

Beschreiben Sie die Begriffe „Anordnung der sofortigen Vollziehung" und „Sofortiger Vollzug" und ordnen Sie die vorstehenden Beispiele a) – c) zu.

Anordnung der sofortigen Vollziehung:	Sofortiger Vollzug:
Rechtsgrundlage:	Rechtsgrundlage: z. B.
Beispiel:	Beispiel:

Übung 98

Ergänzen Sie den Lückentext.

Ermächtigungsgrundlage ist § .... Danach kann der Verwaltungszwang .... vorausgehenden verwaltungsbehördlichen .... angewendet werden, wenn dies zur Abwehr einer .... erforderlich ist, insbesondere wenn Maßnahmen gegen Personen nach §§ .... nicht oder nicht rechtzeitig möglich sind oder .... Die Verwaltungsbehörde muss dabei .... handeln. Das bedeutet, dass ein gedachter (fiktiver) Verwaltungsakt rechtmäßig wäre. D. h. die handelnde Behörde müsste .... und .... zuständig sein und die materiellen Voraussetzungen (z. B. .... bei Anwendung der Befugnisgeneralklausel), Verantwortlichkeit (§§.. und Wahrung der Verhältnismäßigkeit (§...) müssten erfüllt sein.

Fall 38 — Wartburg wartet

Der Außendienstmitarbeiterin der Stadt Halle/Saale, Irene Ohlhoff fällt auf, dass ein PKW Wartburg Tourist, amtliches Kennzeichen: HAL-TB 250, am 23.9. mittags seit mehr als einer Stunde mit allen Rädern auf dem Gehweg der Brauergasse in Halle geparkt ist und der Fußgängerverkehr dadurch auf die Fahrbahn ausweichen muss. Frau Ohlhoff ermittelt, dass die Halterin des Wagens Kathrin Köster ist. Weder Halterin noch Fahrer des Autos können kurzfristig gefunden werden. Ohlhoff lässt das Auto durch den Abschleppunternehmer Weiß auf den nächstgelegenen freien Parklatz umsetzen.

Übung 99

Prüfen Sie die Rechtmäßigkeit der Maßnahme anhand der nachfolgenden Tabelle.

Tatbestandsmerkmal	Rechtsgrundlagen	Subsumtion/ Begründung
Abwehr einer Gefahr		
Inanspruchnahme von Verantwortlichen/ nicht rechtzeitig möglich/ nicht erfolgversprechend		
Handeln innerhalb der Befugnisse (Rechtmäßigkeit eines gedachten Verwaltungsakts)		
Rechtmäßigkeit der Anwendung des konkreten Zwangsmittels		
Ergebnis		

FALL 39 Der Fels schlägt zu

Die Rentnerin Else Hase besitzt ein Hanggrundstück, von dem ein Felsen abzurutschen droht. Am 23.05. fordert die Stadt Minden sie durch eine Ordnungsverfügung mit zutreffender Rechtsbehelfsbelehrung auf, den Felsblock innerhalb einer Woche abzustützen. Die Bürgerin weigert sich hartnäckig und befolgt die Anordnung nicht. Widerspruch erhebt sie nicht. Am 1.7. erhält sie folgendes Schreiben der Stadt Minden:

> „Falls Sie meiner Anordnung vom 23.05. nicht bis zum 15.07. nachkommen, werde ich die notwendigen Arbeiten durch das Fachunternehmen Wilkening auf Ihre Kosten ausführen lassen."

Fragen zum Fall	Antwort
1. Um welche Art von Zwangsmittel handelt es sich hier? Nennen Sie die Rechtsgrundlage.	
2. Vergleichen Sie die Eignung der Zwangsmittel „Ersatzvornahme" und „Zwangsgeld" im Rahmen des Auswahlermessens.	
3. Prüfen Sie fallbezogen die rechtlichen Voraussetzungen der Anwendung des Verwaltungszwanges im „gestreckten" Verfahren.	
4. Entspricht die Zwangsmittelandrohung den gesetzlichen Anforderungen?	
5. Hätte die Zwangsmittelandrohung auch mit dem Grundverwaltungsakt verbunden werden dürfen?	
6. Unterstellt, der Felsblock drohte am 23.05. infolge starker Regenfälle auf die angrenzende Bahnhofstraße abzustürzen: Hätte die Stadt Minden den Fels auch durch ein Fachunternehmen sichern lassen können, ohne zuvor gegenüber Hase eine solche Anordnung zu erlassen?	

12 Grundzüge des Ordnungswidrigkeitenrechts

Rechtsgrundlagen und Begriff der Ordnungswidrigkeit **BASISTEXT**

Der geschichtliche Hintergrund des heutigen Ordnungswidrigkeitenrechts ist in dem Bestreben zu sehen, das Strafrecht auf die wirklich strafwürdigen Fälle kriminellen Unrechts zu beschränken und sog. **„Verwaltungsunrecht"** durch die Verwaltungsbehörden zu ahnden. Die Rechtsgrundlagen des Ordnungswidrigkeitenrechts finden sich im OWiG. Das OWiG enthält sowohl verfahrensrechtliche Bestimmungen als auch einige materielle Ordnungswidrigkeitentatbestände. Im Ordnungswidrigkeitenverfahren sind VwVfG, VwGO sowie StGB nicht anwendbar.
Darüber hinaus finden sich in ca. 250 Bundes- und 500 Landes-(Fach-)Gesetzen Ordnungswidrigkeitentatbestände, z. B. § 29 VersG, § 24 StVG, § 29 Abs. 2 GO LSA.

Der **Begriff der Ordnungswidrigkeit** ergibt sich aus § 1 OWiG, wonach die Ahndung folgendes voraussetzt:

1. **Verwirklichung des Tatbestandes** eines Gesetzes, das die Ahndung einer Tat als Ordnungswidrigkeit zulässt (Tatbestandsmäßigkeit),

2. **Rechtswidrigkeit** des tatbestandsmäßigen Verhaltens

3. und **Vorwerfbarkeit** des tatbestandsmäßigen und rechtswidrigen Verhaltens.

Im Freudentaumel **FALL 40**

Der 24 Jahre alte Peter Schmidt feiert den Sieg seiner Fußballmannschaft, indem er über drei Stunden lang nachts mit einer 97 dB (A) lauten Doppeltonfanfare durch das Wohngebiet zieht, so dass die Anwohner nicht schlafen können. Da Schmidt sich im Freudentaumel befindet, nimmt er dies gern in Kauf.

1. Tatbestandsmäßigkeit

Auf dieser Ebene ist zu prüfen, ob ein Verhalten (Tun oder ggfls. Unterlassen) dem gesetzlichen Tatbestand einer Ordnungswidrigkeit entspricht.

Aufgabe: Prüfen Sie, ob Schmidts Verhalten tatbestandsmäßig eine Ordnungswidrigkeit im Sinne des § 117 Abs. 1 OWiG darstellt.

Notieren Sie die Lösung auf einem besonderen Blatt.

2. Rechtswidrigkeit

Jede tatbestandsmäßige Handlung ist rechtswidrig, es sei denn, es gäbe ausnahmsweise Rechtfertigungsgründe für das Verhalten. Dies sind insbesondere Notwehr (§ 15 OWiG) und Notstand (§ 16 OWiG). Im Beispiel sind Rechtfertigungsgründe nicht ersichtlich.

3. Vorwerfbarkeit

Vorwerfbar ist eine Handlung, wenn der Täter rechtswidrig einen Ordnungswidrigkeitentatbestand erfüllt hat, obwohl er fähig und imstande gewesen wäre, sich rechtmäßig zu verhalten. Dies setzt zunächst nach § 12 OWiG die Verantwortlichkeit des Täters voraus (vgl. im Strafrecht: Schuldfähigkeit). Zum Anderen beruht die Vorwerfbarkeit auf vorsätzlichem oder fahrlässigem Verhalten. Fahrlässiges Verhalten kann jedoch nur geahndet werden, soweit das Gesetz dies ausdrücklich bestimmt (§ 10 OWiG). Vorsatz bzw. Fahrlässigkeit lassen sich wie folgt beschreiben:

Vorsatz	Fahrlässigkeit
Der Täter weiß nach seiner laienhaften Wertung um das Verbotene seines Handelns und nimmt den Erfolg zumindest billigend in Kauf.	Der Täter lässt die im Rechtsverkehr erforderliche Sorgfalt außer acht (vgl. auch § 276 Abs. 1 S. 2 BGB).

Aufgabe: Prüfen Sie, ob Schmidt vorwerfbar gehandelt hat.

 Notieren Sie die Lösung auf einem besonderen Blatt.

FALL 41 **Gute Beschleunigung**

Der Auszubildende Detlev Gebauer hat gerade seine Führerscheinprüfung bestanden. Mit seinem neuen Honda Civic fährt er an dem Ortseingangsschild der Gemeinde Wennsen vorbei und beschleunigt sein Auto auf 70 km/h, weil er mehr auf die Hits im Autoradio als auf die Geschwindigkeitsanzeige des Tachos achtet.

Aufgabe: Prüfen Sie, ob das Verhalten des Gebauer durch die zuständige Verwaltungsbehörde als Ordnungswidrigkeit geahndet werden kann.

 Notieren Sie die Lösung auf einem besonderen Blatt.

Rechtsfolgen der Ordnungswidrigkeit und Einspruchsverfahren

BASISTEXT

Hauptfolge einer Ordnungswidrigkeit ist in der Regel die **Festsetzung einer Geldbuße** gegen den Täter. Das Bußgeld beträgt nach § 17 Abs. 1 OWiG 5,- bis 1.000,- EUR, in besonderen Gesetzen können höhere Bußgelder vorgesehen sein. So ist z. B. in § 145 Abs. 4 GewO ein Bußgeldrahmen bis zu 25.000,- EUR vorgesehen. Bei lediglich fahrlässigem Handeln reduziert sich das gesetzlich angedrohte Bußgeld indes auf die Hälfte des jeweiligen Höchstbetrages (§ 17 Abs. 2 OwiG).

Bei geringfügigen Ordnungswidrigkeiten kommt statt dessen eine Verwarnung gemäß § 56 OWiG in Betracht, wenn der Täter hiermit einverstanden ist. Es gibt Verwarnungen mit und ohne Verwarnungsgeld. Das Verwarnungsgeld beträgt zwischen 5,- EUR und 35,- EUR.

Als Nebenfolge der Tat kann z. B. ein Fahrverbot (§ 25 StVG) angeordnet werden.

Hinsichtlich des gegen einen Bußgeldbescheid gegebenen Rechtsbehelfs ist zunächst zu beachten, dass die VwGO keine Anwendung findet. Vielmehr kann der Betroffene bei der erlassenden Behörde gemäß § 67 OWiG **Einspruch** gegen den Bußgeldbescheid erheben; gegen Verwarnungen sind Rechtsbehelfe nicht gegeben.

Der Einspruch kann schriftlich, zur Niederschrift, per Fax und auch telefonisch erhoben werden. Die Einspruchsfrist beträgt zwei Wochen nach Zustellung des Bescheides. Daraufhin prüft die Behörde die Zulässigkeit des Einspruchs und entscheidet, ob sie am Bußgeldbescheid festhält oder ihn zurücknimmt (§ 69 Abs. 2 OWiG). Hat die Behörde den Einspruch nicht als unzulässig verworfen und ihm nicht abgeholfen, hat sie die Akten der Staatsanwaltschaft beim Landgericht zu übersenden, die damit zuständige Verfolgungsbehörde wird.

In der Regel wird dann das Amtsgericht im Rahmen einer Hauptverhandlung über den Ordnungswidrigkeitenvorwurf entscheiden und diesen selbstständig rechtlich würdigen. Das Gericht entscheidet dann mit oder ohne mündliche Verhandlung durch Gerichtsbeschluss oder Urteil.

Ein im gerichtlichen Verfahren festgesetztes Bußgeld fließt der Landeskasse, nicht der Verwaltungsbehörde zu.

13 Kontrolle des Verwaltungshandelns

BASISTEXT Funktion und Arten der Verwaltungskontrolle

Verwaltungshandeln hat in unterschiedlicher Weise **mittelbare oder unmittelbare Auswirkungen** auf die Bürger.

So berührt die Versagung einer Gaststättenerlaubnis die grundsätzlich durch das Grundgesetz gewährleistete Berufsfreiheit des Antragstellers (vgl. Art. 12 GG).
Die Erteilung einer Baugenehmigung begünstigt den Bauherrn, der nun seine Planungen realisieren kann. Zudem wird ein wirtschaftlicher Impuls ausgelöst, indem Aufträge an Handwerksfirmen vergeben werden. Andererseits kann die Verwirklichung des Bauvorhabens für die betroffenen Nachbarn negative Auswirkungen haben. So kann es beispielsweise zu erhöhtem Verkehrsaufkommen kommen, wenn sich ein Gewerbebetrieb in einem sonst vorwiegend dem Wohnen dienenden Gebiet ansiedelt. Es ist auch denkbar, dass der neue Gebäudekörper das bisherige Sichtfeld des Nachbarn beeinträchtigt.
Die Wohngeldgewährung begünstigt den Mieter einer Wohnung unmittelbar durch den direkten Geldtransfer und mittelbar den Wohnungseigentümer, der mit einer beständigen Mietzahlung rechnen kann.

Aber auch **generelle Entscheidungen** einer öffentlichen Stelle können für die Bewohner des betreffenden Gemeinwesens Konsequenzen haben. So kann beispielsweise die finanzpolitisch fehlerhafte Weichenstellungen einer Kommune die Einschränkung kommunaler Investitionen zur Folge haben und ggfs. zu Steuer- und Gebührenerhöhungen führen. Damit sind dann weite Kreise der Gemeindeeinwohner betroffen.

Die unterschiedlichen Auswirkungen führen dazu, dass nicht alle Betroffenen mit dem Verwaltungshandeln einverstanden sind. Diese Verwaltungsentscheidungen können auf verschiedenen Wegen einer kritischen Würdigung/Überprüfung unterzogen werden.
Der Gesetzgeber hat darüber hinaus ein differenziertes System entwickelt, um die Verwaltungstätigkeit einer wirksamen unmittelbaren Kontrolle zu unterziehen. Da ist zunächst der Bereich der **verwaltungsinternen Kontrolle** zu sehen. Hier wird die Überprüfung von Verwaltungsentscheidungen durch die Verwaltung selbst eingeleitet.

So kann die Erlassbehörde einen Verwaltungsakt unter bestimmten Voraussetzungen wieder aufheben (siehe z. B. §§ 48 ff. VwVfG). Auf der kommunalen Ebene besitzen die Hauptverwaltungsbeamten überwiegend Einspruchsrechte gegenüber rechtswidriger Organentscheidungen (vgl. nur § 65 NGO). Vorgesetzte Stellen können Aufsichtsrechte wahrnehmen. Die Haushaltswirtschaft wird regelmäßig einer Rechnungsprüfung unterzogen (§§ 117 ff. NGO; §§ 88 ff. Nds. Landeshaushaltsordnung und Gesetz über Nds. Landesrechnungshof).

Bei der **verwaltungsexternen Kontrolle** wird der Impuls zur Überprüfung einer Verwaltungsentscheidung von außen ausgelöst. Das Ziel ist hier vorrangig die Durchsetzung von Individualinteressen. Sinnvoll ist es, zwischen **gerichtlicher** und **außergerichtlicher Kontrolle** zu unterscheiden.

ÜBUNG 100

1. Ordnen Sie die folgenden Begriffe zu:
   Verwaltungsexterne Kontrolle/ Kontrolle des Verwaltungshandelns/ Verwaltungsinterne Kontrolle
2. Nennen Sie drei Maßnahmen der verwaltungsinternen Kontrolle.

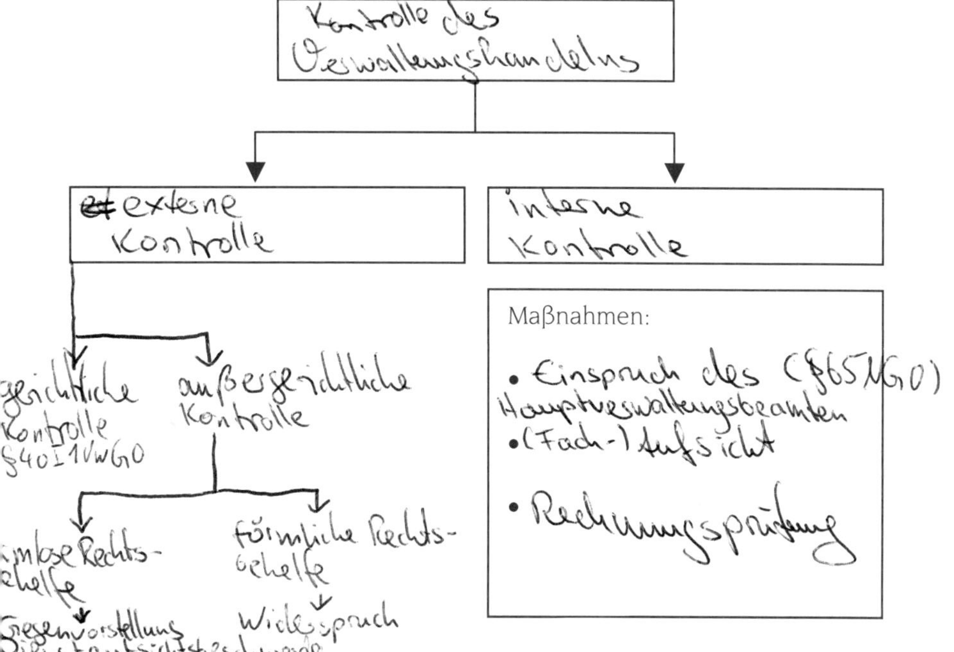

Die außergerichtliche Kontrolle kennt **formlose** und **förmliche Rechtsbehelfe.**

Zu den **formlosen Rechtsbehelfen** zählen

- **Gegenvorstellung:** Hier wenden sich Bürger an die Verwaltung, die eine bestimmte Maßnahme ergriffen oder aber unterlassen hat. Ziel ist die Abänderung, die Aufhebung oder der Erlass der strittigen Maßnahme.
- **Dienstaufsichtsbeschwerde:** Hier wird das persönliche Verhalten eines Mitarbeiters gerügt und eine Überprüfung/ggfs. Sanktion erwartet.
- **Aufsichtsbeschwerde:** Hier wendet sich der Bürger an die vorgesetzte Behörde mit der Aufforderung, die beanstandete Maßnahme der nachgeordneten Behörde zu überprüfen.

Eine besondere Funktion kommt darüber hinaus dem grundgesetzlich geregelten **Petitionsrecht** (Art. 17 GG sowie die Landesverfassung) zu. Es eröffnet jedermann das Recht, sich einzeln oder in Gemeinschaft mit anderen schriftlich mit Bitten oder Beschwerden an die zuständigen Stellen und an die Volksvertretung zu wenden.

Zu den **förmlichen Rechtsbehelfen** zählt der **Widerspruch.**

Bei der gerichtlichen Kontrolle wird das Verwaltungshandeln durch die sog. „Dritte Gewalt" überprüft. Ausdrücklich bestimmt das Grundgesetz, dass jedem, der durch die öffentliche Gewalt in seinen Rechten verletzt wird, der Rechtsweg offen steht. Diese **Rechtsschutzgarantie des Grundgesetzes** (Art. 19 Abs. 4 GG) stellt ein wesentliches Element des Rechtsstaates dar. Häufig ist die gerichtliche Überprüfung die Fortsetzung einer vorausgegangenen außergerichtlichen Kontrolle.

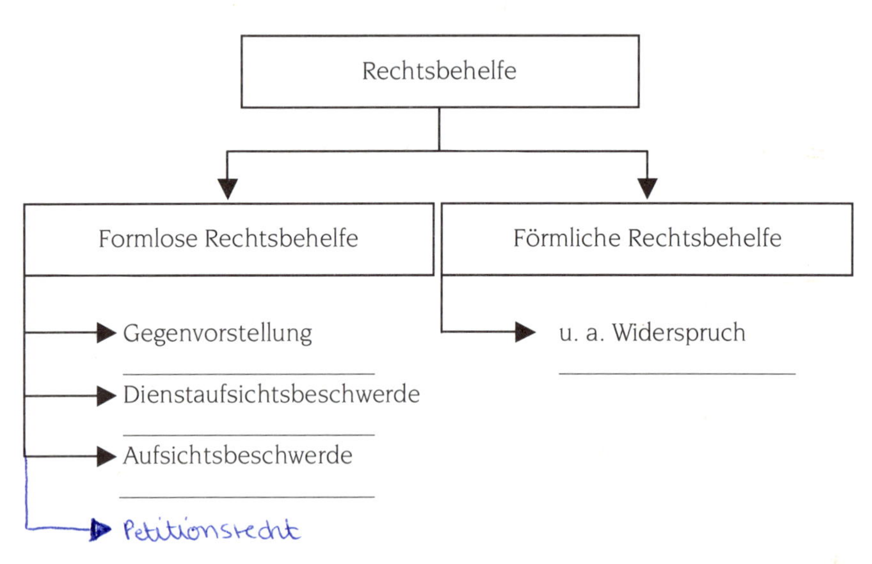

Übung 101

Ordnen Sie die nachfolgenden Beispiele dem System der Rechtsbehelfe zu.

Beispiele:

1. Die Stadt Halle/ Saale lehnt es ab, eine Ampelanlage an der Hansastraße einzurichten, da dies wegen zu geringen Verkehrsaufkommens nicht notwendig ist. Die Elterninitiative „Sicherer Schulweg" hält die bisher abgelehnte Ampelanlage weiterhin für erforderlich und fordert den Oberbürgermeister auf, das Verkehrsamt anzuweisen, eine neuerliche Verkehrszählung durchzuführen (Stichwort: Verkehrszählung).
2. Der Antragsteller Klaus Müller wehrt sich gegen die Versagung der Gaststättenerlaubnis in der vorgesehenen Frist mit dem Ziel, die Erlaubniserteilung noch zu erreichen (Stichwort: Gaststättenerlaubnis).

3. Der Rat der Stadt Delmenhorst beschließt die Schließung eines vorhandenen Hallenbades. Hintergrund für diese Entscheidung ist die angespannte Haushaltslage. Der Vorsitzende des örtlichen Schwimmvereins hält diese Entscheidung für fehlerhaft. Er fordert die zuständige Aufsichtsbehörde auf, den Ratsbeschluss zu überprüfen (Stichwort: Hallenbadschließung).

4. Der Sozialhilfeempfänger Ingo May fühlt sich durch das Verhalten eines Verwaltungsmitarbeiters demütigend behandelt. Er beschwert sich bei dem Leiter der Behörde und fordert persönliche Konsequenzen für den Mitarbeiter (Stichwort: Beschwerde).

Eine besondere Rolle nimmt ferner die Öffentlichkeit ein. Maßnahmen, die einen großen Kreis von Personen betreffen, werden häufig einer kritischen öffentlichen Diskussion unterzogen. Das **Demokratieprinzip** fordert zudem die öffentliche Erörterung staatlichen Handelns. Nur der Diskurs befähigt die Bürger, sachgerecht Einfluss auf die Verwaltungsabläufe zu nehmen und bei Wahlen und Abstimmungen überzeugende Entscheidungen zu treffen. Der **Herstellung von Öffentlichkeit** kommt damit besondere Bedeutung zu. Hier nehmen die Medien eine wichtige Funktion wahr. Die Gesetzgebung berücksichtigt dies. So gewährt Art. 5 Abs. 1 GG die Pressefreiheit und die Freiheit der Berichterstattung durch Rundfunk und Film. Ferner weisen die Pressegesetze der Länder der Presse eine öffentliche Aufgabe zu, wenn diese in Angelegenheiten von öffentlichem Interesse Nachrichten beschafft und verbreitet, Stellung nimmt, Kritik übt oder auf andere Weise an der Meinungsbildung mitwirkt. Durch Aufklärung können dann Fehlentwicklungen einer öffentliche Debatte unterzogen werden.

Einzelne Landesverfassungen und fast alle Kommunalverfassungen sehen Instrumente der **unmittelbaren Bürgerbeteiligung** vor (Bürgerbegehren, Bürgerentscheid). Die Wähler haben zudem am Wahltag die Chance der Kurskorrektur. Die Demokratie schafft damit Instrumente zur Bewältigung von Problemen.

Verwaltungsgerichtliche Klagearten

Nach Maßgabe der Verwaltungsgerichtsordnung ist grundsätzlich gegen alle hoheitlichen Maßnahmen der Verwaltung – unabhängig von der Rechtsform des Handelns – **verwaltungsgerichtlicher Rechtsschutz** möglich. So eröffnet die verwaltungsgerichtliche Generalklausel (§ 40 Abs. 1 S. 1 VwGO) den Verwaltungsrechtsweg in allen öffentlich-rechtlichen Streitigkeiten nicht verfassungsrechtlicher Art, sofern diese Streitigkeiten nicht durch Bundesgesetz einem anderen Gericht zugewiesen sind. Ziel der verwaltungsgerichtlichen Klage ist allein die Rechtmäßigkeitskontrolle der angegriffenen Verwaltungsentscheidung.

ÜBERSICHT 23 Verwaltungsgerichtliche Klagearten

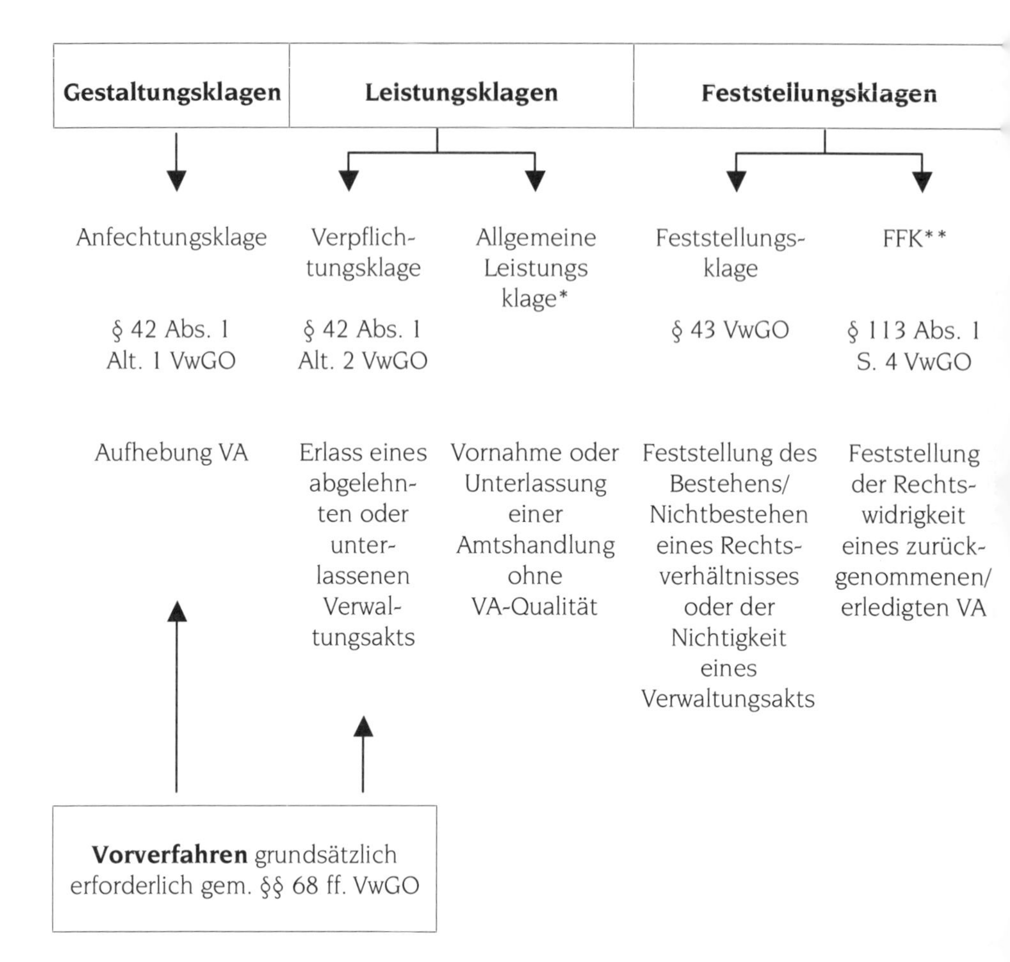

*) Für diese Klageart fehlt eine ausdrückliche gesetzliche Bestimmung, gleichwohl ist sie als selbstständige Klageart vorgesehen (s. §§ 43 Abs. 2 S. 1, 111, 113 Abs. 4 VwGO)
**) Fortsetzungsfeststellungsklage

Eine besondere Rolle nimmt das **Normenkontrollverfahren** (§ 47 VwGO) ein. Es zielt auf die Nichtigkeitserklärung einer Satzung oder Verordnung.

Widerspruchsverfahren

Die störende Grundstückszufahrt **FALL 42**

Manfred Kruse bewirtschaftet in Wiesenthal (12.500 Einwohner) seit ca. 15 Jahren einen landwirtschaftlichen Betrieb. Die Hofstelle liegt an einer Kreisstraße außerhalb der geschlossenen Ortslage. Vor fünf Jahren legte Kruse eine zweite Grundstückszufahrt zur Kreisstraße an. Die nach dem Landesstraßengesetz erforderliche Sondernutzungserlaubnis datiert vom 17. Mai des entsprechenden Jahres. Die rechtmäßige Erlaubnis war mit einem Widerrufsvorbehalt versehen worden. Der im vergangenen Jahr abgeschlossene Bau einer Umgehungsstraße führt dazu, dass die Kreisstraße nun erheblich mehr Verkehr aufnehmen muss. Da die neue Grundstückszufahrt des Landwirts in der Nähe eines Kurvenbereichs liegt, haben sich hier bereits einige Unfälle ereignet. Die Autofahrer erwarten hier nicht die Einfädelung von landwirtschaftlichen Nutzfahrzeugen.

Nach erfolgter Anhörung hebt die Behörde mit Bescheid vom 5. Mai (Aufgabe zur Post mit Einschreiben) die Sondernutzungserlaubnis auf. Der Bescheid wird formell ordnungsgemäß erlassen. Die dem Brief beigefügte Rechtsbehelfsbelehrung entspricht den gesetzlichen Anforderungen.
Als Ermächtigungsgrundlage wird § 49 Abs. 2 Nr. 1 VwVfG angegeben. Am 8. Juni geht bei der Ausgangsbehörde ein Widerspruchsschreiben des Manfred Kruse ein. Er fordert die Aufhebung der Entscheidung, da der Verlust der zweiten Zufahrt zu einer erheblichen Beeinträchtigung des Betriebsablaufes führen würde.

Aufgabe: Prüfen Sie, ob der Widerspruch zulässig ist.

Kalenderauszug	**Mai**					**Juni**				
Samstag	1	8	15	22	29		5	12	19	26
Sonntag	**2**	**9**	**16**	**23**	**30**		**6**	**13**	**20**	**27**
Montag	3	10	17	24	31		7	14	21	28
Dienstag	4	11	18	25		1	8	15	22	29
Mittwoch	5	12	19	26		2	9	16	23	30
Donnerstag	6	13	20	27		3	10	17	24	
Freitag	7	14	21	28		4	11	18	25	

 Notieren Sie die Lösung auf einem besonderen Blatt.

Funktionen des Widerspruchsverfahrens

Der Gesetzgeber verfolgt mit dem Widerspruchsverfahren unterschiedliche Zielsetzungen. Da ist zunächst die **Rechtsschutzfunktion** zu sehen. Dem Bürger wird eine zusätzliche Rechtsschutzmöglichkeit eingeräumt, um rechtswidrige aber auch unzweckmäßige Verwaltungsentscheidungen korrigieren zu lassen. Dieses Verfahren ist zudem häufig einfacher, schneller und kostengünstiger als eine verwaltungsgerichtlichen Klage.

Ferner ermöglicht das Widerspruchsverfahren die **Selbstkontrolle der Verwaltung**. Der Impuls eines Betroffenen löst ein Verfahren der Verwaltungskontrolle aus. Ausgangs- und ggfs. Widerspruchsbehörde haben die Chance, die Grundlagen einer Verwaltungsentscheidung zu überprüfen und Fehlentscheidungen zu korrigieren. Die Verwaltung kann so u. U. gerichtliche Verfahren, die mit einem Kostenrisiko einerseits und der Bindung von Personalkapazitäten (Stichwort: Verwaltungsökonomie) andererseits verbunden sind, vermeiden.

Führt die Entscheidung im Widerspruchsverfahren zu einer Befriedung einer streitigen Situation, so wird die Anrufung des Gerichts entbehrlich. Das Widerspruchsverfahren hat somit eine **Entlastungsfunktion** für die Verwaltungsgerichte.

ÜBUNG 102

Benennen Sie einzelne Funktionen des Widerspruchsverfahrens.

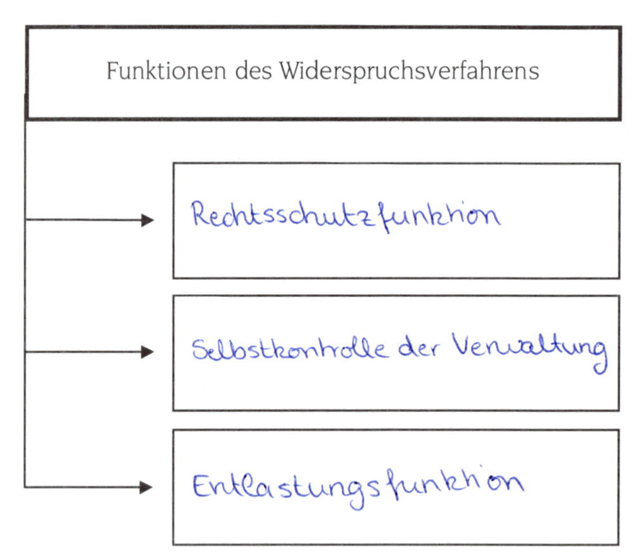

Das Widerspruchsverfahren ist ein förmliches Rechtsbehelfsverfahren, das vor Verwaltungsbehörden und nicht vor den Gerichten stattfindet. Die abschließende Entscheidung trifft entweder die Abhilfebehörde (§ 72 VwGO) oder die Widerspruchsbehörde (§ 73 VwVO). Andererseits ist dieses Vorverfahren für die Anfechtungs- und Verpflichtungsklage grundsätzlich Zulässigkeitsvoraussetzung. Das Widerspruchsverfahren hat damit einen **Doppelcharakter**.

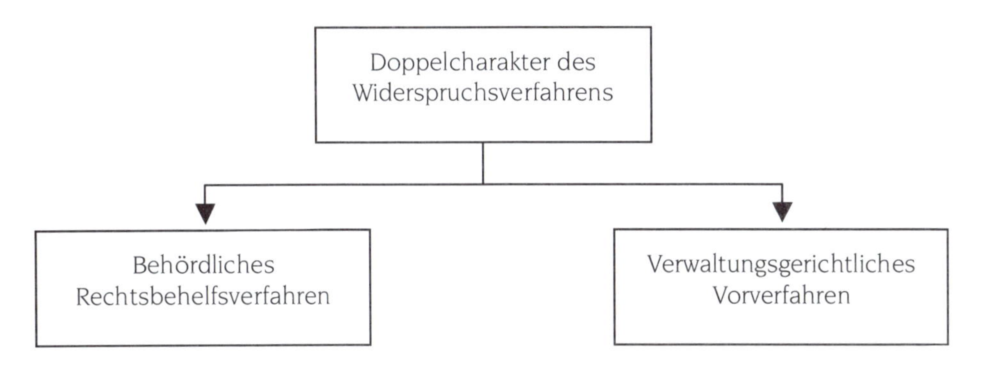

Die **Rechtsgrundlagen** für das Vorverfahren ergeben sich sowohl aus dem Verwaltungsverfahrensgesetz (§§ 79, 80 VwGO) als auch aus dem Prozessrecht (§§ 68 ff. VwGO ggfs. i. V. m. mit landesrechtlichen Ausführungsgesetzen zur VwGO). § 79 VwVfG räumt dabei dem Prozessrecht einen Vorrang ein. Da das Widerspruchsverfahren nicht in allen Voraussetzungen positiv-rechtlich ausgestaltet ist, es aber Sachurteilsvoraussetzung für bestimmte verwaltungsgerichtliche Klagen ist, finden einzelne Regelungen der VwGO eine analoge Anwendung (s. z. B. §§ 42 Abs. 2, 113 Abs. 1 S. 1 VwGO).
U. U. weisen auch einzelne Fachgesetze Regelungen auf, die die Abwicklung des Vorverfahrens berühren (z. B. § 126 BRRG; § 133 Abs. 2 NGO).

Beachte:

Ziel einer ökonomisch und bürgerorientiert handelnden Verwaltung ist es, Widersprüche zu vermeiden. Dafür ist eine sachgerechte Kommunikation erforderlich.
Elemente der gebotenen Kommunikationsstruktur sind:
- Überzeugungsarbeit bei Anhörungsverfahren,
- Frühzeitige Information,
- Kompromissbereitschaft;
- Verständliche Begründung von Bescheiden.

Zulässigkeit des Widerspruchs

Der Widerspruch hat Erfolg, wenn er zulässig und soweit er begründet ist. **Zulässig** ist der Widerspruch, wenn alle formellen Voraussetzungen erfüllt sind.

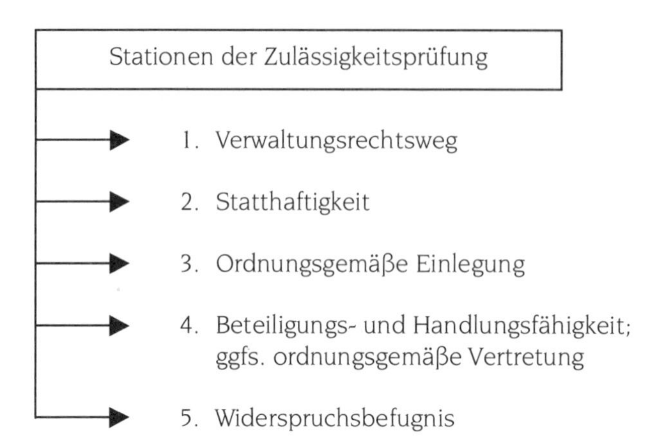

1. Der Verwaltungsrechtsweg

Bei der Bestimmung des Verwaltungsrechtswegs geht es darum festzustellen, welcher Gerichtsweg in einem späteren Klageverfahren angerufen werden müsste.

Der **Verwaltungsrechtsweg** ist für eine Streitigkeit gegeben, wenn dies durch

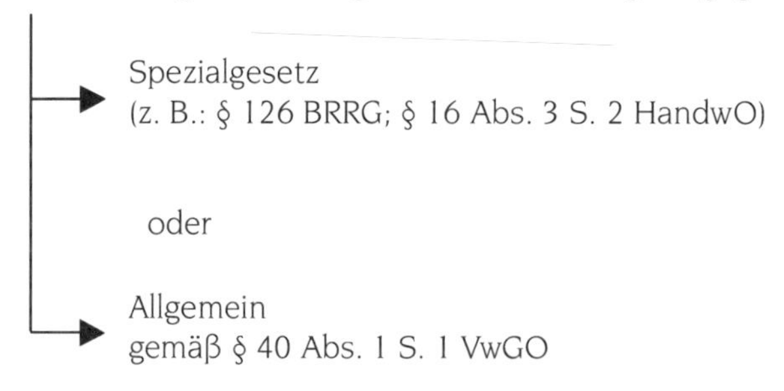

vorgesehen ist.

ÜBUNG 103

Nennen Sie die tatbestandlichen Voraussetzungen der allgemeinen Verwaltungsrechtswegzuweisung.

Die **tatbestandlichen Voraussetzungen** des § 40 Abs. 1 VwGO sind

Lösung:

1. Streitigkeit verfassungsrechtlicher Art
2. öffentlich-rechtliche Streitigkeit
3. keine Zuweisung an ein anderes Gericht

Streitigkeit verfassungsrechtlicher Art

Verfassungsrechtlicher Art ist eine Streitigkeit, wenn es sich
(1) auf beiden Seiten um einen Streit zwischen **unmittelbar am Verfassungsleben** beteiligten Rechtsträgern handelt
und
(2) inhaltlich der Kern der Streitigkeit beim **Verfassungsrecht** liegt.

Beispiele:
- Eine Gruppe von Bundestagsabgeordneten im Bundestag klagt darum, als Fraktion anerkannt zu werden.
- Eine Fraktion im Bundestag klagt auf Feststellung der mangelnden Vereinbarkeit eines Bundesgesetzes mit dem Grundgesetz (z. B. Abtreibungsverbot).

Merke:

Streitigkeiten, bei denen Bürger als Kläger auftreten, sind – auch wenn eine Grundrechtsbetroffenheit gegeben ist – grundsätzlich keine verfassungsrechtlichen, sondern verwaltungsrechtliche Streitigkeiten.

Fall 42 – Teilaufgabe 1:
Prüfen Sie, ob beim Übungsfall „Die störende Grundstückseinfahrt" der Verwaltungsrechtsweg gegeben ist.

Notieren Sie die Lösung auf einem besonderen Blatt.

2. Statthaftigkeit

Die Statthaftigkeit des Widerspruchs ist dann gegeben, wenn die Rechtsordnung diesen Rechtsbehelf vorsieht. Der Widerspruch muss Sachurteilsvoraussetzung für ein späteres Klageverfahren sein. Bei zwei verwaltungsgerichtlichen Klagearten ist nach § 68 VwGO ein Vorverfahren vorgeschaltet und dieses beginnt mit der Erhebung des Widerspruchs (§ 69 VwGO).

Übung 104

Bestimmen Sie die Arten des Widerspruchs.

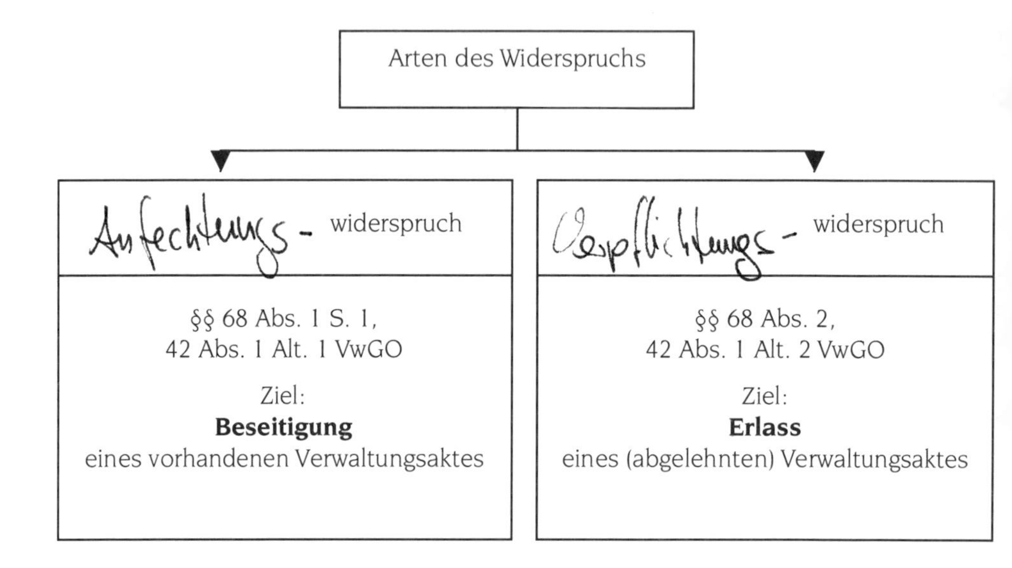

In beamtenrechtlichen Streitigkeiten ist auch bei sonstigen Klagen (z. B. bei einer allgemeinen Leistungsklage gegen die Umsetzung eines Beamten) ein Widerspruchsverfahren vorgeschaltet (§ 126 Abs. 3 BRRG).

Übung 105

Geben Sie an, welche Art des Widerspruchs bei den nachstehenden Beispielen in Betracht kommt. Nennen Sie ferner die entsprechende Rechtsgrundlage.

Es wurde Widerspruch eingelegt gegen	Widerspruchsart	Rechtsgrundlage
1. eine Ausweisungsverfügung		
2. eine Versagung einer gewerberechtlichen Erlaubnis (Bewachungsgewerbe)		
3. eine bauordnungsrechtliche Beseitigungsverfügung		
4. eine dem Nachbarn erteilte Baugenehmigung		
die Umsetzung eines Beamten vom Bauamt in das Sozialamt		
5. eine auf § 48 Abs. 1 S. 1 VwVfG gestützte Rücknahme einer Zuschussentscheidung		

Für bestimmte Fallgruppen bestimmt § 68 Abs. 1 S. 2 VwGO, dass ein Vorverfahren entbehrlich (unstatthaft) ist:

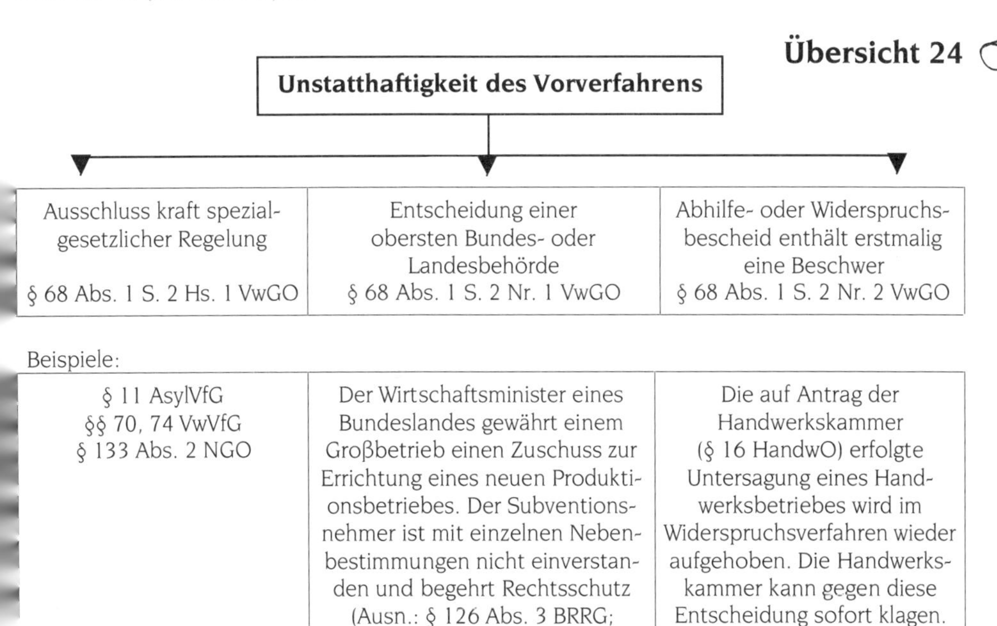

Übersicht 24

Unstatthaftigkeit des Vorverfahrens

Ausschluss kraft spezialgesetzlicher Regelung § 68 Abs. 1 S. 2 Hs. 1 VwGO	Entscheidung einer obersten Bundes- oder Landesbehörde § 68 Abs. 1 S. 2 Nr. 1 VwGO	Abhilfe- oder Widerspruchsbescheid enthält erstmalig eine Beschwer § 68 Abs. 1 S. 2 Nr. 2 VwGO

Beispiele:

§ 11 AsylVfG §§ 70, 74 VwVfG § 133 Abs. 2 NGO	Der Wirtschaftsminister eines Bundeslandes gewährt einem Großbetrieb einen Zuschuss zur Errichtung eines neuen Produktionsbetriebes. Der Subventionsnehmer ist mit einzelnen Nebenbestimmungen nicht einverstanden und begehrt Rechtsschutz (Ausn.: § 126 Abs. 3 BRRG; § 55 PBefG).	Die auf Antrag der Handwerkskammer (§ 16 HandwO) erfolgte Untersagung eines Handwerksbetriebes wird im Widerspruchsverfahren wieder aufgehoben. Die Handwerkskammer kann gegen diese Entscheidung sofort klagen.

Fall 42 – Teilaufgabe 2:
Untersuchen Sie, ob der Widerspruch des Herrn Kruse im Fall 42 statthaft ist.

 Notieren Sie die Lösung auf einem besonderen Blatt.

3. Ordnungsgemäße Einlegung

Der Widerspruch muss ordnungsgemäß eingelegt werden. § 70 VwGO regelt die Voraussetzungen.

Übung 106

Nennen Sie die drei Voraussetzungen der ordnungsgemäßen Widerspruchseinlegung.

•

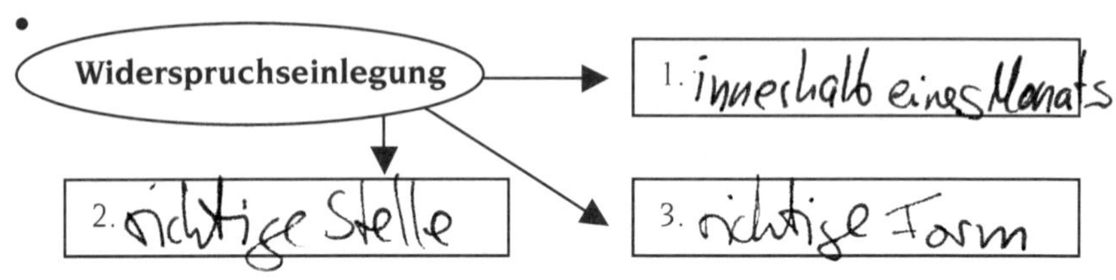

- Das Merkmal **Richtige Stelle** fordert, dass der Widerspruch bei der Ausgangsbehörde (§ 70 Abs. 1 S. 1 VwGO), die den Verwaltungsakt erlassen hat oder aber bei der Widerspruchsbehörde (§ 70 Abs. 1 S. 2 VwGO) eingelegt wird. Welche Behörde Widerspruchsbehörde ist, beurteilt sich nach § 73 Abs. 1 VwGO.

Fall 42 – Teilaufgabe 3:
Klären Sie, ob der Widerspruch im Fall 42 formgerecht eingelegt worden ist.

 Notieren Sie die Lösung auf einem besonderen Blatt.

Übung 107

Alternative Beispiele	Der Widerspruch ist formgerecht eingelegt worden.	
	JA	NEIN
1. Dem Widerspruchsschreiben fehlt die Unterschrift, es weist aber Absender und Aktenzeichen auf.	X	
2. Der Widerspruch wird telefonisch eingelegt und der Sachbearbeiter fertigt einen Vermerk.		X
3. Der Widerspruch wird per E-Mail mit qualifizierter elektronischer Signatur eingereicht.	X	
4. Der Widerspruch wird per Telegramm eingelegt.	X	
5. Der Widerspruch wird per Telefax übermittelt.	X	

- Der Widerspruch muss **schriftlich oder zur Niederschrift** erhoben werden (§ 70 Abs. 1 S. 1 VwGO). Dies bedeutet, dass er in schriftlicher Form eingereicht und grundsätzlich eigenhändig unterschrieben sein muss. Wegen der etwas geringeren Förmlichkeit des Widerspruchsverfahrens gegenüber dem Klageverfahren genügt es aber, wenn sich aus dem Widerspruchsschreiben allein oder in Verbindung mit Anlagen hinreichend sicher ergibt, dass das Schreiben vom Widerspruchsführer herrührt und mit dessen Willen in den Verkehr gelangt ist. Da die Schriftform (vgl. § 126 Abs. 1 BGB) gemäß § 3 Abs. 2 S. 1 VwVfG durch die elektronische Form unter Verwendung einer qualifizierten Signatur nach dem Signaturgesetz ersetzt werden kann, ist auch die Widerspruchserhebung mittels E-Mail formgerecht, sofern die Behörde – etwa durch Bekanntgabe einer E-Mail-Adresse – hierfür rechtlich den Zugang eröffnet hat.

- Die **Monatsfrist** fordert die Bekanntgabe des Verwaltungsaktes (§ 70 Abs. 1 S. 1 VwGO) und eine ordnungsgemäße Rechtsbehelfsbelehrung (§§ 70 Abs. 2, 58 Abs. 1 VwGO). Ist die Rechtsbehelfsbelehrung unterblieben oder fehlerhaft, so gilt grundsätzlich die Jahresfrist (§§ 70 Abs. 2, 58 Abs. 2 VwGO). Für die Berechnung der Frist ist auf die Regelungen des Bürgerlichen Gesetzbuches zurückzugreifen (§§ 79, 31 Abs. 1 VwVfG; §§ 187 ff. BGB).

PRÜFUNGSSCHRITTE 10

Fristberechnung gemäß **§ 188 Abs. 2 BGB**:

- **Voraussetzungen:**
  - nach Monat/ Jahr bestimmte Frist
  - Fall des § 187 Abs. 1 BGB, da für den Fristlauf ein Ereignis, hier die Bekanntgabe des Verwaltungsaktes, maßgeblich ist (§ 70 Abs. 1 S. 1 VwGO)

- **Rechtsfolge:**
  Fristende grundsätzlich mit Ablauf des datumsgleichen Tages

Tag	=	**Tag**
(Bekanntgabe)		(Fristende)

- **Ausnahme:**
  Fristende fällt auf einen Sonntag, Sonnabend, gesetzlich anerkannten Feiertag; hier endet die Frist am nächsten Werktag (§ 193 BGB)

FALL 43 Der geplante Widerspruch

Mit Bescheid vom 25. Januar ordnet die zuständige Behörde die Beseitigung eines ohne Genehmigung errichteten Wochenendhauses an. Die Bekanntgabe des Bescheides erfolgt am 27. Januar. Der Bescheid enthält eine ordnungsgemäße Rechtsbehelfsbelehrung.

Siegfried Soller, Adressat der behördlichen Anordnung, prüft, ob er Widerspruch einlegen soll. Er beabsichtigt, fachkundigen Rat einzuholen, um die Erfolgsaussichten eines Widerspruchs realistisch einschätzen zu können. Er möchte daher wissen, bis wann er spätestens Widerspruch einlegen kann.

Aufgabe:

1. Prüfen Sie gutachtlich, wann die Widerspruchsfrist abgelaufen ist und notieren Sie das Datum.

   ____

2. Geben Sie an, wann in den folgenden Beispielen die Widerspruchsfrist endet und nennen Sie die maßgeblichen Rechtsgrundlagen:

Beispiele	Fristende	Rechtsgrundlagen
Der VA wird am 27. Januar zur Post gegeben (einfacher Brief).		
Der VA wird am 27. Januar zur Post gegeben (einfacher Brief). Der Zugang erfolgt aber erst am Samstag, dem 2. Februar.		
Der Brief wird am 27. Januar zur Post gegeben (PZU). Am folgenden Tag wird der Brief zugestellt.		

Anforderungen an eine Rechtsbehelfsbelehrung

Nach §§ 58 Abs. 1, 70 Abs. 2 VwGO hat die Behörde beim Abfassen der Rechtsbehelfsbelehrung folgendes zu beachten:

1. Die nach § 58 Abs. 1 VwGO zwingend geforderten **Mindestbestandteile** sind vollständig und richtig zu bezeichnen.

ÜBUNG 108

Nennen Sie die Mindestbestandteile einer ordnungsgemäßen Rechtsbehelfsbelehrung.

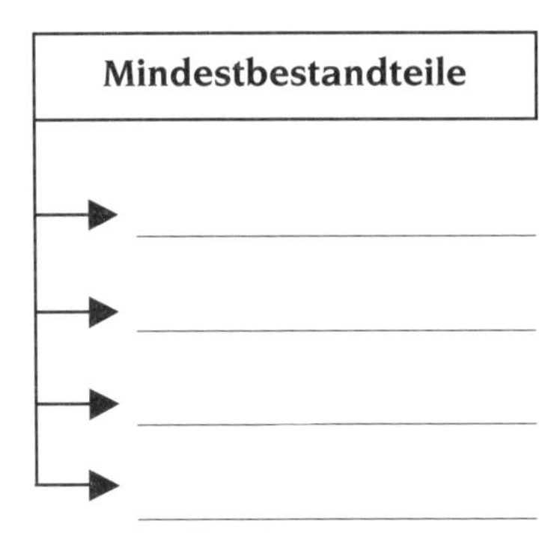

Ferner darf die Rechtsbehelfsbelehrung keine ______________________________

enthalten. Erforderlich ist die ______________.

ÜBUNG 109

Untersuchen Sie, ob die nachfolgenden Rechtsbehelfsbelehrungen fehlerfrei sind.

(a) Gegen diesen Bescheid können Sie innerhalb eines Monats nach Bekanntgabe Widerspruch bei der im Briefkopf bezeichneten Behörde einlegen.

(b) Gegen diesen Bescheid kann innerhalb eines Monats nach Bekanntgabe Widerspruch bei der Stadt Hildesheim, Marktplatz 1–5, 32001 Hildesheim eingelegt werden. Es empfiehlt sich, den Widerspruch zu begründen.

Notieren Sie die Lösung auf einem besonderen Blatt.

ÜBUNG 110

Formulieren Sie eine fehlerfreie und bürgerfreundliche Rechtsbehelfsbelehrung.

Notieren Sie die Lösung auf einem besonderen Blatt.

Merke:

1. Eine fehlerhafte Rechtsbehelfsbelehrung löst die Jahresfrist aus (§§ 58 Abs. 2, 70 Abs. 2 VwGO) auf.
2. Der Widerspruchsführer ist nicht verpflichtet, seinen Widerspruch zu begründen.

Wiedereinsetzung in den vorigen Stand

Hat der Widerspruchsführer es versäumt, den Widerspruch fristgerecht einzulegen, ist zu prüfen, ob eine Wiedereinsetzung in den vorigen Stand möglich ist (§§ 70 Abs. 2, 60 Abs. 1–4 VwGO), denn nicht jede Fristversäumnis kann dem Widerspruchsführer angelastet werden (Beispiele: Fristüberschreitung beruht auf einer Zustellung des Verwaltungsaktes während des Urlaubs oder auf postalischer Fehlleistung).

Das Prozessrecht formuliert aber bestimmte Voraussetzungen:

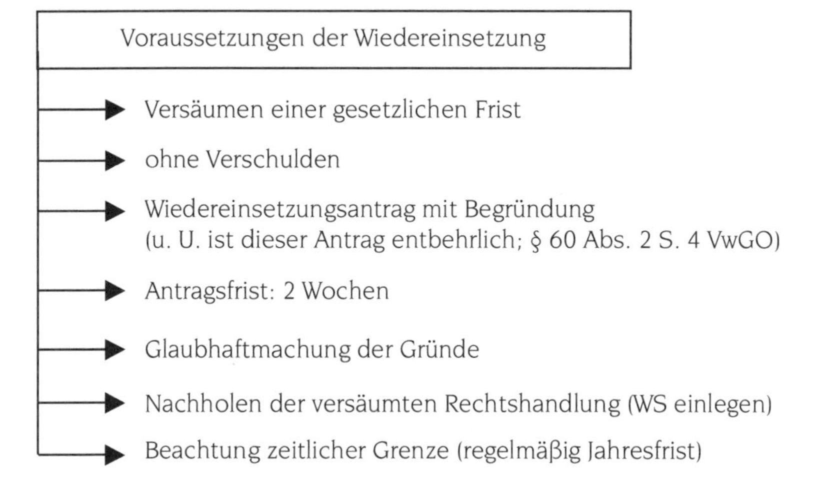

Verschulden

ist dann anzunehmen, wenn der Widerspruchsführer **nicht die Sorgfalt** hat walten lassen, die für einen **gewissenhaften**, seine Rechte und Pflichten sachgerecht wahrnehmenden **Beteiligten** geboten und ihm nach den gesamten Umständen des konkreten Falles zumutbar ist.

Leidet der angefochtene VA an einem Begründungsmangel oder ist die erforderliche Anhörung unterblieben, und ist dadurch die rechtzeitige Widerspruchserhebung versäumt worden, so gilt die Versäumung der Rechtsbehelfsfrist allerdings als nicht verschuldet (§ 45 Abs. 3 S. 1 VwVfG).

Fall 42 – Teilaufgabe 4:
Prüfen Sie, ob der Widerspruch des Herrn Kruse im Fall 42 ordnungsgemäß eingelegt worden ist.

 Notieren Sie die Lösung auf einem besonderen Blatt.

4. Beteiligungs- und Handlungsfähigkeit, ordnungsgemäße Vertretung
Nur wenn der Widerspruchsführer beteiligungs- und handlungsfähig ist, kann er wirksam einen Widerspruch einlegen. Die Beteiligungsfähigkeit entspricht der Parteifähigkeit und beurteilt sich nach §§ 79, 11 VwVfG. Die Handlungsfähigkeit (§§ 79, 12 VwVfG) entspricht der Prozessfähigkeit und setzt die Beteiligungsfähigkeit voraus.

Ein Beteiligter kann sich in einem Vorverfahren durch einen Bevollmächtigten vertreten lassen (§§ 79, 14 Abs. 1 S. 1 VwVfG). Die Vollmacht ermächtigt zu allen das Verfahren betreffenden Handlungen, es sei denn, aus dem Inhalt ergibt sich etwas anderes. Nur auf ausdrückliches Verlangen hat der Bevollmächtigte seine Vollmacht schriftlich nachzuweisen (§ 14 Abs. 1 S. 3 VwVfG).

Fall 42 – Teilaufgabe 5:
Prüfen Sie, ob bei Herrn Kruse die Beteiligungs- und Handlungsfähigkeit gegeben ist.

 Notieren Sie die Lösung auf einem besonderen Blatt.

5. Widerspruchsbefugnis
Weder das Klage- noch das Widerspruchsverfahren stellt ein objektives Beanstandungsverfahren dar. Ziel des Rechtsbehelfsverfahrens ist die Verteidigung **subjektiver Rechte.** Grundsätzlich ist die Klage nur zulässig, wenn der Kläger geltend macht, durch den Verwaltungsakt oder seine Ablehnung oder Unterlassung **in seinen Rechten verletzt** zu sein (§ 42 Abs. 2 VwGO).

Auf das Widerspruchsverfahren ist diese Regelung entsprechend anwendbar. Einen „Popularwiderspruch" gibt es nicht. Der Widerspruchsführer muss eine **eigene Rechtsposition** „ins Feld führen" können. Er muss **geltend machen**, dass bei einem

- **Anfechtungswiderspruch**
  die Möglichkeit einer Rechtsverletzung für ihn bestehen könnte
- **Verpflichtungswiderspruch**
  die Möglichkeit besteht, dass die streitbefangene Norm ihm einen Anspruch auf den begehrten VA gewähren könnte.

Ist der Widerspruchsführer Adressat eines belastenden Verwaltungsaktes, so ist die Widerspruchsbefugnis regelmäßig gegeben. Hier greift die Verwaltung immer unmittelbar in seinen Rechtskreis ein. Zumindest könnte sein Recht auf freie Entfaltung der Persönlichkeit aus Art. 2 Abs. 1 GG betroffen sein (sog. Adressatentheorie).

Beim Verpflichtungswiderspruch und dem Widerspruch eines Dritten (z. B. Nachbarwiderspruch) muss ggfs. mit Hilfe der Schutznormtheorie ermittelt werden, ob die streitbefangene Norm ein **subjektives Recht** (s. Kapitel. 02) vermitteln könnte.

Die Widerspruchsbefugnis ist auch gegeben, wenn der Widerspruchsführer geltend macht, durch den Verwaltungsakt wegen **Zweckwidrigkeit** in seinen Rechten verletzt zu sein. Diese Erweiterung der Widerspruchsbefugnis gegenüber der Klagebefugnis resultiert aus dem Prüfungsumfang im Widerspruchsverfahren. Anders als im gerichtlichen Verfahren wird im Widerspruchsverfahren die **Recht- und Zweckmäßigkeit** überprüft (§ 68 Abs. 1 S. 1 VwGO). Die praktische Relevanz dieser Weiterung ist aber eher gering, da sie begrifflich **nur bei Ermessensentscheidungen** greifen kann und zweckwidrige Ermessensausübung regelmäßig auch zur Rechtswidrigkeit führt.

Widerspruchsbefugnis (§ 42 Abs. 2 VwGO analog)	
Zulässigkeitsstation	Möglichkeit der Rechtsverletzung gegeben? Möglicherweise Anspruch auf den begehrten Verwaltungsakt gegeben? Subjektiv-öffentliche Rechte betroffen?
Begründetheitsstation	Verwaltungsakt ist rechtswidrig und eine Verletzung eigener Rechte ist tatsächlich eingetreten. Anspruchsvoraussetzungen sind gegeben; Verwaltungsakt wird erlassen.

ÜBUNG 111

Untersuchen Sie, ob bei den nachfolgenden Beispielen die Widerspruchsbefugnis gegeben ist.

Beispiel	Antwort
1. Die zuständige Behörde hebt – gestützt auf § 48 Abs. 1 S. 1 VwVfG – die Herrn Franz Marc am 15.1. erteilte Baugenehmigung zur Errichtung eines Wohnhauses auf. Form- und fristgerecht erhebt Marc Widerspruch.	Ja, Adressatentheorie (Empfänger eines belastenden VAs)
2. Mit Widerspruch vom 17.1. wendet sich Hanno Klever gegen die Versagung der – gewerberechtlich erforderlichen – Maklererlaubnis.	Ja, mögliche Anspruchsgrundlage § 34 GewO
3. Jürgen Heise möchte das von seiner Familie bewohnte Wohnhaus in Hagen um einen Raum erweitern. Dieser Raum soll der Unterbringung eines schwerbehinderten Familienmitgliedes dienen. Die Bauaufsichtsbehörde lehnt den Bauantrag ab. Heise – zermürbt von behördlichen Auseinandersetzungen – will die Angelegenheit nun auf sich beruhen lassen. Der mitfühlende Nachbar Steffens hält die Behördenentscheidung für menschenunwürdig und legt Widerspruch ein, ohne dazu von Heise bevollmächtigt zu sein.	Nein, keine eigene Rechtsbeeinträchtigung gegeben

Fall 42 – Teilaufgabe 6:
Untersuchen Sie, ob Kruse widerspruchsbefugt ist.

 Notieren Sie die Lösung auf einem besonderen Blatt.

Begründetheit des Widerspruchs

Die Prüfungsfolge in der Begründetheitsstation hängt von der **Art des Widerspruchs** ab. Wird auf der einen Seite die Beseitigung eines vorhandenen VA begehrt, so möchte der Widerspruchsführer im anderen Falle einen bestimmten VA erhalten.

ÜBUNG 112

Bestimmen Sie die Arten des Widerspruchs.

In der Begründetheitsstation wird überprüft, ob der erlassene oder begehrte Verwaltungsakt mit der Rechtsordnung inhaltlich im Einklang steht.

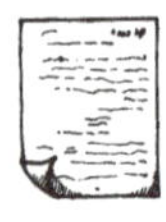

FALL 44 Der kundenfreundliche Bäcker

Der Bäckermeister Siegfried Nehringer betreibt in der Engelgasse in Hameln seit vielen Jahren seine Backstube. Ihr angeschlossen ist ein Bäckerladen. Im Zuge der stärker werdenden Konkurrenz durch Lebensmittelsupermärkte sieht sich Nehringer gezwungen, seine Angebotspalette zu erweitern. Er bietet nunmehr auch Kaffee zum sofortigen Verzehr an. Auf Wunsch wird Gebäck gereicht. Nehringer hat den großen Bäckerladen umgeräumt und in einem Ladenteil Stehtische aufgestellt. Die Kunden, die Kaffee und Gebäck zu sich nehmen, halten sich überwiegend an den Stehtischen auf.

Im März erfährt Sachbearbeiter Seidel (Ordnungsamt) von diesem neuen Angebot. Er sucht Nehringer auf und weist ihn auf die Notwendigkeit einer gaststättenrechtlichen Erlaubnis hin. Seidel kündigt an, den Gaststättenbereich schließen zu lassen.

Nehringer bestreitet vehement die Erlaubnispflichtigkeit. Er habe sich bei seiner Bäcker-Innung erkundigt und dort die Auskunft erhalten, der geringe Umsatz im „Stehcafe" mache kein Erlaubnisverfahren notwendig. Seidel beurteilt die Angelegenheit anders und räumt Nehringer eine vierzehntägige Äußerungsfrist ein. Nehringer kündigt sodann eine schriftliche Stellungnahme an. Tatsächlich unterlässt es Nehringer, eine Stellungnahme zu formulieren.

Mit Schreiben vom 15. April untersagt die Stadt Hameln Nehringer den weiteren Betrieb des Stehcafés. Gestützt wird diese Entscheidung auf § 15 Abs. 2 S. 1 GewO i. V. m. den entsprechenden Regelungen des Gaststättengesetzes. Nehringer erhebt ordnungsgemäß Widerspruch. Nehringer wiederholt seine Position, wonach der Cafébetrieb keiner Erlaubnispflicht nach dem Gaststättengesetz unterliege.

Aufgabe: Prüfen Sie, ob der zulässige Widerspruch begründet ist.

 Notieren Sie die Lösung auf einem besonderen Blatt.

Begründetheitsprüfung eines Anfechtungswiderspruchs

Für die Klärung der Frage, ob der Anfechtungswiderspruch begründet ist, ist zunächst § 113 Abs. 1 S. 1 VwGO (analog) zu untersuchen.

ÜBUNG 113

Nennen Sie die Voraussetzungen, unter denen nach Maßgabe des § 113 Abs. 1 S. 1 VwGO (analog) der Widerspruchsführer grundsätzlich die Aufhebung des Widerspruchs verlangen kann.

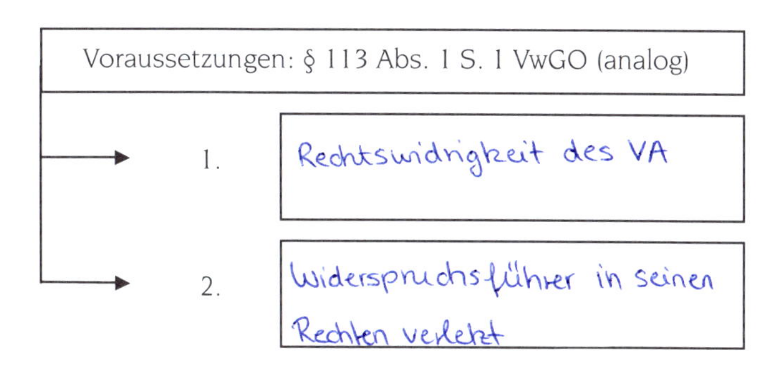

Liegen bei einem Widerspruch diese Voraussetzungen vor, so ist aber noch zu prüfen, ob der Verwaltungsakt nicht an einem Fehler leidet, der zu einem **Aufhebungsausschluss** führt (§ 46 VwVfG).

Bei **Ermessensentscheidungen** ist zudem noch zu berücksichtigen, dass die Prüfungskompetenz der Widerspruchsbehörde nicht nur die Rechtmäßigkeitskontrolle, sondern **auch** eine Zweckmäßigkeitsüberprüfung umfasst (§ 68 Abs. 1 S. 1 VwGO).

Begründetheit des Anfechtungswiderspruchs ist gegeben	
Alt. 1 **oder**	Alt. 2
1. Rechtswidrigkeit des Verwaltungsakts 2. dadurch eingetretene Rechtsverletzung 3. kein Aufhebungsausschluss	wenn bei einem rechtmäßigen Verwaltungsakt Zweckwidrigkeit vorliegt.

Fall 44 – Teilaufgabe 1:
Formulieren Sie den „Obersatz" für die im Fall 44 geforderte Begründetheitsprüfung.

Lösung:

Der angefochtene VA ist rechtswidrig, wenn er auf keine Ermächtigungsgrundlage gestützt werden kann, obgleich er eine benötigt (Vorbehalt des Gesetzes) oder aber in formeller und/ oder materieller Hinsicht gegen die Rechtsordnung verstößt (Vorrang des Gesetzes).

Zunächst ist daher die mögliche **Ermächtigungsgrundlage** zu bestimmen.

Fall 44 – Teilaufgabe 2:
Nennen Sie die hier mögliche Ermächtigungsgrundlage.

Sodann ist die **formelle Rechtmäßigkeit** des VA zu untersuchen.

Übung 114

Nennen Sie die **grundlegenden Stationen** der formellen Rechtmäßigkeitsprüfung.

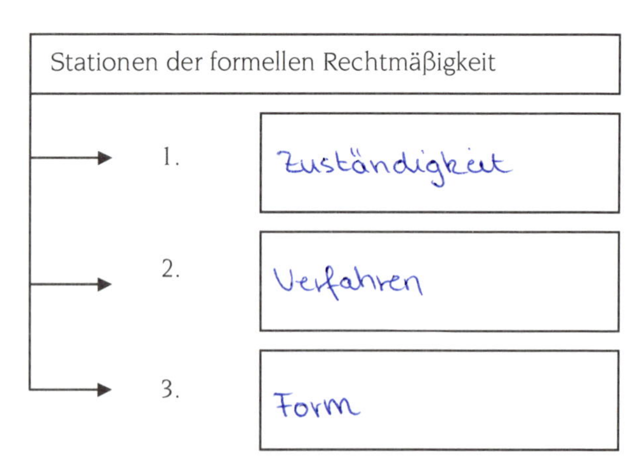

Fall 44 – Teilaufgabe 3:
Untersuchen Sie, ob der Bescheid der Stadt Hameln formell rechtmäßig ist. Es ist bei der Prüfung davon auszugehen, dass hier die zuständige Behörde gehandelt hat.

 Notieren Sie die Lösung auf einem besonderen Blatt.

Hinweis:
Sollte festgestellt werden, dass der angefochtene Verwaltungsakt an einem formellen Fehler leidet, so ist zu prüfen, ob eine Heilung gem. § 45 VwVfG in Betracht kommt oder ob § 46 VwVfG die Aufhebung ausschließt. Zu den materiellen Voraussetzungen der §§ 45, 46 VwVfG s. S. 117 ff.. Der „Einbau" dieser Normen in ein Gutachten wird im Abschnitt **Fehlerauswirkungen** behandelt.

Haben Sie die formelle Rechtmäßigkeit der angefochtenen Entscheidung festgestellt, schließt sich nun die Prüfung der **materiellen Rechtmäßigkeit** an. Es sind nun die Tatbestandsmerkmale der Ermächtigungsgrundlage zu untersuchen. Bei Ermessensentscheidungen ist zu klären, ob eine sachgerechte Ermessensausübung erfolgte. Bei Ermessensfehler hat ggfs. die Ausübung eigenen Ermessens durch die Widerspruchsbehörde zu erfolgen.

Fall 44 – Teilaufgabe 4:
Prüfen Sie, ob der angefochtene Verwaltungsakt materiell rechtmäßig ist.

 Notieren Sie die Lösung auf einem besonderen Blatt..

Soweit die Prüfung ergab, dass der vorliegende Verwaltungsakt materiell rechtswidrig ist, muss nun noch geklärt werden, ob die 2. Voraussetzung des § 113 Abs. 1 S. 1 VwGO gegeben ist. Nur wenn durch den festgestellten Fehler eine (tatsächliche) **Verletzung eigener Rechte** des Widerspruchsführers gegeben ist, kann es grundsätzlich zu einer Aufhebungsentscheidung kommen. Diese Voraussetzung des § 113 Abs. 1 S. 1 VwGO ist das Gegenstück zur Widerspruchsbefugnis (s. S. 183 ff.). Der entscheidende Unterschied lässt sich wie folgt skizzieren: Während für die Widerspruchsbefugnis die **Möglichkeit** einer Rechtsverletzung ausreicht, muss nunmehr feststehen, dass der Widerspruchsführer **tatsächlich** in seinen Rechten **verletzt ist**. Der unmittelbare Adressat eines rechtswidrigen Verwaltungsakts ist immer auch in eigenen Rechten, nämlich zumindest in der allgemeinen Handlungsfreiheit (Art. 2 Abs. 1 GG) verletzt.

Fall 44 – Teilaufgabe 5:
Sollten Sie die materielle Rechtswidrigkeit der angefochtenen Verfügung festgestellt haben, ist nun noch zu klären, ob auch eine Verletzung eigener Rechte gegeben ist.

 Notieren Sie die Lösung auf einem besonderen Blatt..

Ergibt bei einer Ermessensentscheidung die Prüfung, dass der VA formell und materiell rechtmäßig ist, so ist noch zu untersuchen, ob die Ermessensentscheidung der Ausgangsbehörde auch zweckmäßig ist (§ 68 Abs. 1 S. 1 VwGO).

Am Schluss der Prüfung steht der **Entscheidungsvorschlag**.

Übung 115

Geben Sie an, welche grundlegenden Entscheidungsalternativen am Ende der Widerspruchsprüfung in Betracht kommen können.

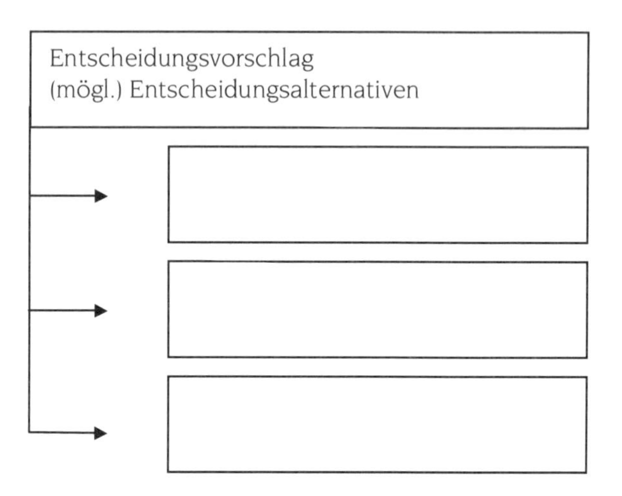

Fall 44 – Teilaufgabe 6:
Bestimmen Sie bei Fall 44 die Widerspruchsbehörde.
Hinweis: Nächsthöhere Behörde ist die Bezirksregierung Talaue.

 Notieren Sie die Lösung auf einem besonderen Blatt..

Fehlerauswirkungen (§§ 45, 46 VwVfG)

Wird ein formeller Fehler festgestellt, so ist sogleich zu prüfen, ob eine Heilung ir Betracht kommt. Da nach erfolgter Heilung der Verwaltungsakt als rechtmäßig gilt, ist fü den weiteren Prüfungsverlauf davon auszugehen, dass die zuständige Behörde die notwendigen Maßnahmen ergreifen wird, damit es zur Heilung kommt.
Ist eine Heilung des festgestellten formellen Fehlers nicht möglich, so verbleibt es be der Feststellung, dass ein rechtswidriger Verwaltungsakt vorliegt. Die erste Voraussetzung des § 113 Abs. 1 S. 1 VwGO (analog) ist damit erfüllt. Sodann ist zu prüfen, ob dieser Fehler zu einer tatsächlichen Rechtsverletzung führt.

Liegen beide Voraussetzungen des § 113 Abs. 1 S. 1 VwGO vor, ist zu klären, ob § 46 VwVfG einen **Ausschluss des Aufhebungsanspruchs** begründet. Liegen die tatbestandlichen Voraussetzungen des § 46 VwVfG vor, so bleibt zwar die Rechtswidrigkeit des Verwaltungsakts bestehen, dieser Fehler ist aber unbeachtlich. Der Widerspruch wird in diesem Falle als unbegründet zurückgewiesen.

Begründetheitsprüfung eines Verpflichtungswiderspruchs

Beim Verpflichtungswiderspruch wird untersucht, ob die Voraussetzungen für den **Erlass** des begehrten VA bestehen. Gegenstand der Prüfung ist hier nicht, ob die erfolgte Ablehnung rechtswidrig war. Eine rechtswidrige Ablehnungsentscheidung führt nicht zwangsläufig zu der Erkenntnis, die Anspruchsvoraussetzungen für den begehrten VA lägen vor. Wir haben es hier also mit einem **sog. Anspruchsaufbau** zu tun.

ÜBUNG 116

Formulieren Sie den „Obersatz" für die Begründetheitsprüfung eines Verpflichtungswiderspruchs.

Lösung:

Möglicher Prüfungsaufbau

„Einleitungssatz"

Anspruchsgrundlage (subjektiv-öffentliches Recht)

Formelle Anspruchsvoraussetzungen

- Ordnungsgemäßer Antrag
- Zuständige Behörde
- Beachtung sonstiger formeller Voraussetzungen (z. B. Beteiligung Dritter oder sonstiger Behörden)

Materielle Voraussetzung

Entscheidungsvorschlag

Entscheidungszuständigkeit

In der Verwaltungsgerichtsordnung (§§ 72, 73 VwGO) ist geregelt, wer über den Widerspruch zu entscheiden hat. Zunächst hat sich immer die Ausgangsbehörde mit dem Widerspruch zu befassen. Falls der Widerspruch bei der nächsthöheren Behörde eingelegt wurde, legt diese den Widerspruch der Ausgangsbehörde vor. Hält die Behörde den Widerspruch nun für begründet, so hilft sie ihm ab und entscheidet über die Kosten (§ 72 VwGO).
Hilft die Behörde dem Widerspruch dagegen nicht ab, so ergeht ein Widerspruchsbescheid (§ 73 Abs. 1 S. 1 VwGO). Wer Widerspruchsbehörde ist, bestimmt § 73 Abs. 1 S. 2 VwGO.

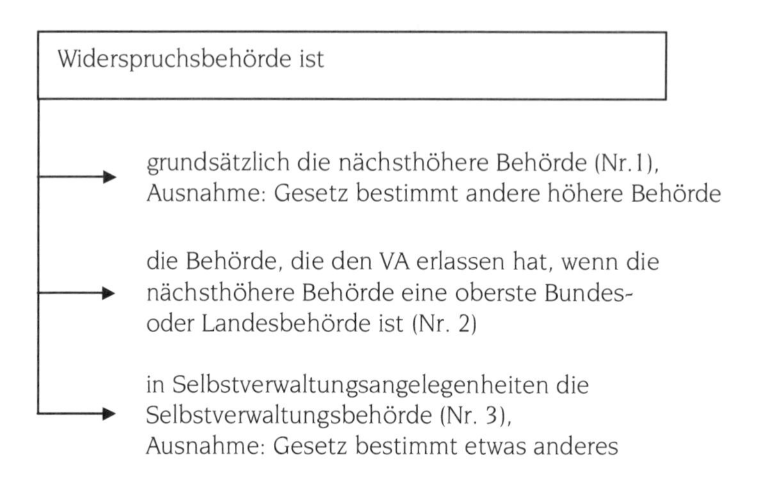

Durch Gesetz kann bestimmt werden, dass – abweichend vom § 73 Abs. 1 S. 2 Nr. 1 VwGO – die Behörde, die den Verwaltungsakt erlassen hat, auch für die Entscheidung über den Widerspruch zuständig ist (§ 73 Abs. 1 S. 3 VwGO).

Kommt es zu einem **Widerspruchsbescheid**, so ist dieser zu **begründen**, mit einer **Rechtsbehelfsbelehrung zu versehen** und **zuzustellen**. Der Widerspruchsbescheid bestimmt zudem, wer die Kosten trägt (§ 73 Abs. 3 VwGO). Erforderlich ist hier aber nur eine **sog. Kostenlastentscheidung**. Diese bestimmt, wer die Kosten dem Grunde nach zu tragen hat. Die konkrete Kostenfestsetzung erfolgt dagegen i. d. R. durch gesonderten Bescheid.
Rechtsgrundlagen für die Kostenentscheidung sind neben § 80 VwVfG sonstige staatliche Kostenregelungen oder aber Gebührenordnungen von Selbstverwaltungsträgern.

Klausurhinweis:
Da erst am Schluss einer Widerspruchsprüfung feststeht, ob der Widerspruchsführer obsiegen wird oder nicht, ist es zweckmäßig, erst im Rahmen der Prüfungsstation „Entscheidungsvorschlag" die Entscheidungszuständigkeit zu thematisieren.

ÜBUNG 117

1. Nennen Sie die Stationen der Prüfung eines Anfechtungswiderspruchs.	2. Geben Sie an, wo die Prüfung des Verpflichtungswiderspruchs abweicht.
I. Vorprüfung * II. Zulässigkeitsstationen 1. Verwaltungsrechtsweg 2. Statthaftigkeit 3. Ordnungsgemäße Einlegung 4. Beteiligungsfähigkeit / Handlungsfähigkeit / Ordnungsgemäße Vertretung 5. Widerspruchsbefugnis III Begründetheitsstation §§ 113 I 1 VwGO, 46 VwVfG (evtl. 68 I 1 VwGO) IV Entscheidungsvorschlag	

* **Vorprüfung:**
Besteht Unklarheit über den Inhalt der Eingabe des Betroffenen, so ist zu untersuchen,
1. **ob** die Eingabe als Widerspruch zu werten ist und (wenn ja)
2. **was** mit dem Widerspruch erreicht werden soll.

14 Anordnung der sofortigen Vollziehung

BASISTEXT **Der Suspensiveffekt und seine Ausnahmen**

Nach § 80 Abs. 1 VwGO entfalten Anfechtungswiderspruch und Anfechtungsklage regelmäßig **aufschiebende Wirkung**. Dieser sog. **Suspensiveffekt** tritt kraft Gesetz ein. Die aufschiebende Wirkung berührt zwar nicht die Wirksamkeit des Verwaltungsaktes, hindert aber die Behörde daran, den Verwaltungsakt zu vollziehen (sog. **Vollzugshemmung**).

Die vorgeschriebene aufschiebende Wirkung eines Rechtsbehelfs ist eine Ausprägung der Rechtsschutzgarantie (Art. 19 Abs. 4 GG).

Die aufschiebende Wirkung tritt erst ein, wenn ein Rechtsbehelf eingelegt worden ist. Sie kann aber nicht ausnahmslos Geltung haben, denn es sind Fälle denkbar, in denen die sofortige Umsetzung des angefochtenen Verwaltungsaktes geboten erscheint. So kann es beispielsweise mit Rücksicht auf den aktuellen Verkehrsfluss nicht hingenommen werden, dass die Anordnung eines Verkehrspolizisten mit dem Hinweis auf den eingelegten Widerspruch nicht befolgt werden muss.

Unter Umständen können auch überwiegende Interessen eines Beteiligten den Vollzug des Verwaltungsaktes erfordern. Dies ist beispielsweise der Fall, wenn ein Nachbar gegen eine offensichtlich rechtmäßige Gewerbeerlaubnis Widerspruch einlegt. Hier könnte die Verzögerung der Betriebsaufnahme zum finanziellen Ruin des Gewerbetreibenden führen. Der Gesetzgeber hat in § 80 Abs. 2 VwGO dieser besonderen Fallgestaltung Rechnung getragen.

ÜBUNG 118

Lesen Sie § 80 Abs. 2 VwGO und ergänzen Sie nachstehende Übersicht.

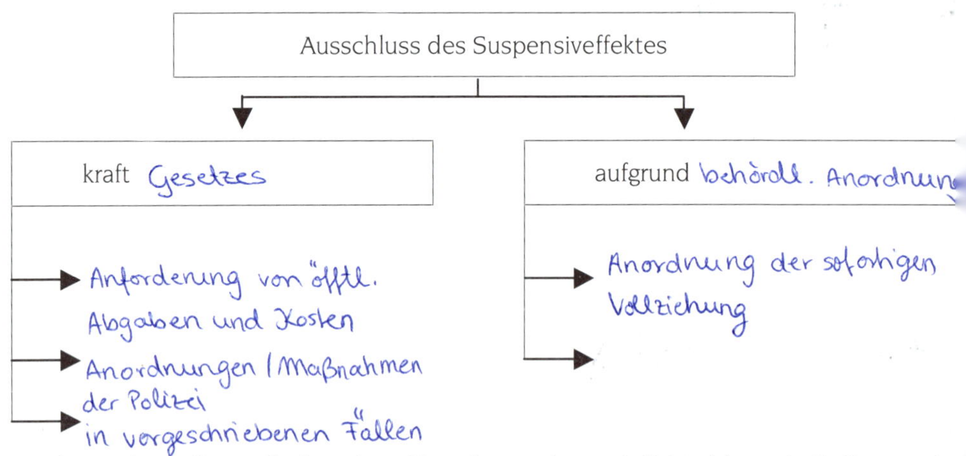

Der besonderen Konstellation eines Verwaltungsaktes mit Drittwirkung (z. B. Baugenehmigung) tragen die §§ 80 Abs. 1 S. 1, 80 a VwGO Rechnung.

ÜBUNG 119

Geben Sie an, ob in den folgenden Fällen der jeweilige Widerspruch aufschiebende Wirkung entfaltet. Nennen Sie auch die maßgebliche Rechtsgrundlage.

Es wurde Widerspruch eingelegt gegen ...	Aufschiebende Wirkung?	Normen
1. ... eine gewerberechtliche Schließungsanordnung.		
2. ... eine Bauerlaubnis für ein Wohnhaus durch den Nachbarn.		
3. ... die Festsetzung von Verwaltungsgebühren für eine Erlaubniserteilung.		
4. ... die Ablehnung einer Gaststättenerlaubnis.		

Die behördliche Anordnung der sofortigen Vollziehung — BASISTEXT

In der Verwaltungspraxis spielt die Anordnung der sofortigen Vollziehung nach § 80 Abs. 2 Nr. 4 VwGO durch die Behörde eine erhebliche Rolle. Die Rechtmäßigkeit dieser Anordnung fordert die Beachtung formeller und materieller Gesichtspunkte. Zuständig für den Erlass dieser Anordnung ist die Behörde, die den Verwaltungsakt erlassen hat oder aber über den Widerspruch zu entscheiden hat (§ 80 Abs. 2 Nr. 4 VwGO). Regelmäßig ist ein Anhörungsverfahren entbehrlich. Einerseits handelt es sich bei dieser Anordnung nicht um einen Verwaltungsakt, andererseits enthält der § 80 VwGO abschließende Regelungen zu den formellen Anforderungen (so die überwiegende Meinung). Die sofortige Vollziehung erfordert eine **ausdrückliche Anordnung**. Sie kann mit dem Verwaltungsakt verbunden werden. Es ist aber auch zulässig, diese Anordnung nachträglich zu erlassen. Sofern nicht besondere Umstände vorliegen, ist regelmäßig die Schriftlichkeit geboten und eine ausdrückliche Begründung erforderlich (§ 80 Abs. 3 VwGO). An die Begründung sind besondere Anforderungen zu stellen.

So hat die Behörde die wesentlichen tatsächlichen und rechtlichen Gründe darzulegen, die in diesem konkreten Fall zu dieser Anordnung geführt haben. Dabei ist das **besondere Vollzugsinteresse** darzulegen. Allgemeine, formelhafte Ausführungen reichen nicht aus, ebenso nicht die bloße Behauptung der Rechtmäßigkeit der Hauptentscheidung.

ÜBUNG 120

1. Ergänzen Sie die nachfolgende Tabelle durch folgende Begriffe: Hauptregelung/ Spezialvorschrift/ Erlassinteresse/ § 80 Abs. 3 VwGO/ Vollzugsinteresse/ § 39 VwVfG/ Begründungsgebot/ Anordnung der sof. Vollziehung.

VA-Regelung	Rechtsgrundlage	Begründungsinhalt

2. Prüfen Sie, ob nachfolgend eine ordnungsgemäße Begründung vorliegt.

Auszug aus einer Bescheidbegründung

Begründung
„ ... (ordnungsgemäße Begründung der Hauptregelung)
Die Anordnung der sofortigen Vollziehung der ordnungsrechtlichen Anordnung beruht auf § 80 Abs. 2 Nr. 4 Verwaltungsgerichtsordnung (genaue Fundstelle). Sie liegt im besonderen öffentlichen Interesse. Es ist davon auszugehen, dass die getroffenen Anordnung offensichtlich rechtmäßig ist. Ein evtl. eingelegtes Rechtsmittel wird daher voraussichtlich keinen Erfolg haben. Nach der hier gebotenen Interessenabwägung müssen Ihre privaten Interessen gegenüber der besonderen öffentlichen Interessen zurückstehen. In dieser Situation kann es nicht hingenommen werden, dass durch Ausnutzung eines aller Wahrscheinlichkeit nach unbegründeten Rechtsbehelfs der ordnungswidrige Zustand noch über einen längeren Zeitraum erhalten bleibt."

Lösung:

Übung 121

Geben Sie an, unter welchen Voraussetzungen die Begründungspflicht entfällt.

Voraussetzungen	Ausnahme von der Begründungspflicht nach § 80 Abs. 3 S. 2 VwGO
formelle	•
materielle	• •

Das besondere öffentliche oder private Interesse

Die materiellen Voraussetzungen ergeben sich im Wesentlichen aus § 80 Abs. 2 Nr. 4 VwGO. Wie sich aus der Gesetzessystematik ergibt, erfordert die behördliche Vollzugsanordnung ein **besonderes öffentliches oder privates Interesse**. Im Regelfall ist das öffentliche Interesse am Erlass des Verwaltungsaktes (sog. **Erlassinteresse**) nicht deckungsgleich mit dem (besonderen) öffentlichen Interesse an der sofortigen Vollziehung (sog. **Vollzuginteresse**) des Verwaltungsaktes. Ob das besondere Vollzugsinteresse vorliegt, ist anhand einer Abwägung aller im Einzelfall betroffenen öffentlichen und privaten Belange zu ermitteln. Dabei sind die Aspekte, die dafür sprechen, den Verwaltungsakt sofort zu vollziehen, den Gründen gegenüberzustellen, die dafür sprechen, erst den Eintritt der Unanfechtbarkeit abzuwarten. Nur sofern die öffentlichen Belange (§ 80 Abs. 2 Nr. 4 Alt. 1 VwGO) deutlich überwiegen, kommt eine Anordnung in Betracht. § 80 Abs. 2 Nr. 4 Alt. 2 VwGO fordert demgegenüber die sofortige Vollziehung im überwiegenden Interesse eines Beteiligten. Sofern die tatbestandlichen Voraussetzungen gegeben sind, liegt die Anordnung der sofortigen Vollziehung im Ermessen der Behörde.

Rechtsschutz:

Der Bürger ist der Anordnung der sofortigen Vollziehung aber nicht schutzlos ausgeliefert. § 80 VwGO bietet ein differenziertes System des Rechtsschutzes. Neben der Behörde können auch die Gerichte angerufen werden, um die aufschiebende Wirkung eines Rechtsbehelfs zu erreichen.

ÜBUNG 122

Lesen Sie den Fall „Die störende Grundstückszufahrt" (s. Kap. 13 S. 163). Gehen Sie davon aus, dass der vorliegende Widerspruch unbegründet ist. Die Widerspruchsbehörde überlegt nun, die sofortige Vollziehung der Aufhebungsentscheidung anzuordnen. Ermitteln Sie die betroffenen öffentlichen und privaten Belange.

 Notieren Sie die Lösung auf einem besonderen Blatt.

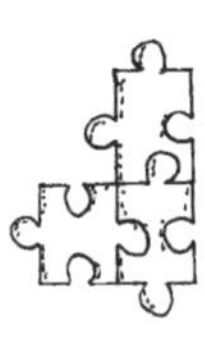

PRÜFUNGSSCHRITTE 11 — Anordnung der sofortigen Vollziehung

1. **Rechtsgrundlage:** § 80 Abs. 2 Nr. 4 VwGO

2. **Formelle Voraussetzungen**
2.1 **Zuständigkeit** (§ 80 Abs. 2 Nr. 4 VwGO)
2.1.1 Behörde, die den Verwaltungsakt erlassen hat
2.1.2 Behörde, die über den Widerspruch zu entscheiden hat
2.2 **Verfahren**
2.2.1 Verfahreneinleitung ggfs. auf Antrag
2.2.2 Anhörung (regelmäßig nicht gefordert - str.-)
2.2.3 **Form**
2.2.3.1 Besondere Anordnung (§ 80 Abs. 2 Nr. 4 VwGO)
2.2.3.2 Schriftliche Begründung (§ 80 Abs. 3 VwGO)
2.2.3.3 Verbindung (Zeitpunkt)
- mit der Hauptregelung
- nachträgliche Anordnung

3. **Materielle Voraussetzungen**
3.1 Tatbestand
3.1.1 Kein Entfallen der aufschiebenden Wirkung kraft Gesetz
3.1.2 Sofortige Vollziehung im öffentlichen Interesse (§ 80 Abs. 2 Nr. 4 Alt. 1 VwGO)
3.1.3 Sofortige Vollziehung im überwiegenden Interesse eines Beteiligten (§ 80 Abs. 2 Nr. 4 Alt. 2 VwGO)
3.2 Rechtsfolge: Ermessen

4. **Entscheidungsvorschlag**

Hinweise:
1. Sofern die Anordnung nachträglich erlassen werden soll, muss ein rechtmäßiger Verwaltungsakt vorliegen.
2. Bei Rechtsbehelfen Dritter ist § 80 a VwGO zu beachten.

15 Erstbescheid

PRAXISMUSTER 3

Diepholz, d. 27.5.
AZ.: 63-137/9/Kruse

1. Vermerk

Anlässlich einer heute durchgeführten Ortsbesichtigung habe ich festgestellt, dass Ingo Kruse, wohnhaft in 28000 Bremen, Rheinstraße 169 f, auf seinem Grundstück in Sulingen, Moorstr. 37 mit der Errichtung eines Wohnhauses begonnen hat. Das Kellergeschoss ist fast fertiggestellt worden. In Kürze soll die Erdgeschossdecke gegossen werden. Die Verschalung ist bereits angebracht worden. Nachbarn gaben an, dass die Decke am kommenden Wochenende erstellt werden soll.

Das Baugrundstück liegt nicht im Geltungsbereich eines rechtsverbindlichen Bebauungsplanes. Es ist vielmehr zweifelhaft, ob dass Grundstück überhaupt noch dem (unbeplanten) Innenbereich zuzuordnen ist. Das Bauvorhaben ist genehmigungspflichtig. Ein Bauantrag liegt seit Anfang des Monats vor; die Genehmigung steht aber noch aus. So fehlt u. a. noch das Einvernehmen (§ 36 Abs. 1 BauGB) der Stadt Sulingen.

Auf der Baustelle wurde niemand angetroffen.

Ich habe wiederholt versucht, den Bauherrn telefonisch zu erreichen. Leider ist ein Kontakt nicht zustande gekommen.

2. Herrn Liense z.K.u.w.V.
Der Weiterbau ist zu unterbinden. Im Hinblick auf die zeitliche Dringlichkeit ist auf die Durchführung eines schriftlichen Erörterungsverfahrens zu verzichten (§§ 89 Abs. 3 NBauO, 28 Abs. 2 Nr. 1 VwVfG).

Wellinghausen

	Formelle Anforderungen und Rechtsgrundlagen
1. Entwurf	
Landkreis Diepholz **Der Landrat**	§ 37 Abs. 3 VwVfG
28673 Diepholz - Hindenburgstr. 14	
PZU Herrn Ingo Kruse Rheinstr. 169 f 28000 Bremen	§ 1 Abs. 1 NVwZG, § 3 VwZG
Ihr Zeichen / Mein Zeichen 63-137/9/98 / Sachbearbeiter Herr Liense / Kommunikation ☎05441-99-777, 05441-99-0, 🖷 05441-6666 / Datum 27.5.	
Errichtung eines Wohnhauses in Sulingen, Moorstr. 37	
Sehr geehrter Herr Kruse,	
hiermit untersage ich Ihnen mit sofortiger Wirkung den Weiterbau Ihres o.a. Bauvorhabens in Sulingen, Moorstr. 37.	§ 37 Abs. 2 VwVfG
Die sofortige Vollziehung dieser Untersagung ordne ich an.	§ 80 Abs. 2 Nr. 4 VwGO
Für den Fall der Zuwiderhandlung werde ich ein Zwangsgeld in Höhe von 500,- EUR festsetzen, welches ich hiermit androhe.	§ 70 Abs. 1 NGefAG
Die Kosten des Verfahrens haben Sie zu tragen.	
Begründung:	§ 39 Abs. 1 VwVfG
Die Anordnung, die Bauarbeiten einzustellen, stützt sich auf § 89 Abs. 1, S. 1 u. 2 Nr. 1 der Niedersächsischen Bauordnung (NBauO) vom 23. Juli 1973 i.d.F. vom 28.5.1996 (Nds. GVBl S. 259). Hiernach bin ich berechtigt, baurechtswidrige Zustände zu unterbinden. Die Errichtung eines Wohnhauses ohne die erforderliche Baugenehmigung widerspricht dem öffentlichen Baurecht, denn nach § 78 Abs. 1 NBauO darf vor Erteilung der Baugenehmigung nicht mit dem Bauvorhaben begonnen werden.	

Die von Ihnen in Angriff genommene Wohnhauserrichtung ist nach § 68 NBauO genehmigungspflichtig. Freistellungsgründe liegen nicht vor. Insbesondere greift § 69 a NBauO nicht. Diese Regelung kommt nur dann bei einer Wohnhauserrichtung in Betracht, wenn das Baugrundstück im Bereich eines sog. qualifizierten Bebauungsplanes liegt. Ihr Baugrundstück liegt aber nicht im Bereich eines entsprechenden Bebauungsplanes. Sie haben zwar einen Bauantrag eingereicht, die abschließende Entscheidung steht aber noch aus. Das Verbot des § 78 NBauO haben Sie jedoch nicht beachtet, da Sie bereits eine 8m x 12m große Baugrube ausgehoben und die Kellersohle sowie die Kellerwände errichtet haben. In Kürze soll die Erdgeschossdecke gegossen werden. Die Vorbereitungen sind schon weitgehend abgeschlossen.

Die Anordnung, Ihnen die Fortsetzung der Bauarbeiten zu untersagen, ist ermessensgerecht. Sie dient dazu, den rechtswidrigen Zustand zu unterbinden. Durch diese Maßnahme kann verhindert werden, dass u. U. ein nicht genehmigungsfähiges Bauvorhaben errichtet wird. Durch die Stilllegungsanordnung wird die notwendige Zeit gewonnen, um anhand der vorliegenden Bauunterlagen die Rechtmäßigkeit Ihres Vorhabens zu prüfen. Die Anordnung ist auch verhältnismäßig, da sie für Sie das am geringsten belastende Mittel darstellt.

§ 39 Abs. 1 S. 3 VwVfG

Die Bausperre war an Sie zu richten, da Sie als Bauherr und Eigentümer des Baugrundstücks für den bauordnungsgemäßen Zustand verantwortlich sind (§§ 89 Abs. 2, 57 Abs. 1, 62 NBauO).

Die sofortige Vollziehung der Bausperre wurde gemäß § 80 Abs. 2 Nr. 4 Verwaltungsgerichtsordnung (VwGO) vom 21. Jan. 1960 i.d.F. vom 20.12.2001 (BGBl. I S. 3987) angeordnet, da sie im besonderen öffentlichen Interesse liegt. Angesichts Ihres bisherigen Verhaltens kann nicht ausgeschlossen werden, dass Sie beim Fehlen des Sofortvollzuges das Bauvorhaben fortführen und damit vollendete Verhältnisse schaffen. Zudem rechtfertigen die negative Vorbildfunktion ungenehmigten Bauens einerseits und andererseits die Gefahrenpotenziale, die von einem Schwarzbau ausgehen, diese Anordnung. Es kann damit nicht hingenommen werden, dass mit der Durchsetzung dieser Untersagungsverfügung bis zum Abschluss eines möglichen Rechtsbehelfsverfahrens gewartet werden muss.

§ 80 Abs. 3 S. 1 VwGO

Nach § 89 Abs. 3 NBauO i. V. m. den §§ 64 Abs. 1, 65 Abs. 1 Nr. 2 und Abs. 2, 67, 70 Niedersächsisches Gefahrenabwehrgesetz (NGefAG) i.d.F. vom 13. April 1994, zuletzt geändert durch Gesetz vom 20 Mai 1996 (GVBl.S. 230), bin ich berechtigt, Zwangsmittel zur Durchsetzung der Untersagungsanordnung einzusetzen. Das Zwangsgeld ist hier die geeignete und angemessene Zwangsmaßnahme. Es kann bis maximal 50.000,- EUR festgesetzt werden. Die Androhung eines Zwangsgeldes in Höhe von 500,- EUR berücksichtigt das wirtschaftliche Interesse an der Nichtbefolgung des Verwaltungsaktes.	§ 39 Abs. 1 VwVfG
Sie haben Anlass zu diesem Verfahren gegeben und deshalb die Kosten zu tragen. Diese Entscheidung beruht auf den §§ 1, 5, 13 Niedersächsisches Verwaltungskostengesetz vom 7. Mai 1962, zuletzt geändert durch Gesetz vom 5. Juni 1997 (GVBl. S. 263), § 1 Abs. 1 und Anlage 1 lfd. Nrn. 11.3 und 11.4 der Baugebührenordnung vom 6. Mai 1992, zuletzt geändert durch Verordnung vom 17. Jan. 1997 (GVBl. S. 37). Hierzu werde ich Ihnen einen gesonderten Kostenfestsetzungsbescheid zusenden.	§ 39 Abs. 1 VwVfG
Rechtsbehelfsbelehrung Gegen diesen Bescheid kann innerhalb eines Monats nach Zustellung Widerspruch eingelegt werden. Der Widerspruch ist beim Landkreis Diepholz, Hindenburgstr. 14, 28673 Diepholz schriftlich oder zur Niederschrift einzulegen.	§ 58 Abs. 1 VwGO
Mit freundlichen Grüßen Im Auftrage ***Lie. 27.5.***	§ 37 Abs. 3 VwVfG
2. Wvl.: sofort (Bauantrag bearbeiten)	

Glossar

Adressatentheorie

Grundsätzlich ist eine Klage vor dem Verwaltungsgericht gem. § 42 Abs. 2 VwGO nur zulässig, wenn der Kläger geltend macht, durch den Verwaltungsakt oder seine Ablehnung oder Unterlassung in seinen Rechten verletzt zu sein. Nach der Adressatentheorie ist die Klagebefugnis regelmäßig gegeben, sobald der Klageführer Adressat eines belastenden Verwaltungsaktes ist. Denn zumindest könnte sein Recht auf freie Entfaltung der Persönlichkeit aus Art. 2 Abs. 1 GG betroffen sein. Die Adressatentheorie spielt nur in der Eingriffssituation eine Rolle. Für die Widerspruchsbefugnis gilt das Gleiche.

Allgemeinverfügung

Die Allgemeinverfügung ist gem. § 35 S. 2 VwVfG ein Verwaltungsakt, der sich an einen nach allgemeinen Merkmalen bestimmten oder bestimmbaren Personenkreis richtet (adressatenbezogene Allgemeinverfügung), die öffentlich-rechtliche Eigenschaft einer Sache (sachbezogene Allgemeinverfügung) oder ihre Benutzung durch die Allgemeinheit betrifft (Benutzungsregelung).

Anfechtungsklage

Klage, die auf Aufhebung eines Verwaltungsaktes gerichtet ist (§ 42 Abs. 1 VwGO).

Anfechtungswiderspruch

Widerspruch, der auf Aufhebung eines Verwaltungsaktes gerichtet ist.

Auflage

Eine Form von Nebenbestimmung zu einem Verwaltungsakt. Sie ist eine mit einem begünstigenden Verwaltungsakt verbundene Verpflichtung zu einem bestimmten Tun, Dulden oder Unterlassen (§ 36 Abs. 2 Nr. 4 VwVfG). Sie ist eine zusätzliche Verpflichtung und daher selbst Verwaltungsakt, hängt aber in ihrem Bestand vom Hauptverwaltungsakt ab. Die Erfüllung der Auflage ist nicht Wirksamkeitsvoraussetzung des Hauptverwaltungsaktes, die Nichterfüllung berechtigt allerdings zu dessen Widerruf (§ 49 Abs. 2 Nr. 2 VwVfG).

Außenwirkung

der behördlichen Maßnahme ist dann gegeben, wenn Rechtsfolgen bei einer außerhalb der Verwaltung stehenden Person herbeigeführt werden.

Bedingung

ist eine Form der Nebenbestimmungen. Eine Bedingung macht den Eintritt oder den Wegfall einer Vergünstigung oder einer Belastung vom dem ungewissen Eintritt eines künftigen Ereignisses abhängig (§ 36 II Nr. 2 VwVfG). Sie kann aufschiebend oder auflösend sein. Sie berührt die Wirksamkeit der Hauptregelung.

Behörde
ist jede Stelle, die Aufgaben der öffentlichen Verwaltung wahrnimmt (§ 1 Abs. 4 VwVfG).

Bekanntgabe
Ein Verwaltungsakt ist demjenigen Beteiligten bekannt zu geben, für den er bestimmt ist oder der von ihm betroffen wird (§ 41 Abs. 1 S. 1 VwVfG). Er erlangt erst mit seiner Bekanntgabe Wirksamkeit.

Beteiligtenfähigkeit
ist die Fähigkeit, an einem Verwaltungsverfahren (§ 11 VwVfG) oder einem Widerspruchsverfahren (§§ 79, 11 VwVfG) teilnehmen zu können. Sie entspricht der Prozessfähigkeit im Verwaltungsprozessrecht (§ 61 VwGO).

Einzelfall
liegt vor, wenn die behördliche Regelung sich an eine bestimmte Person richtet und einen konkreten Sachverhalt zum Gegenstand hat.

Ermessen
Ermessen liegt vor, wenn die Verwaltung bei der Verwirklichung des Tatbestandes eines Gesetzes zwischen verschiedenen Verhaltensweisen wählen kann, also die Rechtsfolge innerhalb eines Spielraumes selbst bestimmen kann. Das Ermessen kann sich darauf beziehen, ob die Verwaltung eine zulässige Maßnahme überhaupt treffen will (Entschließungsermessen) oder darauf, welche von verschiedenen zulässigen Maßnahmen sie im Fall des Tätigwerdens ergreifen will (Auswahlermessen).
Eingeräumt wird Ermessen durch den Gesetzgeber, der dieses häufig durch Formulierungen wie „Kann" oder „Soll" ausdrückt. Bei Kann-Vorschriften ist zwischen mehreren rechtmäßigen Rechtsfolgen auszuwählen, bei Soll-Vorschriften in der Regel die vorgesehene Rechtsfolge zu wählen, nur ausnahmsweise in atypischen Situationen kann davon abgewichen werden.

Ermessensfehler
Bei der Ermessensausübung hat die Behörde ihr Ermessen entsprechend dem Zweck der Ermächtigung auszuüben und die gesetzlichen Grenzen des Ermessens einzuhalten (§ 40 VwVfG). Ermessensfehler liegen dann vor, wenn die Behörde ihr Ermessen fehlerhaft ausgeübt hat oder die Ermessensgrenzen überschritten hat.
Ermessensüberschreitung liegt dann vor, wenn die Behörde eine nicht mehr im Rahmen der Ermessensvorschrift liegende Rechtsfolge wählt.
Ermessensfehlgebrauch liegt vor, wenn sich die Behörde nicht ausschließlich vom Zweck der Ermessensvorschrift leiten lässt. Sie handelt ermessensfehlerhaft, wenn sie die gesetzliche Zielvorstellungen nicht beachtet oder wenn sie die für die Ermessensausübung maßgeblichen Gesichtspunkte nicht hinreichend in ihre Erwägung mit einbezieht.

Ermessensnichtgebrauch liegt vor, wenn die Behörde von dem ihr zustehenden Ermessen keinen Gebrauch macht. Dies wird teils als Untergruppe des Ermessensfehlgebrauchs, teils als eigene Fallgruppe gesehen.

Ermessensreduzierung auf Null
Bleibt der Behörde nur noch eine ermessensfehlerfreie Handlungsmöglichkeit, spricht man von einer Ermessensreduzierung auf Null. Die Behörde ist dann verpflichtet, diese eine verbleibende Entscheidung zu wählen.

Fahrlässigkeit
Der Handelnde lässt die im Verkehr erforderliche Sorgfalt außer Acht (§ 267 Abs. 1 S. 2 BGB).

Feststellungsklage
Die Feststellungsklage ist auf die Feststellung des Bestehens oder Nichtbestehens eines Rechtsverhältnisses oder Nichtigkeit eines Verwaltungsaktes gerichtet (§ 43 Abs. 1 VwGO).

Funktion der öffentlichen Verwaltung
Die öffentliche Verwaltung ist diejenige Staatstätigkeit, die nicht Gesetzgebung und nicht Rechtsprechung ist.

Gefahr
Der Rechtsbegriff der konkreten Gefahr setzt nach den in vielen Sicherheitsgesetzen der Länder enthaltenden Definitionen (z. B. § 3 Nr. 3 a SOG LSA) voraus, dass in einer konkret-individuellen Sachlage ein Schaden für die öffentliche Sicherheit (s. dort) in absehbarer Zeit hinreichend wahrscheinlich erscheint. Eine Gefahr ist Tatbestandsvoraussetzung für den Erlass eines auf die polizeiliche Generalklausel gestützten Verwaltungsaktes.

Gefahr, Konkrete
ist eine Sachlage, bei der im einzelnen Fall die hinreichende Wahrscheinlichkeit besteht, dass in absehbarer Zeit ein Schaden für die öffentliche Sicherheit oder Ordnung eintreten wird (§ 2 Nr. 1a Nds. SOG, § 3 Nr. 3a SOG LSA).

Gesetz, formelles
ist jeder in einem verfassungsmäßigen Gesetzgebungsverfahren zustande gekommene Willensakt der verfassungsrechtlich vorgesehenen Gesetzgebungsorgane ohne Rücksicht auf seinen Inhalt.

Gesetz, materielles
ist eine generell-abstrakt Regelung, die für eine unbestimmte Vielzahl von Personen allgemein verbindlich ist.

Gesetzmäßigkeit der Verwaltung

Nach Art. 20 Abs. 3 GG ist die vollziehende Gewalt an Gesetz und Recht gebunden. Ein Verstoß gegen eine Rechtsnorm macht eine Maßnahme der Verwaltung rechtswidrig. Bei der Anwendung des Grundsatzes der Gesetzmäßigkeit wird zwischen dem Vorbehalt des Gesetzes und dem Vorrang des Gesetzes unterschieden.
Nach dem Vorbehalt des Gesetzes ist Verwaltungshandeln nur dann rechtmäßig, wenn sich aus einer Rechtsnorm (Befugnisform) ergibt, dass konkret so gehandelt werden darf. Er erfasst nicht die gesamte Verwaltungstätigkeit. Das Prinzip vom Vorrang des Gesetzes besagt, dass die Verwaltung keine Maßnahmen treffen darf, die einem Gesetz widersprechen würden.

Gewohnheitsrecht

sind ungeschriebene Rechtssätze, die durch langdauernde Übung entstanden sind und von der Rechtsüberzeugung aller Beteiligten getragen werden.

Grundsatz der Verhältnismäßigkeit

ist ein allgemeines Verfassungsprinzip. Er besagt, dass das angewendete Mittel nicht stärker sein darf und der Eingriff in die Rechte des Bürgers nicht weiter gehen darf, als der Zweck der Maßnahme es rechtfertigt. Das vorgesehene Mittel muss geeignet sein, d. h. es muss den angestrebten Zweck erreichen oder zumindest fördern. Dazu muss es erforderlich sein, d. h., es darf kein gleichgeeignetes Mittel geben, das eine geringere Rechtsbeeinträchtigung für den einzelnen oder die Allgemeinheit zur Folge hat. Schließlich muss es angemessen sein; der Nachteil, der mit dem Mittel für den Betroffenen verbunden ist, darf in keinem erkennbaren Missverhältnis zum angestrebten Erfolg stehen.

Interessentheorie

Theorie zur Abgrenzung des öffentlichen Rechts vom Privatrecht. Sie stellt auf die Interessenrichtung der einzelnen Rechtssätze ab. Öffentliches Recht sind danach die dem öffentlichen Interesse, Privatrecht die dem Individualinteresse dienenden Rechtssätze.

Leistungsklage, allgemeine

Klage, die auf die Vornahme oder Unterlassung einer Amtshandlung ohne Verwaltungsakt-Qualität gerichtet ist.

Nebenbestimmungen

sind Zusätze zur Hauptregelung des Verwaltungsaktes. Hierzu gehören Bedingungen Befristungen, Widerrufsvorbehalte, Auflagen und Auflagenvorbehalte.

Maßnahme

ist jedes zweckgerichtete Verwaltungshandeln.

Nichtigkeit
Gem. § 43 Abs. 3 VwVfG ist ein nichtiger Verwaltungsakt unwirksam. Die Nichtigkeit eines Verwaltungsaktes kann sich aus einer besonderen gesetzlichen Vorschrift ergeben, sonst ist die Nichtigkeit nach § 44 VwVfG zu beurteilen. Ein nichtiger Verwaltungsakt darf von der Verwaltung nicht durchgeführt werden.

Normenkontrollverfahren
Das Normenkontrollverfahren zielt auf die Nichtigkeitserklärung einer Satzung oder Verordnung (§ 47 VwGO).

Ordnungswidrigkeit
ist ein Rechtsverstoß, der keinen kriminellen Gehalt hat und daher nicht mit Strafe bedroht ist, der aber als „Ordnungs-(Verwaltungs-)unrecht" mit Geldbuße oder Verwarnung mit und ohne Verwarnungsgeld geahndet werden kann.

Recht im objektiven Sinne
ist die Rechtsordnung des Staates, also die Gesamtheit der geltenden Rechtsvorschriften, die das Verhältnis der Menschen untereinander und zwischen ihnen und den übergeordneten staatlichen Hoheitsträgern verbindlich regeln.

Rechtsquellen
sind diejenigen abstrakt-generellen staatlichen Regelungen, die den Erkenntnisgrund für die Beurteilung eines konkreten Lebenssachverhalts darstellen. Dabei bedeutet „abstrakt-generell", dass die Rechtsquellen für eine unbestimmte Zahl von Fällen und für alle Bürger (Normadressaten) gelten.

Rechtswidrigkeit
Die Rechtswidrigkeit spielt in unterschiedlichen Zusammenhängen eine Rolle. So ist ein Verwaltungsakt rechtswidrig, wenn er mit der Rechtsordnung nicht in Einklang steht; also an formellen und/oder materiellen Fehlern leidet (Grundsatz der Gesetzmäßigkeit der Verwaltung).
Im Straf- und Ordnungswidrigkeitenrecht ist jede tatbestandsmäßige Handlung rechtswidrig, sofern sie nicht ausnahmsweise durch bestimmte Rechtfertigungsgründe (z. B. Notwehr oder Notstand) gerechtfertigt ist.

Regelung
liegt vor, wenn die Behörde einseitig mit Anspruch auf Verbindlichkeit unmittelbar eine Rechtsfolge herbeiführen will.

Rücknahme
ist die Aufhebung eines ursprünglich rechtswidrigen Verwaltungsaktes. Die Voraussetzungen dafür richten sich nach Spezialvorschriften oder nach § 48 VwVfG.

Selbstbindung der Verwaltung
Durch den Gleichheitsgrundsatz bindet sich die Verwaltung, bei einer Ermessensentscheidung, in Zukunft bei vergleichbaren Fällen entsprechend zu entscheiden. Auch aus der anhaltenden Anwendung von Verwaltungsvorschriften kann sich eine Selbstbindung der Verwaltung ergeben.

Sicherheit, öffentliche
bezweckt den Schutz folgender Rechtgüter: 1. Bestand und Funktionstüchtigkeit des Staates und der Einrichtungen sonstiger Behörden, 2. subjektive Rechte des Einzelnen (z. B. Leben, Gesundheit, Freiheit, Ehre, Eigentum) und 3. alle Normen des öffentlichen Rechts und des Strafrechts (vgl. Sicherheitsgesetze der Länder).

Sonderrechtstheorie
Die herrschende Theorie zur Abgrenzung des öffentlichen vom Privatrecht. Sie stellt auf die Zuordnung der streitentscheidenden Norm ab. Berechtigt oder verpflichtet sie einen Träger hoheitlicher Gewalt in eben dieser Eigenschaft wird, liegt öffentliches Recht vor. Privatrechtliche Normen sind dagegen die für jedermann geltenden Rechtssätze (auch genannt: modifizierte Subjektstheorie).

Statthaftigkeit
bedeutet bei einem Rechtsbehelf (z. B. Widerspruch), dass er gegen eine Entscheidung überhaupt stattfinden kann, d. h. durch das Gesetz oder die Rechtsordnung zugelassen wird.

Störer
sind diejenigen natürlichen oder juristischen Personen, die für das Verhalten von Personen oder den Zustand von Sachen verantwortlich sind. Auf ein Verschulden der Verantwortlichen kommt es nicht an.

Störung
liegt vor, wenn sich eine Gefahrensituation bereits verwirklicht hat, d. h. wenn der Schaden bereits eingetreten ist.

Streitigkeit verfassungsrechtlicher Art
Verfassungsrechtlicher Art ist eine Streitigkeit, wenn es sich
(1) auf beiden Seiten um einen Streit zwischen unmittelbar am Verfassungsleben beteiligten Rechtsträgern handelt
und
(2) inhaltlich der Kern der Streitigkeit beim Verfassungsrecht liegt.

Subjektives öffentliches Recht
Das subjektive öffentliche Recht ist aus der Sicht des Bürgers die dem einzelnen kraft öffentlichen Rechts verliehene Rechtsmacht, vom Staat zur Verfolgung eigener Interessen ein bestimmtes Verhalten zu verlangen. Seine praktische Bedeutung liegt in seiner Durchsetzbarkeit. Es besteht dann, wenn eine Rechtsnorm vorliegt, die die Verwaltung zu einem bestimmten Verhalten verpflichtet und - zumindest auch – dem Schutz der Interessen einzelner Bürger dient.

Subordinationstheorie
Theorie zur Abgrenzung des öffentlichen Rechts vom Privatrecht; danach wird das öffentliche Recht durch das Verhältnis der Über-Unterordnung, das Privatrecht durch das der Gleichordnung gekennzeichnet.

Suspensiveffekt
Nach § 80 Abs. 1 VwGO entfalten Anfechtungswiderspruch und Anfechtungsklage regelmäßig aufschiebende Wirkung. Diese aufschiebende Wirkung (auch Suspensiveffekt genannt) hindert die Behörde, den Verwaltungsakt zu vollziehen.

Verfahrensrechte
Das Verwaltungsverfahren dient der Durchsetzung und Verwirklichung des materiellen Rechts. Insoweit hat es zwar nur eine Hilfsfunktion, gleichwohl kommt gerade den Verfahrensrechten der Beteiligten eine gewisse Bedeutung zu. Der demokratisch verfasste Staat sieht seine Bürger als eigenverantwortliche und selbstständige Persönlichkeiten an. Der Einzelne darf nicht zum Objekt staatlichen Handelns werden. Verfahrensrechte der Beteiligten helfen hier, im Verwaltungsverfahren den „mündigen Bürger" mit eigenen Rechten in den Verwaltungsprozess einzubeziehen.

Verpflichtungsklage
Klage, die auf den Erlass eines abgelehnten oder unterlassenen Verwaltungsakts gerichtet ist (§ 42 I Alt. 2 VwGO).

Verpflichtungswiderspruch
ist ein Widerspruch, der auf Erlass eines abgelehnten oder unterlassenen Verwaltungsaktes gerichtet ist.

Verschulden
ist dann anzunehmen, wenn der Widerspruchsführer nicht die Sorgfalt hat walten lassen, die für einen gewissenhaften, seine Rechte und Pflichten sachgerecht wahrnehmenden Beteiligten geboten und ihm nach den gesamten Umständen des konkreten Falles zumutbar ist.

Verwaltung, gebundene
Eine Behörde kann durch Rechtsnorm auf ein bestimmtes Handeln festgelegt sein; sie hat dann, wenn der Tatbestand der Rechtsnorm erfüllt ist, eine bestimmte Rechtsfolge anzuordnen oder nicht anzuordnen. Diese Verwaltungstätigkeit nennt man gebundene Verwaltung.

Verwaltungsakt
ist jede Verfügung, Entscheidung oder andere hoheitliche Maßnahme, die eine Behörde zur Regelung eines Einzelfalles auf dem Gebiet des öffentlichen Rechts trifft und die auf unmittelbare Rechtswirkung nach außen gerichtet ist (§ 35 S. 1 VwVfG).

Verwaltungsakt, Rechtmäßigkeit des
Ein Verwaltungsakt ist rechtmäßig, wenn er mit dem geltenden Recht in Einklang steht.

Verwaltungsakt, Rechtswidrigkeit des
Ein Verwaltungsakt ist rechtswidrig, wenn das geltende Recht unrichtig angewandt oder bei der Entscheidung von einem unrichtigen Sachverhalt ausgegangen worden ist.

Verwaltungsprivatrecht
liegt vor, wenn die Verwaltung unmittelbar öffentliche Aufgaben in privatrechtlicher Form erledigt. Sie bleibt an bestimmte öffentliche Grundsätze und Regelungen gebunden, wie die Grundrechte, die Zuständigkeitsregelungen und den Grundsatz der Verhältnismäßigkeit.

Verwaltungsverfahren
im weiteren Sinne erfasst jede Tätigkeit von Verwaltungsbehörden, die auf den Erlass einer Entscheidung, den Abschluss eines Verwaltungsvertrages oder einer sonstigen Maßnahme gerichtet ist.

Verwaltungsvertrag
liegt vor, wenn durch eine Vereinbarung ein Rechtsverhältnis auf dem Gebiet des öffentlichen Rechts begründet, geändert oder aufgehoben wird (§ 54 S. 1 VwVfG).

Verwaltungsvorschriften
sind abstrakt-generelle, lediglich verwaltungsintern verbindliche Regelungen ohne (unmittelbare) Außenwirkung.

Vollziehung, sofortige
Grundsätzlich entfaltet der Anfechtungswiderspruch aufschiebende Wirkung, d. h. die Behörde ist gehindert, den Verwaltungsakt zu vollziehen. Nicht immer kann der Rechtsstaat es aber akzeptieren, dass der Verwaltungsakt erst nach Abschluss eines Rechtsbehelfsverfahrens vollzogen wird.
Der Gesetzgeber hat diesem Umstand Rechnung getragen und in bestimmten Fällen (entweder gesetzlich oder auf ausdrückliche behördliche Anordnung hin) den Ausschluss der aufschiebenden Wirkung vorgesehen (§§ 80 ff. VwGO).

Vollzugsinteresse, Besonderes
Die behördliche Anordnung der sofortigen Vollziehung (§ 80 Abs. 2 Nr. 4 VwGO) fordert das Vorliegen eines besonderen Vollzugsinteresses. Die Behörde muss darlegen, warum sie mit dem Vollzug des Verwaltungsaktes nicht bis zum Abschluss eines möglichen Rechtsbehelfsverfahrens warten kann.

Widerruf
ist die Aufhebung eines ursprünglich rechtmäßigen Verwaltungsaktes durch die Behörde. Die Voraussetzungen bestimmen sich nach Spezialvorschriften oder nach § 49 VwVfG.

Widerspruch
ist ein förmlicher Rechtsbehelf und dient dem Rechtschutz des Betroffenen. Das Widerspruchsverfahren ist als Vorverfahren Zulässigkeitsvoraussetzung für die Anfechtungs- oder Verpflichtungsklage.

Zuständigkeit
Die richtige Zuständigkeit ist Voraussetzung für die formelle Rechtmäßigkeit des Verwaltungsaktes. Sie ergibt sich im Regelfall entweder aus der für den Erlass des Verwaltungsakts selbst in Betracht kommenden Rechtsgrundlage oder aus einer dazu ergangenen Rechtsverordnung. Man unterscheidet örtliche, sachliche, instanzielle und funktionelle Zuständigkeit.

Zwei-Stufen-Theorie
dient der rechtlichen Erfassung von Verwaltungsrechtsverhältnissen, die sowohl privatrechtliche als auch öffentlich-rechtliche Elemente aufweisen. Bedeutung kommt ihr in der Leistungsverwaltung zu. Die erste Stufe, das "Ob" der Leistung, die Bewilligung, ist öffentlich-rechtlich ausgestaltet, die zweite Stufe, das „Wie" der Leistungsgewährung, die Abwicklung und Erfüllung, ist hier privatrechtlich gestaltet.

Zwangsmittel
dienen als Beugemittel der Erzwingung von Handlungen, Duldungen oder Unterlassungen für die Zukunft. In den Sicherheitsgesetzen vorgesehen sind Zwangsgeld, Ersatzvornahme und mittelbarer Zwang. Wenn der VA befolgt worden ist oder sich auf andere Weise erledigt hat, dürfen Zwangsmittel nicht mehr angewendet werden. Abzugrenzen sind Zwangsmittel von den Ahndungsmitteln (Strafe, Bußgeld), durch die in der Vergangenheit liegende Handlungen gesühnt werden.

Stichwortverzeichnis